GOLDMANN

Buch

Spätestens seitdem der ehemalige Regensburger Philosophie-Professor Dr. Kurt Krenn im September 1991 von Papst Johannes Paul II. zum Bischof der Diözese St. Pölten ernannt wurde, gärt es in Österreichs Kirche.
Bischof Dr. Kurt Krenn stand dem Autor sehr offen zu mehreren Gesprächen zur Verfügung. Ohne Wenn und Aber legt er seine Sicht der Dinge dar: etwa daß in der Seelsorge „Barmherzigkeit keinesfalls Amnestie" bedeute. Oder daß es in der Kirche Demokratie nicht geben könne. Und auch über das „gebildete Gewissen" spricht Krenn, ausgehend von der für ihn fixen Tatsache, daß nur die Kirche den Menschen sagen kann, was gut und was böse, was richtig und was falsch ist.
Von Basisgemeinden und Basisgruppen hält der St. Pöltner Oberhirte nichts, im Gegenteil, diesen Strömungen unterstellt er die Gefahr des „Kirchenspalterischen". Krenn sagt offen, daß er den Widerstand gegen seine Person als Auftrag zum Kampf für eine erneuerte Kirche versteht.
Dr. Kurt Krenn gilt als eine der wenigen von den weltweit rund 3.000 Bischöfen, die das absolute Vertrauen des Papstes besitzen und jederzeit Zugang zum Heiligen Stuhl haben. Der Papst schätzt Krenn seit dessen Lehrtätigkeit in Regensburg und wünscht immer wieder dessen Rat und Meinung zu hören.
Die Persönlichkeitsstruktur Dr. Kurt Krenns ist von seiner oberösterreichischen Heimat im Mühlviertel geprägt. Konservativ, dem einfachen Schwarz-Weiß-Denken verhaftet, ausschließlich „natürliche" Hierarchien im Leben wie in der Kirche betonend, dem Mystischen und Übernatürlichen deutlich mehr verbunden als einem rationalen, „aufgeklärten" Lebensstil.
Diese Taschenbuchausgabe wurde 1994 um ein aktuelles Zusatzkapitel des Autors erweitert („Und ich lebe noch immer . . .").

Autor

Hubert Wachter, Jahrgang 1950, gebürtiger Niederösterreicher, begann seine journalistische Laufbahn im Niederösterreichischen Pressehaus, das im Besitz der Diözese St. Pölten steht, deren oberster Chef heute Bischof Dr. Kurt Krenn ist.
Wachter war später als innenpolitischer Redakteur und Kolumnist viele Jahre bei einer großen Wiener Tageszeitung und schreibt derzeit für ein großes österreisches Wochenmagazin.

HUBERT WACHTER

KURT KRENN

GOTTES EHERNE FAUST

GOLDMANN VERLAG

Umwelthinweis:
Alle bedruckten Materialien dieses Taschenbuches
sind chlorfrei und umweltschonend.

Der Goldmann Verlag
ist ein Unternehmen der Verlagsgruppe Bertelsmann

Umschlaggestaltung: Design Team München
Umschlagfoto: Walter Wobrazek
Druck: Presse-Druck Augsburg
Verlagsnummer: 12538
Lektorat: Silvia Kuttny
Herstellung: Sebastian Strohmaier
Made in Germany
ISBN 3-442-12538-3

1 3 5 7 9 10 8 6 4 2

Inhaltsverzeichnis

Vorwort

„Es gibt keinen Fall Udo. Was es gibt, das ist ein ‚Fall Krenn'. Und ich verspreche den Bischöfen Österreichs: Ich werde nicht zurückziehen!"

Der 41jährige Göttweiger Benediktinerpater Udo Fischer formulierte mir gegenüber diesen Satz im späten Frühjahr 1992.

Damals hatten 24.000 Gläubige aus dem Raum Krems/St. Pölten im Zentrum Niederösterreichs dafür unterschrieben, daß dieser junge Pfarrer von Paudorf, einer kleinen Gemeinde am Fuße des Göttweiger Berges, unterhalb des Stiftes, vom St. Pöltner Diözesanbischof Dr. Kurt Krenn seines Amtes nicht enthoben werden dürfe. Krenn hatte diese drakonische Maßnahme angekündigt, nachdem die innerdiözesane Bewegung „Weg der Hoffnung" den Ordinarius unter anderem der Geldverschwendung bei der Renovierung und Neugestaltung seiner bischöflichen Amtsräume im Bistum St. Pölten geziehen hatte. Pater Udo Fischer ist einer von drei Sprechern dieser Anti-Krenn-Bewegung. Von ihm als Priester verlangte Krenn die Entschuldigung, weil er dem Bischof Gehorsam und Disziplin schulde.

Wild wogte der Streit zwischen den beiden Gottesmännern, der vor allem in den Massenmedien ausgetragen wurde. Pater Udo weigerte sich beharrlich, sich zu entschuldigen oder gar zu widerrufen. Schließlich legte man eine sogenannte Nachdenkpause ein, Pater Udo Fischers Ordenschef, Abt Clemens Lashofer, wurde hinzugezogen – und irgendwie schien die Sache einzuschlafen. Pfarrer Fischer wurde nicht abberufen, Bischof Krenn ließ lediglich verlauten, ihm gehe es „um eine gute Lösung", und der Winter zog ins Land.

Das Unheil kündigte sich schließlich in der Silvesterpredigt 92/93 des St. Pöltner Bischofs an. Dr. Kurt Krenn blickte auf sein erstes volles Amtsjahr als Bischof zurück und donnerte in das barocke Kirchenrund des St. Pöltner Doms: „Es liegt im Interesse der Diözese, daß der gute Ruf des Bischofs nicht durch Verleumdung und unrichtige Vorwürfe geschädigt wird. Es mußte verleumderischen Agitationen entgegengetreten werden. Leider ist keine Unwahrheit zu dumm, daß sie nicht doch verbreitet und von einigen geglaubt wird. Gern macht der Bischof jedem, der im Bischofshaus eine goldene Türklinke oder einen goldenen Wasserhahn findet, diese sofort dem Finder zum Geschenk . . ."

Wer hören wollte, der konnte hören. Diese Botschaft ging in Richtung Paudorf.

Als Bischof Dr. Kurt Krenn schließlich Ende Januar 1993 dem kleinen Dorf sogar die im Juni 1993 fällige Weihe seines neuen Gotteshauses so lange zu verweigern androhte, bis sich Pater Udo bei ihm entschuldigt habe, hatte es der streitbare St. Pöltner Bischof endgültig geschafft:

Der 41jährige Benediktinerpater Udo Fischer wurde zur absoluten Symbolfigur des innerkirchlichen Widerstandes in der Diözese, weit über die Grenzen St. Pöltens hinaus. Er ist es, der am präzisesten die eigentlichen Wurzeln des grundsätzlichen Konflikts rund um Bischof Kurt Krenn beschreibt:

Unter diesem werde die bisher gepflegte „offene, liebevolle, verzeihende" Kirche wieder zu einer „Kirche der Angst, zu einer Obrigkeitskirche". Fischer: „Es wird überall sofort nur mehr gedroht und bedroht. Man versucht nicht mit Überzeugung, sondern mit einer Art Angstmache Menschen zu Gott hin zu zwingen. Wir haben miterlebt, wie verdiente Leute in unserer Diözese eingeschüchtert wurden, bedroht wurden, zum Rücktritt aufgefordert wurden. Durch den Druck, den dieser Bischof ausübt und durch die vielen Wendehälse, die es leider schon gibt bei uns, werden wir alle in der Seelsorge behindert. Man neigt zur Resignation. Im übrigen haben wir Angst, wir fürchten, daß binnen kürzester Zeit alle wichtigen Posten der Diözese mit neuen Leuten besetzt werden. Mit Leuten aus dem Opus Dei, mit Engelwerkern oder schlicht und einfach mit rückgratlosen Willfährigen."

Zweimal, zuerst einen Tag vor der Stuhlergreifung und erneut ein paar Monate danach, sammelten sich in St. Pölten Tausende Gläubige vor dem Dom der Diözese, man demonstrierte gegen den neuen Bischof.

Fischer: „Für mich ist die Gefahr, die von Krenn her kommt, weniger die eines kirchlichen Fundamentalismus als jene, daß Lüge und Machtmißbrauch in dieser Diözese Einzug halten. Ich sehe das gar nicht ideologisch, sondern es ist ja viel schlimmer: Ein Bischof, der immer wieder was sagt, immer wieder was umdeutet, auf dessen Wort man sich nicht verlassen kann, das ist die wirkliche Katastrophe. Er gibt keine klaren Antworten. Dabei möchte Krenn sicher vor Rom zeigen, daß er diese Diözese als Bischof gut zu leiten versteht und daß er in kürzester Zeit, innerhalb von zwei oder drei Jahren, diese Diözese auf Vordermann bringen kann im Sinne des regierenden Papstes. Wenn ihm das gelingt, und zwar ohne allzuviel Aufsehen, wenn er diesen neuen Kirchenkurs verordnen kann, dann hat er sicher noch alle Chancen. Auf die Position des Erzbischofs von Wien ebenso wie auf den Kardinalshut. Das ist es, worum es Krenn eigentlich geht."
Das ist der Punkt und der Kern aller Konflikte: Dem St. Pöltner Bischof wird nicht mehr und nicht weniger unterstellt, als daß er ausschließlich für sich, für sein persönliches Fortkommen, für sein Ego arbeite.

Bei Redaktionsschluß dieses Buches war nicht absehbar, ob Bischof Krenns Weigerung, Pater Udo Fischers neue Pfarrkirche in Paudorf zu weihen, tatsächlich zu jener schon lang befürchteten Explosion innerhalb der Regionalkirche führen würde. Für St. Pölten wurde ohnehin schon seit längerem Schlimmstes gemutmaßt: „Wenn es mit Krenn so weitergeht, erwarte ich für die Diözese eine Katastrophe. Ich glaube, daß sich hier ein innerkirchliches Tschernobyl anbahnt, mitten im Land!" formulierte der Paudorfer Pfarrer schon vor Monaten drastisch seine düsteren Zukunftsahnungen.
Keine Frage: Die Entwicklungen in der Diözese St. Pölten sind spannend. Was in dieser einst als „verschlafen" geltenden, immerhin viertgrößten Diözese Österreichs seit Monaten vorgeht, ist nicht unerheblich. Hinzu kommt, daß mit Bischof Krenn ein Mann am Werk ist, der – zunächst ohne jede Wertung betrachtet – völlig anders agiert als viele seiner Bischofskollegen im übrigen Österreich: Krenn geht unbeirrt seinen Weg, sucht die Auseinandersetzung,

scheut keinen Konflikt und hat absolut nichts übrig für verwässerte Positionen. Vor TV-Kameras bewegt er sich ebenso routiniert wie in seiner Sakristei, weil er genau weiß, daß er durch einfache Predigten niemals jenes Millionenpublikum erreichen kann, das er über das Fernsehen vergleichsweise mühelos anspricht. Darum ist für den betont konservativen Theologen ein Diskussionsauftritt in Europas freizügigster TV-Station „RTL-plus" zum Thema „Homosexualität in der Kirche" eine Selbstverständlichkeit.
Kurt Krenn ist im Rahmen der österreichischen Bischofskonferenz unvergleichlich. Darüber hinaus ist er ein absolut politischer Mensch, der sich nicht scheut, auch und gerade als Bischof zur Politik im allgemeinen und zu Parteipolitischem im besonderen akzentuiert und präzise Stellung zu nehmen.
Vielen ist der neue St. Pöltner Bischof in gewisser Weise auch unheimlich. Einerseits ist er unerbittlich, scharf und kristallklar, wenn es um Glaubensfragen geht. Andererseits wirkt er einigermaßen gemütlich und wie „der Klosterpater aus dem Bilderbuch" (so das Regensburger Bistumsblatt 1987). In dieser Bandbreite bewegt sich der 56jährige gebürtige Mühlviertler, den man in warmen Sommernächten durchaus auch in einem Schanigarten in der jungen Landeshauptstadt Niederösterreichs antreffen kann, wo er bei einem Krügerl Bier mit den letzten Nachtschwärmern sehr wortgewaltig und leutselig deren Weltverdruß auszuräumen sucht.

Dr. Kurt Krenn: Sicher einer der umstrittensten und auch interessantesten Bischöfe unserer Zeit. Einer, der den Klerus in glühende Anhänger und in unerbittliche Gegner teilt. Einer, der selbst kirchenferne Christen, jene des Taufscheins, auf die Kirche wieder aufmerksam macht. Aber auch einer, der engagierte Christen, die sich in den vergangenen Jahren, besonders seit dem II. Vatikanum, in vielen Pfarren die Fersen wundgelaufen haben, aus ihrem Engagement vertrieben hat oder gerade vertreibt. Pater Udo Fischer: „Die Leute wenden sich scharenweise von der Kirche ab. Aber das sind nicht jene, die ohnehin nur mehr alle fünf Jahre in die Gotteshäuser gekommen sind und gerade noch ihren Kirchenbeitrag zahlen, sondern empört bzw. im Austreten begriffen sind jene, die bisher aktiv

waren in ihren Gemeinden. Sie wollen mit Krenn nichts zu tun haben, für diesen Bischof nicht mehr arbeiten."
Kurt Krenn polarisiert. Ganz besonders seine Kollegen im Priesteramt. Groß ist die Verbitterung, tief der Graben zwischen den neuen, neokonservativen Klerikern und jenen, deren Priestertum von der nachkonziliaren Zeit geprägt wurde. Gerade letztere fühlen sich jetzt um ihr bisheriges priesterliches Wirken betrogen. Sie sind es auch, die mit Bischof Kurt Krenn am härtesten ins Gericht gehen.
„Wir fürchten, daß Krenn die Kirche an sich gar nicht interessiert. Er ist sich selbst der Nächste, seine Macht, daß er vor Rom gut dasteht, daß er die Dinge durchzuziehen versteht, das ist ihm wichtig. Ob daneben 5.000 oder 10.000 aus der Kirche austreten, interessiert ihn nicht. Und es interessiert ihn auch nicht, wie die Diözese St. Pölten einmal dastehen wird, wenn er weggehen will!" So Paudorfs Pfarrer stellvertretend für viele Kleriker im Raum St. Pölten.

Ist Krenn tatsächlich das lebende Symbol jener Wende in Österreichs Kirche, von der es heißt, daß sie 1986 – mit der Bestellung des Maria-Roggendorfer Wallfahrtsmönchs Hans Hermann Groer zum Erzbischof und Kardinal von Wien – begonnen hat?
Um dem, was Kurt Krenn meint und wofür er steht, halbwegs auf die Spur zu kommen, ist es nötig, ihn selbst sprechen zu lassen. Unverfälscht. Der Bischof war bereit, sich für dieses Buch zu einem viermaligen, insgesamt 16 Stunden dauernden Interview zur Verfügung zu stellen. Man muß es den Lesern und Leserinnen überlassen, sich aus den Worten Dr. Krenns eine Meinung darüber zu bilden, ob dieser Mann drauf und dran ist, das Rad der Kirche um Jahrzehnte zurückzudrehen.
Engagierte Laien und Priester in der Diözese St. Pölten sind jedenfalls nicht willens, einer solchen Entwicklung tatenlos zuzusehen. Paudorfs Pfarrer Pater Udo Fischer wagte durchaus keinen Alleingang, als er dem Bischof in einem Brief Ende Januar 1993 androhte, man werde in Rom um eine „apostolische Visitation" der Diözese bitten, damit der Heilige Stuhl in der Kirche St. Pöltens selber nach dem Rechten sehe. Wiewohl nicht wirklich damit zu rechnen ist, daß ein kleiner Landpfarrer – selbst mit eventueller Unterstützung etli-

cher Äbte – den Papst zu einer Sondervisitation der Diözese Bischof Krenns wird bewegen können: So kann es auf Dauer klimatisch in der viertgrößten Diözese Österreichs sicher nicht weitergehen. Dessen ist sich auch der vielumstrittene Ordinarius sehr wohl bewußt.

St. Pölten, im Februar 1993 *Hubert Wachter*

Die Wende

September 1983. Im Rahmen des Katholikentages, der am 9. September begann, war der Pastoralbesuch von Papst Johannes Paul II. angesetzt. Für drei Tage, ab dem 10. September.

Für Österreich war es ein bewegtes Jahr, überschattet von einem politischen Erdrutsch: Die seit 1970 alleinregierende SPÖ hatte am 24. April ihre absolute Mehrheit verloren, Bruno Kreisky war zurückgetreten, Fred Sinowatz wurde widerwillig Bundeskanzler. „Der Alte" hatte Österreich ein politisches Abschiedsgeschenk gemacht: die kleine Koalition zwischen SPÖ und FPÖ, die er gemeinsam mit Friedrich Peter noch höchstpersönlich zusammenzimmerte und dem damals schon mit einer großen Koalition liebäugelnden Fred Sinowatz aufzwang.

Das war die politische Kulisse, vor der man den Katholikentag vorbereitete. Dort kam es prompt zu heftigen innerkirchlichen Debatten um Sinn und Zweck dieser Manifestation: Fast unbemerkt von der breiten Öffentlichkeit wurde heiß diskutiert, ob Österreichs Kirche einer spirituellen und geistigen Erneuerung bedürfe – konkret einer Rückbesinnung auf eigentliche Ziele des Christentums.

Denn vielen, die sich bis dahin relativ ruhig verhalten hatten, war der Kurs der Kirche Österreichs längst suspekt geworden. Zuviel innere Demokratie, zuviel Mitsprache der Laien, zuviel Pluralismus – so lautete die Kritik jener, die jetzt begannen, das Rad der Zeit für Österreichs Kirche anzuhalten bzw. zurückzudrehen.

Wobei ihnen zugute kam, daß die Vorbereitungen des Katholikentages 1983 inhaltlich fehlschlugen. Keine der offenen Fragen wurde beantwortet: etwa die Forderungen der Katholischen Jugend nach noch stärkerer Mitbestimmung in der Kirche, nach noch größerem Pluralismus; ungeklärt blieb auch die Rechtsstellung der Frau in der Kirche, nicht zu reden von der Zulassung von Frauen zum Priesteramt. Allein der Gedanke daran trieb die konservativen Kreise zur Weißglut.

24 Stunden nach Eröffnung des Katholikentages flog Johannes Paul II., von Rom kommend, in Wien ein. Und es geschah Unerhörtes: Er wurde andemonstriert, in Interviews kritisiert; und die Sozialistische Jugend veranstaltete in Wien sogar ein Anti-Papst-Fest. Man warf dem Papst politisches Versagen vor: daß er zwar gegen Militärregime in seiner polnischen Heimat auftrete, zugleich aber die Befreiungstheologen in Lateinamerika im Stich lasse. Daß er strikt gegen eine Lockerung oder gar Aufhebung des Zölibates sei. Und überhaupt sei er zum „eiligen Vater" geworden, dessen Pastoralreisen zuviel Geld verschlängen, das er besser den Armen der dritten Welt zur Verfügung stellen solle.
Es waren durchaus auch Priester, die solches artikulierten. Sie wurden prompt als „linke Kapläne" denunziert. Das wurde von konservativen Kreisen als weiterer Beweis gewertet, daß der innerkirchliche Pluralismus schon zu weit gediehen sei. Was wiederum Schuld diverser Bischöfe sei, die den Dingen halt ihren Lauf ließen. Als die Sozialistische Jugend in ihrer Kritik am Papst immer heftiger und dreister wurde, sich selbst vom regierenden Kanzler und Parteichef Sinowatz und vom amtierenden Innenminister Karl Blecha nicht einbremsen ließ, spielte allerdings die Bevölkerung nicht mehr mit. Man kam nicht in Scharen zum Anti-Papst-Festival, man kam nicht in Scharen zu einer Papst-Gegendemonstration, und man kam auch nicht in Scharen, um sich über den Kirchenaustritt beraten zu lassen. Die Stunde der Konservativen in Österreichs Kirche war gekommen. Sie hatten es nun leicht, auf die von ihnen so oft kritisierte Haltung der SPÖ gegenüber der Kirche hinzuweisen: Die Katholiken seien von dieser Partei seit Jahren instrumentalisiert worden, alleine für den Zweck, um mit der SPÖ „ein Stück des Weges" gemeinsam zu gehen. Also jene wenigen Wahlprozente zu bringen, die der SPÖ seit dem Ende des Zweiten Weltkrieges zur absoluten Mehrheit gefehlt hatten.
Einer erkannte damals sofort, was sich hinter den Kulissen des Katholikentages und des Pastoralbesuches des Papstes in diesem September wirklich abspielte: der Innsbrucker Universitätsprofessor und ÖVP-Nationalratsabgeordnete Andreas Khol. Im „Politischen Jahrbuch 1984" schrieb Khol einen von der breiten Öffentlichkeit

relativ unbeachteten, aber in der heutigen Rückschau um so bedeutenderen Aufsatz über Österreichs Kirche. Khol nahm erstaunlicherweise 1984 Argumente und Ereignisse in indirekter Form vorweg, die ab 1986 tatsächlich eintraten. Was 1987 sogar den damals amtierenden Präsidenten der Katholischen Aktion Österreichs, den ORF-Journalisten Paul Schulmeister, zu folgender Feststellung veranlaßte: „Seit Jahren attackiert eine kleine Gruppe von konservativen Katholiken das Lebenswerk Kardinal Königs." Dieser werde dafür verantwortlich gemacht, „daß sich in der Kirche ein Pluralismus, ja ein Meinungsbrei ausbreite", der die Autorität des Lehramts schwäche und Äquidistanz zu den Parteien erzeuge. „Merkwürdig", so Schulmeister 1987, sei es, „daß der Leiter der Politischen Akademie der ÖVP, Andreas Khol, bereits 1984 ein Langzeitprogramm des Papstes bezüglich einer Kurskorrektur der österreichischen Pastoral zu entdecken vermeinte."
Tatsächlich hatte Khol in seinem Aufsatz 1984 wörtlich geschrieben: „Die Bischofsernennungen in Österreich, die Wirkung der Bischöfe auf den Klerus, all dies sind wichtige Instrumente, die aber Zeit benötigen."
Zwei Jahre später sollte sich zu erfüllen beginnen, was der ÖVP-Parlamentsabgeordnete beinahe prophetisch niedergeschrieben hatte.
Khol war es auch, der unmittelbar nach der Papstvisite in Österreich einen breiten innerkirchlichen Pluralismus konstatierte: „Der Vielfalt der möglich gewordenen Lehrmeinungen in der Kirche, von denen keine Alleingeltung beanspruchen konnte, vor allem in profanen Fragen, entsprach eine ebensolche Vielfalt gesellschaftlicher Positionen, die alle vertretbar wurden." Und Khol weiter: „Diejenigen, die als Katholiken von gestern und vorgestern den neuen Kirchenbegriff des II. Vatikanums nicht mitvollzogen, sondern in der Kirche Hierarchie und Klerus (manchmal bösartig als Amtskirche bezeichnet) sahen, von der sie Anleitung und Führung erwarteten, konnten den innerkirchlichen Pluralismus kaum nachvollziehen . . . Der breite Fluß von Positionen, von Stellungnahmen aus dem Bereich der zahlreichen Organisationen, die Vielfalt der dabei vorgetragenen Meinungen, die Widersprüche, die dazwischen bestanden, die Flügel, die sich auftaten, all dies verfloß zu einem Meinungsbrei,

dessen Geschmack nicht mehr wahrnehmbar war. Als Resultat erschien ein gesellschaftspolitischer Konsens um den Preis des Verlusts jeglichen Profils."

Besondere Beachtung konservativer Kirchenkreise fanden in diesen Wochen und Monaten rund um den österreichischen Katholikentag „merkwürdige Gemeinschaften in Fragen über Mittelamerika und bei der Friedensbewegung zwischen katholischen Organisationen, die Hand in Hand mit Kommunisten und Sozialisten gingen, nicht als nützliche Idioten, sondern mit durchaus ernsthaftem Engagement" (so Khol).

Dies alles war schlußendlich zuviel. Das mußte geändert werden!

Andreas Khol, der in seinem Aufsatz 1984 das Wort des bedeutenden Theologen Karl Rahner „von Deutschland als einem heidnischen Land mit christlicher Kultur und christlichen Restbeständen" uneingeschränkt als auch auf Österreich zutreffend zitierte, schlußfolgerte nach dem Abflug von Johannes Paul II.: „Die christlichen Restbestände Österreichs zeigten ihre Kraft. Der Kirche selbst wurde Mahnung und Richtung gegeben, in allen Bereichen, und damit eine neue Ära zumindest möglich gemacht, wenn nicht begonnen. Jenseits des Verständnisses der Kirche als bloße Organisation der Nächstenliebe und Sozialbetreuung, sondern betont als Weg zum Heil – ganz altmodisch also!"

Das war's also. Die Restauration von Österreichs Kirche sollte beginnen.

Natürlich nicht sofort, aber die Weichen waren gestellt. Denn: Vom religiösen Brauchtum zum Glauben, das sei der wichtige und entscheidende Schritt, wurde damals brutal formuliert. So, als ob während all der Jahre seit dem II. Vatikanum Österreichs Kirche zum Brauchtum verkommen wäre.

Andreas Khol war offenbar wirklich ein Sehender. „Auf die pointierte These des politischen Katholizismus 1918 bis 1938, auf die Antithese nach dem Mariazeller Manifest und die Ära des pluralistischen Katholizismus im Gefolge des II. Vatikanums scheint eine neue Periode möglich zu werden, vielleicht eine Synthese: eine Ära, in der kirchliche, moralische Werte im Vordergrund stehen und die Kirche im weitesten Sinn (Bischöfe plus kirchliche Organisationen

plus Verantwortung tragende Christen) grundsätzlich gleiche Positionen beziehen ... Der innerkirchliche Pluralismus würde also eingeschränkt, es würde weniger politisiert werden, und es würden damit weniger einander widersprechende, oft laienhafte Aussagen verschiedenster Stellen zu schwierigsten tagespolitischen Sachfragen durch die Medien gehen. Damit könnte auch wieder Autorität vermehrt werden, wenn es um wirkliche Grundsatzfragen geht."
Soweit ÖVP-Nationalratsabgeordneter Andreas Khol im Jahr 1984.

Die Kurskorrektur

Zwei Jahre später, 1986, war es soweit. In einer Nacht-und-Nebel-Aktion bestellte Papst Johannes Paul II. den jahrzehntelang in Hollabrunn wirkenden Benediktinerpater Hans Hermann Groer zum Erzbischof von Wien. Es gab nicht wenige Priester in Österreichs Kirche, auch solche höheren Ranges, die damals tagelang an dieser Nachricht zweifelten und die Ernennung selbst fassungslos zur Kenntnis nahmen.
Erzbischof Kardinal Hans Hermann Groer war aber nur die „Vorhut" für die Neuordnung von Österreichs Kirche.
Wirklich turbulent wurde es in den Märztagen des Jahres 1987: Einerseits sorgte die mögliche Ernennung des Oberösterreichers Dr. Kurt Krenn zum Weihbischof von Wien in der geistlichen Gerüchteküche für Aufregung, andererseits wurde über Verleumder und Denunzianten gejammert, die Österreichs Kirche seit geraumer Zeit beim Heiligen Stuhl anschwärzten. Das führte im Februar 1987 zu einer Resolution der Katholischen Aktion: Man trat offen gegen diese „Vernaderungsmentalität" auf und baute dem Vatikan zugleich, aber vergeblich, eine goldene Brücke zum versöhnlichen Gespräch: „Die vatikanischen Zentralstellen haben offenbar unvollständige Kenntnis über die Situation der Kirche in Österreich", hieß es in diesen Tagen noch durchaus diplomatisch-höflich.
Als Papst Johannes Paul II. den Regensburger Universitätsprofessor Dr. Kurt Krenn am 9. März 1987 zum Wiener Weihbischof ernannte, war der Schock groß, das kurz darauf einsetzende Wutgeheul laut.

Übrigens: Mit der Ernennung Krenns war Wien die zweite Diözese der Weltkirche mit einem eigens für die Bereiche Wissenschaft, Kunst und Kultur zuständigen Weihbischof. Eine solche spezielle Ernennung gab es zuvor erst einmal, im Dezember 1982, für die Diözese Rom. Pietro Rossano, der Rektor der päpstlichen Lateran-Universität, wurde für den gleichen Aufgabenkreis wie dann später Krenn zum Weihbischof von Rom ernannt.

Dr. Kurt Krenn trat sein Amt in Wien unter denkbar schlechten Voraussetzungen an.

Es waren just römische Kreise, die ihrem Mitbruder das bischöfliche Leben mehr als erschwerten, vor allem dadurch, daß sich der Heilige Stuhl in der Frage von Bischofsernennungen plötzlich über die Ortskirchen hinwegzusetzen begann, ohne Rücksicht auf Gefühle und Bedenken der lokalen Kirchen. Für Krenn begann dadurch in Wien ein Spießrutenlauf: Er sei in Wahrheit „als päpstlicher Aufpasser für Kardinal Groer" eingesetzt worden, hieß es. Aber auch, daß er in eben dieser Funktion für den Vatikan in der „unbotmäßigen Bischofskonferenz Österreichs" sitzen würde. Die Wogen schlugen so hoch, daß Wiens Dechantenkonferenz mit der Bitte an Krenn herantrat, er möge doch auf sein Bischofsamt verzichten.

Explosiv wurde die Situation am 26. März 1987, als sich Kurienkardinal Stickler, ein gebürtiger Neunkirchner, plötzlich zu Wort meldete. Der betagte Chef der Vatikanbibliothek vertrat in einem Zeitungsinterview offen die Meinung, daß es einen Zusammenhang zwischen der Berufung Dr. Krenns und gewissen Äußerungen der Bischofskonferenz, die im Vatikan Mißfallen erregt hätten, gebe. Stickler in der „Kronen Zeitung": „Sicher hat der Papst ein Zeichen dafür gesetzt, daß gewisse Tendenzen, die nicht seinen Vorstellungen entsprechen, wieder ausgeglichen werden. Es ist höchste Zeit, daß heute in Österreich wieder von höchster Stelle das vertreten wird, worin der eigentliche Glaubensinhalt und die Sittennormen für den gläubigen, praktizierenden Katholiken bestehen."

Stickler lieferte auch gleich die (inzwischen sattsam bekannten) Kritikpunkte nach, die den Papst zur Kurskorrektur in Österreichs Kirche bewegt hätten: Österreichs Bischöfe wären ihm bei seinem strikten Verbot der künstlichen Empfängnisverhütung nicht gefolgt,

im Gegenteil, sie hätten in der „Maria Troster Erklärung" die entscheidende Rolle des persönlichen Gewissens betont, also den Gläubigen selbst die Letztentscheidung überlassen, obwohl dies der Papst in der Enzyklika „Humanae Vitae" ausdrücklich untersagt hätte.
Zweitens gebe es den Wunsch der österreichischen Bischöfe, das Verbot des Sakramenteempfangs für wiederverheiratete Geschiedene neu zu überdenken. Stickler: „Es ist klar, daß diese Menschen nach kirchlichem Recht in Sünde leben und daher nicht wieder zu den Sakramenten zugelassen werden könnten."
Drittens spiele man sich in Österreich „zum Richter über den Papst" auf: Die Bestellung von Weihbischof Krenn sei alleiniges Recht des Papstes, in der Kirche gehe das Recht nicht wie in der Demokratie vom Volke aus, sondern es gebe ein göttliches Recht, das sich von Christus ableite.
Und überhaupt, so Stickler in einem anderen Interview am 13. April 1987 („Glaube und Kirche") in einer Antwort auf den offenen Protest von 17 der insgesamt 20 Wiener Dechanten gegen Weihbischof Krenn: „Das ist der beste Beweis, daß es höchst notwendig war, daß eine richtige Theologie hereinkommt, die Krenn garantiert, wenn sie andere leider nicht mehr garantieren. Ich habe einzelne österreichische Kirchenblätter gesehen und Artikel gelesen, die gegen die katholische Lehre sind – ausdrücklich, in wichtigen Punkten!"
Das war selbst dem Vorsitzenden der Österreichischen Bischofskonferenz, dem Salzburger Erzbischof Dr. Karl Berg, zuviel. Man werde von der bisherigen pastoralen Linie nicht abrücken, verkündete der Salzburger Fürst mit bebender Stimme. Er warnte vor Polarisierungen, wandte sich erneut gegen das „Vernadererwesen", auch in höchsten Vatikankreisen, wie sich Berg ausdrückte. Und der Linzer Pastoralrat hatte für Sticklers Ausfall nur mehr das schlichte Wort „Denunzierung" übrig.
Im Zuge dieser Diskussion, wenige Tage vor Dr. Kurt Krenns Bischofsweihe am 27. April 1987, meldete sich auch St. Pöltens Bischof Dr. Franz Zak zu Wort. Er erklärte am 30. März, bei künftigen Bischofsernennungen solle es eine breitere Basis geben, sollten vor allem die verantwortlichen Gremien einer Diözese konsultiert werden. Allerdings sei ein Mitspracherecht bei Bischofsernennungen

„nirgends verankert“, formulierte der St. Pöltner Bischof damals schon recht vorsichtig, der zu diesem Zeitpunkt in Rom bereits um einen Weihbischof für St. Pölten angesucht und einen entsprechenden Dreiervorschlag an den Heiligen Stuhl übermittelt hatte. Rom erlaubte dem St. Pöltner Bischof keinen Weihbischof mehr und sollte vier Jahre später auch nicht mehr über die Wünsche der Ortskirche nachdenken, als es um einen Nachfolger für Bischof Zak ging.

Krenns Werdegang

Wer ist Kurt Krenn?

Das Schloß Rannariedl im Mühlviertel (Oberösterreich) war ab Mitte der dreißiger Jahre bis zum Kriegsende 1945 die Wohnstätte der Lehrerfamilie Krenn. Das Schloß, in dem sich sowohl die Pfarrkirche, der Pfarrhof, die Volksschule als auch die Dienstwohnung des Lehrers Karl Krenn befanden, war im Besitz des Grafen Josef Plankenstein. 1941 wurde verkauft, an den Großindustriellen Dr. Reinhold. Adoptivsohn von Graf Plankenstein ist Pater Heinrich Segur, Exerzitienreferent in der Erzdiözese Wien.
Karl (Jahrgang 1907) und Leopoldine (Jahrgang 1906) Krenn, die Eltern des 1936 geborenen Kurt, waren Mitglieder der NSDAP, der Nationalsozialistischen Deutschen Arbeiterpartei. In der Pfarrchronik von Rannariedl (geschrieben von Matthäus Machtlinger, der von 1936 bis 1978 Pfarrer war) liest sich das heute so:
„Der 10. April 1938 brachte die Volksabstimmung. 280 stimmten für den Führer Adolf Hitler und für Großdeutschland. Alle Stimmen: ja! Ortsstellenleiter ist Herr Oberlehrer Karl Krenn. Alle Häuser der ganzen Pfarre tragen Hakenkreuzfahnen. Die kommenden Wochen bringen riesig viel Schreibarbeit in der Pfarrkanzlei: Aus allen deutschen Gauen kommen Ansuchen um Taufscheine der Eltern und Großeltern . . . Ein Ehepaar braucht zum vollen Ariernachweis 20 Matrikelscheine . . . Die NSDAP zählt im Pfarrgebiet rund 30 Mitglieder . . . Im Sommer 1943 ist auch Oberlehrer Karl Krenn zum Wehrdienst eingerückt. Seit Juni 1944 bleibt jede Nachricht aus. Vor einigen Tagen (März 1946) ist die verbürgte Nachricht eingetroffen, daß er in Frankreich, schwer verwundet, seinen Verwundungen erlegen ist. Frau Leopoldine Krenn mußte im Sommer 1945 die Amtswohnung räumen. Sie ist nach Oberkappel übersiedelt und hat dort um Aufnahme in die römisch-katholische Kirche angesucht."
Dieser letzte Satz aus der Pfarrchronik von Rannariedl bestätigt, was als Gerücht immer wieder kursiert: daß die Krenns in der Nazizeit

aus der Kirche ausgetreten waren. Tatsächlich findet sich in der Rannariedler Pfarrchronik folgende Passage: „Die Oberlehrerfamilie war 1941 vom Glauben abgefallen. Ende des Krieges hatte sie zwei ungetaufte Kinder."

Bischof Dr. Kurt Krenn heute über diese Zeit: „Ja, mein Vater war sicher ein überzeugter Nationaler, ich kann mich an ihn und daran erinnern. Ich habe ja schon in der Vorschulzeit Zeitung gelesen, das heißt, ich habe schon als Bub sehr viel Interesse an den Ereignissen der Zeit gehabt. Es war ja Krieg. Es stimmt, er war überzeugt von vielen Dingen. Warum, das kann ich nicht begründen. Und dann war er selber im Krieg. Aber eines muß ich sagen: Er war ein ganz großer Idealist, der sich ganz sicher mit den nationalen Idealen sehr identifizierte. Er fiel 1944, bei der Invasion in Frankreich."

Daß die Nazivergangenheit seiner Eltern immer wieder ins Spiel gebracht wurde, besonders als er zum Weihbischof nach Wien berufen wurde, hat Dr. Kurt Krenn weggesteckt. „Mein Gott, das sind ja Fakten. Ich habe sie nie in Abrede gestellt, ich kann sie zum Teil auch nicht für die heutige Zeit interpretieren. Und ich schäme mich dessen überhaupt nicht, warum auch! Wir haben viel gelernt, ich glaube, man hat in dieser Zeit auch viele Haltungen gelernt: Treue, das Durchstehen für andere. Es war nicht alles so schlimm, wie man das nachher erfahren hat. Es sind halt verschiedene Zeiten – nämlich die Zeit des Krieges und dann die Zeit der Aufarbeitung und überhaupt das Bekanntwerden all dessen, was passiert ist. Ich glaube, damals haben sich die Menschen nur mehr gefreut, daß der Krieg aufhört. Mein Gott, mein Vater, solange er noch zu Hause war, mein Vater mußte ja den Leuten mitteilen, wann wer wo gefallen war. Das waren oft sehr harte Szenen, an die erinnere ich mich noch gut."

Kurt Krenn war damals ein Volksschulkind. Nein, er könne heute nicht mehr sagen, ob sich sein Vater damals gegen das System gewehrt habe. Aber eines wolle er wiederholen: Sein Vater sei ein ganz großer Idealist gewesen, „er hat Dinge gewollt, die wir später ohnehin ausführten, er hat immer viel Gutes für die anderen Menschen gewollt".

In dieser für Christen und Katholiken dunklen Zeit ist aber in dem jungen Kurt Krenn offenbar die Entscheidung gereift, Priester werden zu wollen. Zumindest erzählt es der Bischof von St. Pölten heute so. „Warum ich überhaupt Priester geworden bin? Das erste Motiv ist, daß man von der Wirklichkeit Gottes überzeugt ist. Das nächste ist, daß man fragt: Was will er, das man tun soll? So ergibt sich alles, zwar langsam, aber kontinuierlich. Bei mir war der Wunsch, Priester zu werden, sehr früh gegeben, eigentlich schon mit dem ersten Begreifen der Kirche, der Glaubenslehre, des Ministrantseins . . . ja, es war sicher so, daß bei mir immer schon ein ganz großes Interesse an der Kirche da war und an den Fragen des Glaubens."

Er habe „so im neunten oder zehnten Lebensjahr" schon definitiv gewußt, daß er Priester werden wolle. In einem Alter also, wo Buben meist davon träumen, Lokomotivführer oder Flugzeugpilot zu werden. Krenn: „Das mag schon so sein, aber dadurch, daß ich schon als Bub sehr viel gelesen habe, nämlich die Bücher aus der Bibliothek meines gefallenen Vaters, habe ich mich eben sehr früh für Kirche und Gott interessiert. Das war so eine Art von Selbstverständlichkeit von mir, ich hatte auch nie jemanden, der mir Vorbild gewesen wäre oder den ich hätte nachahmen wollen. Das spielte sich eher auf der intellektuellen Ebene ab, auf der ist das alles gewachsen."

Der junge Krenn behielt seinen Berufswunsch für sich. „Ich sagte nie öffentlich etwas, ich habe es immer vermieden, als künftiger Priester aufzutreten, als Priesterschüler oder so, ich habe nie etwas gesagt, sondern ich habe es nur immer gewollt, Geistlicher zu werden . . . Ansonsten war ich ein ganz normaler Bub, nichts Menschliches war mir fremd. Wir waren genauso schlimm oder noch schlimmer als die heutige Jugend. Sicher ist, wir hatten sehr viel mehr Phantasie als die heutigen. Dazu kam, daß die Nachkriegszeit bei uns daheim im Mühlviertel sehr, sehr rauh war, russische Besatzungszone und so. Da war viel Not. Dadurch wahrscheinlich mußten wir sehr viel selbständiger sein als die heutigen Kinder, wir waren nicht so wohlbehütet. Wir haben alles angestellt, was nur irgendwie möglich war, allerdings immer mit einem gewissen Sinn für Spaß."

Zentraler Bezugspunkt des jungen Krenn war seine Mutter Leopoldine. Die Lehrerin unterrichtete während der Kriegszeit eine einklassige Schule mit 170 Schülern „ganz allein" (so Krenn), und ermöglichte nach dem Krieg allen fünf eigenen Kindern (eine Tochter starb sehr früh) unter großen Entbehrungen jeweils ein Studium. Krenns Schwestern Berta und Ingrid wurden Lehrerinnen, ein Bruder – Hilmar – ist heute Geograf in Mainz, der zweite – Herwig – Romanist in Bochum.

Die Krenns waren und sind im mühlviertlerischen Oberkappel ein Faktor: Daß dort „ohne die Krenns nix geht" wurde zum geflügelten Wort. Krenn: „Ja, daß man das immer wieder so betont, das ist sicher auf unseren Einsatz, den wir als Familie für die Region leisteten, zurückzuführen. Besonders als ich vom Studium aus Rom zurückkam, haben wir sehr viel gemacht. Also ist es richtiger zu sagen: Es ist fast alles mit uns geschehen!"

Was der Bischof damit meint: Die Krenns haben handfeste Politik gemacht. Sie haben sich „des Lebensraums" angenommen, sich um die wirtschaftliche und kommunale Infrastruktur gekümmert. Der Bischof umschreibt dies heute so: „Keiner von uns hatte eine führende Position beansprucht, aber man hörte auf uns. Und so ist alles irgendwie immer mit uns geschehen ..." – nämlich der Ausbau etlicher Straßen im oberen Mühlviertel, der Krankenhausneubau in Rohrbach, selbst der Bau einer Donaubrücke ist zumindest teilweise auf die Initiative der Familie Krenn zurückzuführen. „Wir haben eben Regionalbewußtsein gebildet, das, was die Niederösterreicher heute auch machen, haben wir im Mühlviertel eine Spur früher getan. Die Aktion Mühlviertel war, wie ich meine, überhaupt die erste Bürgerinitiative, die es gegeben hat, von 1967 bis 1968."

Von dieser Zeit rührt auch das Gerücht her, daß sich Kurt Krenn schon damals parteipolitisch im Dienste der ÖVP betätigt habe. Richtig ist, daß die Familie vor allem in landespolitisch höheren Kreisen beste Kontakte bis nach Linz pflegte. Richtig ist auch, daß sich die Krenns des absoluten Wohlwollens hoher ÖVP-Kreise sicher sein konnten. Kurt Krenn dazu: „Wir hatten in unserer Familie eine soziale Gesinnung, ein neues soziales Bewußtsein, das wir der Bevölkerung weitergaben. Man hörte gerne unseren Rat!"

Was die Oberkappeler Bevölkerung besonders beeindruckte, war die Sprachschule, die die Brüder Kurt und Herwig Krenn in dem 800-Seelen-Ort aufbauten und die weit über die Bezirksgrenzen hinaus bekannt ist. Für die Sportler in der Gemeinde hatte Krenn, der selbst leidenschaftlich dem Fußballeder nachjagt(e), den Bau eines Tennisplatzes initiiert – den er auch selbst oft und ausgiebig benutzte. Er sei ein wuchtiger Spieler, wird ihm bescheinigt, der mit hartem Schlag seine Gegner oft ins Schwitzen bringe.

1945 war Leopoldine Krenn mit ihren fünf Kindern nach Oberkappel gekommen. 1947 wurde Kurt Krenn Schüler am Realgymnasium des Stiftes Schlierbach. „Das war damals ganz schön hart, aber ich war ja ein guter Schüler. Vieles war nicht so leicht wie heute, man hat uns in Schlierbach sehr verantwortungsbewußt, fast ein bißchen liberal erzogen. Das hat keinem geschadet. Ja, liberal wurden wir erzogen, im guten Sinn: viel Selbstkontrolle, mehr Verantwortung. Das sollte auch heute mehr im Vordergrund stehen als das bloße Kuschen und Schöntun dem Vorgesetzten gegenüber. Wir sind zweifellos frei gewesen, der Widerspruch war zulässig. Wir haben ihn auch ausgeübt."

Man kämpfte erfolgreich gegen das Fußballverbot im Stift. Und man schaffte die Wahl eines Schulsprechers, mit allem Drum und Dran eines Wahlkampfs. Krenn: „Ja, das hat höllischen Spaß gemacht. Ich selber habe zwar nie kandidiert, aber ich habe zweimal für bestimmte Kandidaten die Wahlen gemanagt, also klassische Wahlkampfarbeit, Überzeugungsarbeit, geleistet. Mit Wahlreden bei Tisch und so. Ich glaube, ich überzeugte damals mit viel Emotion, meine Kandidaten wurden jeweils auch gewählt. Na ja, die Buben waren noch sehr unreif, die brauchten eine gute Portion Emotion, ein Programm. Es wurden prompt jene gewählt, die ein gewisses Maß an Freiheit versprachen – ja, das war alles ein riesiger Spaß."

Gymnasialzeit: Das ist die Zeit, in der aus Buben Jugendliche werden. Eine reine Männergesellschaft. Oder? Hatte der junge Kurt Krenn als 17jähriger niemals den Wunsch, eine Freundin zu haben, später einmal zu heiraten, eine Familie zu gründen, Kinder zu haben? Kurt Krenn antwortet direkt, und in gewisser Weise sehr hart: „Ich war damals und ich bin heute gerne in und mit meiner Familie. Sicher wären Frau und Familie für mich auch eine Möglichkeit gewesen. Aber ich habe das nie in Betracht gezogen. Weil ich ja damals schon längst wußte, welcher mein Weg sein würde. Also bin ich ihn auch ohne jede Irritation gegangen."

Mit „Irritation“ umschreibt er die Beziehung zur Frau, zum weiblichen Geschlecht: „Ja, ich sage Irritation, was ja andere so oft aus der Bahn wirft. Nein, das hat mir der liebe Gott nicht beschert, diese Irritation. Daß es nie dazu kam, lag wohl auch daran, daß man das Leben ein bißchen intellektueller geführt und gestaltet hat, als das bei anderen ansonsten vielleicht üblich ist . . .“

Und noch ein Charakterzug des späteren Wissenschaftlers und Bischofs kristallisierte sich damals heraus – der eines Mannes, der seinen Weg ganz allein und unbeirrt geht und dabei sehr bestimmend auf seine Umgebung einwirkt:

„Der Abt von Schlierbach, Dr. Alois Wiesinger, war für mich sehr beeindruckend, ein hochgelehrter Mann, der mich in besonderer Weise förderte, der mich geistig herausforderte. Allerdings: Ich habe nie wirklich ein Vorbild gehabt, schon gar keines, das ich kopieren wollte. Ich sagte mir schon in frühester Jugend immer: Ich gehöre nur zu jener Gruppe, deren Chef ich bin! Man soll das bitte nicht mißverstehen, aber so war meine Einstellung schon damals. Dort, wo ich dabei bin, dort, wo ich mich einsetze, dort will ich auch die Verantwortung haben. Ich bin gerne bereit, überall mitzuarbeiten – aber meistens ist es dann auch so, daß sich diese Mitarbeit rasch zu einer Führungsaufgabe entwickelt!“

Das ist das Holz, aus dem Krenn geschnitzt ist: den Führungsanspruch als gegeben anzunehmen und ihn überall aktiv zu leben.

1954 trat der Schlierbacher Maturant Kurt Krenn in das Priesterseminar in Linz ein. Er studierte an der Philosophisch-Theologischen Diözesanlehranstalt: „Das war eine Umstellung für mich. Das Linzer Priesterseminar war zwar gut geführt, aber bei weitem nicht so frei wie in Schlierbach. Da studierte ich, mit sehr gutem Erfolg, bei Regens Engelbert Schwarzbauer. Der es mit mir nicht ganz leicht hatte – er hat mich schon ein Jahr später nach Rom geschickt, ans Collegium Germanicum-Hungaricum. Das war deswegen möglich, weil gerade ein Studienplatz frei geworden war. Der nunmehrige Erzbischof Wagner kam gerade aus Rom zurück. Sicher war es eine gewisse Wertschätzung meiner Studienleistungen in Linz, daß ich für Rom ausgewählt wurde. Aber der Regens war sicher auch sehr froh, daß er mich verschicken konnte – ich übrigens auch.“

Rom war für den jungen Kurt Krenn „eine wunderbare Zeit", wie er selbst sagt. Die Ausbildung bei den Jesuiten am Germanicum sei großartig gewesen. Philosophie und Theologie an der Gregoriana, Kirchenrecht an der Universitas Lateranensis. 1962 Priesterweihe durch Kardinal Traglia in der Kirche San Ignazio in Rom, Primiz, also erste Messe, in der Basilika Santa Maria Maggiore am 8. Oktober, vier Tage vor Beginn des II. Vatikanischen Konzils.
Dieses Konzil konnte Kurt Krenn, ausgestattet mit einem Passierschein des Konzilsekretariats, in der Aula selbst mitverfolgen: „Es war ein umwerfender Eindruck, völlig neu, daß da mehr als 2.000 Bischöfe aus aller Welt wochenlang tagten und berieten. Heute gibt es viele Nachinterpretationen dieses Konzils. Wenn man, so wie ich, selber dabei war, weiß man, daß vieles schon ein bißchen anders war . . ." Worauf an anderer Stelle noch einzugehen sein wird.
Krenn scheut sich nicht, rückblickend auf das Konzil und seine eigenen Beobachtungen dort, anzumerken, daß er schon damals erkannt habe, wohin vieles führen würde. Die Öffnung der Kirche durch das Konzil sah der junge Krenn, damals schon ausdrücklich im Lager der „Systembewahrer", so: „Ich kann nur sagen, daß man eigentlich die Entwicklungen, die nach dem Konzil gekommen sind und die ja nicht alle besonders begeisternd waren, schon auf dem Konzil erkennen konnte. Ich habe das damals auch laut gesagt, in vielen Gesprächen mit diversen Bischöfen. Bei uns im Germanicum wohnten ja viele Prominente, Kardinal Döpfner, Karl Rahner. Da wurde in etlichen Diskursen um Positionen gekämpft, mit viel intellektueller Anstrengung."
Der junge Krenn gehörte auch zu jenen Konservativen, die während und zwischen den Konzilsessionen mit den Progressiven der Kirche ihre Späße trieben. Überliefert ist jenes Histörchen, das sich rund um die liturgischen Formen des Gottesdienstes abgespielt haben soll: Man stritt heftig um die Einführung der sogenannten Volksaltäre. Der Priester würde nicht mehr länger mit dem Rücken zum Volk, sondern diesem zugewandt den Gottesdienst feiern. Zudem statt auf Latein in der Landessprache. Dies alles war den Traditionalisten ein Dorn im Auge. Daher beschloß man, den Progressiven einen Streich zu spielen: Ein Volksaltar, der zu Demonstrationszwecken aufgestellt

worden war, wurde bewußt beschädigt. Man entfernte eines der Beine des Altars – sozusagen um zu demonstrieren, daß es Gottes Wille nicht entspreche, die Liturgie zu ändern. Das Gerücht ging um, daß nächtens ein kleiner, eher wohlbeleibter junger Geistlicher dem Volksaltar mit der Säge zu Leibe gerückt war.

Kurt Krenn lachend: „Ja, ja, das ist eine alte Geschichte! Nur, ich war es nicht, ich weiß zwar, wer es war, aber ich selber war in der besagten Nacht, als der Altarfuß abgesägt wurde, gar nicht im Haus. Nun ja, wir trieben natürlich so unsere Späße, wir trieben sie aber auch gegen die allzu Ultrakonservativen. Nur, es war immer humorvoll und nie bösartig. Wir waren halt Leute mit Phantasie . . . und meistens war bei unseren Späßen auch eine gute Portion Geist dabei."

Das Konzil ging zu Ende, die Progressiven hatten sich durchgesetzt. Die Öffnung der Kirche gegenüber der Welt begann.

Der Jungpriester Kurt Krenn erhielt 1965 ein Forschungsstipendium der Alexander-von-Humboldt-Stiftung und ging nach Tübingen. Dort traf er auf Josef Ratzinger, den heutigen Kurienkardinal. Und auf Klaus Küng. Krenn: „Das war eine sehr lebendige Zeit damals."

Schon ein Jahr später ging Krenn nach München, wo er schließlich zum wissenschaftlichen Assistenten bei Professor Keilbach avancierte. Krenn: „Ich wurde vom Schüler gleich zum Lehrer der Philosophie."

Drei Jahre später, 1970, kehrte Krenn nach Österreich zurück. Er übernahm an der theologischen Hochschule der Diözese Linz die Philosophieprofessur und hielt an der Kepler-Universität Vorlesungen über Umweltethik und theologisch-naturwissenschaftliche Grenzfragen. In diese Jahre fiel auch eine dreisemestrige Gastvorlesung an der theologischen Hochschule in St. Pölten. Der Linzer Bischof Dr. Franz Zauner ernannte Krenn zum Geistlichen Rat.

Noch heute ist Krenn stolz auf seine Umweltlehrtätigkeit in Linz: „Mein Kernsatz damals lautete: Der lineare Fortschritt ist kein Fortschritt, und das war ja seinerzeit gegen die Dogmen des Wachstums und der Produktivität."

1975 kam der Durchbruch für den Wissenschaftler Krenn. Der bayerische Kultusminister berief den Mühlviertler als Professor auf den Lehrstuhl für systematische Theologie an die katholische Fakultät der Universität Regensburg. Außerdem arbeitete er in der Priesterfortbildung der Regensburger Diözese mit und hielt Vorlesungen an den Universitäten Eichstätt und Parma. Krenn sollte zwölf Jahre in Regensburg bleiben, bis 1987, als er als Weihbischof nach Wien berufen wurde.

Krenn über die Regensburger Zeit: „Diese zwölf Jahre bedeuteten ein fast ideales wissenschaftliches Arbeiten. Ich bin ein leidenschaftlicher Schulmeister. Ich halte sehr gerne Vorlesungen. Ich genoß sicher eine große Wertschätzung bei den Studenten. Was gibt es denn Schöneres? Noch dazu, wenn man über wichtige Fragen forscht, jene über den Menschen und die Wahrheit. Außerdem ist man als Professor einer, auf den man eben genauer hört. Und wenn man wissenschaftlich bestehen will, dann muß man publizieren – das habe ich getan. Ja, es war eine wunderbare Zeit!“

Als Krenn zudem 1977 zum Geschäftsführer der Internationalen Gesellschaft für Religionspsychologie in Uppsala gewählt, später auch Herausgeber der Zeitschrift „Archiv für Religionspsychologie“ wurde und 1979 erstmals persönlich den Papst traf, begann auch sein von vielen als sehr geheimnisvoll empfundener Weg durch die verschlungenen Pfade des Vatikans.

Sein ausgezeichnetes persönliches Verhältnis zum Papst verdankt Kurt Krenn einem Zufall, wie er sagt. Begonnen habe alles 1976, „als noch keiner so genau wußte, wo Krakau in Polen wirklich liegt“, erzählt Krenn. Damals fuhr er zu einer Studientagung in den Ostblock und lernte einen Professorkollegen aus Krakau kennen. Diesen lud er spontan nach Regensburg ein, aber der Priesterkollege bedauerte: „Geht leider nicht, die Umstände mit dem Visum und mit den Behörden, Sie wissen!“

1978 bekam die Welt mit Johannes Paul II. einen neuen Papst. Aus Polen. Krenn: „Da schrieb ich jenem Professor aus Krakau, den ich zwei Jahre zuvor kennengelernt hatte, und lud ihn erneut nach Regensburg ein. Er kam ein Jahr später, 1979. Es war der heutige Kardinal Marian Jaworski aus Lemberg/Polen.“

Jaworski hielt an der Universität Regensburg einen Vortrag. Kurt Krenn nahm ihn in sein Seminar mit, wo er mit seinen Studenten die

neuveröffentlichte erste Enzyklika von Papst Johannes Paul II. besprach. Krenn: „Jaworski war beeindruckt, er hat offensichtlich dem Papst erzählt, daß da ein kleiner Philosophieprofessor in Deutschland seine Ansichten doch recht gut unter die Studenten bringe."
Und wie eben der Zufall so spielt, als Professor Jaworski bei Krenn in Regensburg war, kam auch die Rede auf einc Pilgerfahrt, die die Pfarre Oberkappel in diesem Jahr 1979 nach Rom unternehmen wollte. Krenn: „Ich wußte ja nicht, wie eng Jaworski mit dem Papst wirklich war."
Als Krenn mit seinen Pilgern im September 1979 aus Oberkappel in Rom ankam, „übergab mir die Rezeption unseres Hotels einen Zettel. Darauf stand, der Papst möchte mich in seiner Sommerresidenz in Castel Gandolfo sehen. Na gut, dachte ich mir, und dann bin ich mit meinem Bruder hinausgefahren. Der Papst hat mit mir zusammen die Messe gefeiert, dann lud er uns zum Frühstück ein. Es war ein wunderbares Treffen. Der Papst war sehr interessiert. Er sagte zu mir: ‚Kommen Sie doch immer wieder!' Nun, aus diesem einen Mal ist halt dann sehr oft geworden . . ."
Es sprach sich unter den Klerikern Österreichs rasch herum, daß Krenn willkommener und häufiger Frühstückspartner des Papstes in Rom sei. Selbst Krenns engere Landsleute in Oberkappel raunen einander immer wieder ehrfürchtig zu, „woaßt eh, daß der Kurt schon wieder beim Papst frühstücken war!".
Krenn selbst beurteilt sein persönliches Verhältnis zu Johannes Paul II. so: „Es ist immer der Papst, der mit mir redet, nicht ich rede mit ihm. Ich glaube schon, daß er mich gut kennt und ein gewisses Vertrauen zu mir hat. Früher, als Professor, war ich für ihn vielleicht ein noch interessanterer Gesprächspartner, aber jetzt habe ich ein Amt, daher ist die Sprache zwischen uns eine neue und thematisch andere. Eines aber ist sicher: Er denkt mit sehr viel Zuneigung an St. Pölten. Das heißt, seine guten Wünsche begleiten mich schon. Er gibt mir immer wieder Grüße mit, von Audienzen in Rom, wenn jemand von St. Pölten dabei war. Ich kenne ihn ja erst, seit er Papst ist. Sicher bin ich manches Mal zum Frühstück bei ihm, zelebriere mit ihm die Messe am Morgen in seiner Privatkapelle. Ich war schon oft da, aber das ist nichts so Außergewöhnliches." Außergewöhnlich

oder nicht, allein 1992 war Bischof Kurt Krenn viermal beim Papst. Der Papst bekam in diesem Jahr auch Post aus St. Pölten: einen Beschwerdebrief, unterzeichnet von 72 Priestern der Diözese, in dem Bischof Kurt Krenn nicht sehr gut wegkommt: Er wird mehr oder minder der Lüge geziehen, und dem Papst wird mit einem „Chur II" gedroht, sollte er in St. Pölten nicht eingreifen (siehe auch S. 96 ff.).

Bislang hat Johannes Paul II. den 72 Priestern, die – zumindest brieflich – gegen Bischof Kurt Krenn aufgestanden sind, nicht geantwortet.

Die Ernennung zum Weihbischof von Wien

Im Herbst 1985 kam es zum Rücktritt des Wiener Erzbischofs Kardinal Franz König. Er hatte Österreichs Nachkriegskatholizismus geprägt. In diesem aus Rabenstein in Niederösterreich stammenden Priester hatten sich Frömmigkeit und Intellektualität, politischer Weitblick und eine „lebbare" Religion vereinigt. Der weltaufgeschlossene Wiener Kardinal wurde international als „großer Anreger und Beweger" des Konzils gesehen, der Österreichs Kirche liberal-konservativ geführt hatte.

Sein Rücktritt war mit der Zusicherung des Heiligen Stuhls verbunden, in einer vom Papst zu gewährenden Audienz über den Nachfolger für das Wiener Erzbischofsamt gemeinsam zu beraten. Immerhin, neben Kardinal König gab es in Wien mit Florian Kuntner, Helmut Krätzl und Karl Moser drei Weihbischöfe, die nach den Vorstellungen der Ortskirche dafür durchaus in Frage kamen. Allein, zum vertraulichen Gespräch zwischen Papst Johannes Paul II. und Kardinal Franz König über die Nachfolgeregelung kam es nie. Im Gegenteil: In den folgenden Monaten, bis zum Juli 1986, wucherten die Spekulationen in wildem Ausmaß, ehe es zu der von vielen fassungslos zur Kenntnis genommenen Überraschung kam: Der Papst berief den bis dahin in der Öffentlichkeit kaum bekannten Göttweiger Benediktinermönch Hans Hermann Groer zum neuen Erzbischof von Wien. Er war das krasse Gegenteil von Franz König. Die linksliberale deutsche Wochenzeitung „Die Zeit" damals: „König formulierte neue Positionen, Groer bezieht alte."

Der Schock in Österreichs Kirche war groß, vor allem darüber, daß der Vatikan bei dieser Bischofsbestellung auf die Ortskirche keinerlei Rücksicht nahm. Hans Hermann Groers Berufung sollte aber nur der erste einer Reihe „von vatikanischen Schachzügen" sein, um in Österreichs Kirche eine Kurskorrektur herbeizuführen.

In den darauffolgenden Monaten tobte in Österreichs Kirche ein

Richtungskampf zwischen sogenannten Progressiven und Extremkatholiken, der Beachtung in ganz Europa fand: „Hier eine liberalkonservative Kirche, ganz dem zweiten Vatikanum verpflichtet – und jetzt die Angst, daß Offenheit, Dialogbereitschaft und Reformwille abgewürgt werden sollten. Da die frommen Eiferer, unterstützt von rechtslastigen Politikern, die blinden Gehorsam, Beten und Büßen wieder zur obersten Christenpflicht machen möchten", schrieb „Die Zeit" in einer Analyse. Unter den Extremkatholiken vermutete man den Bundesratsvorsitzenden Prof. Herbert Schambeck und den Tiroler Nationalratsabgeordneten Andreas Khol (beide ÖVP), Wolfgang Waldstein (Ordinarius für Römisches Recht, Universität Salzburg). Sie dementierten zwar heftigst, bei den Bischofsbestellungen ihre Finger im Spiel gehabt zu haben, dennoch wurde ihnen unterstellt, beim päpstlichen Nuntius in Wien, Michele Cecchini, oder auch in Rom bei konservativen Kurienkardinälen (Kardinal Alfons Stickler, Kardinal Opilio Rossi) immer wieder einer Wende in Österreichs Kirche das Wort geredet zu haben. Tatsächlich war es Kardinal Stickler, der – wie schon ausgeführt – die härteste Kritik am Kirchenkurs Österreichs ausgeübt hatte.

Dennoch: Die Inthronisierung Hans Hermann Groers 1986 zum Erzbischof von Wien verlief, im Gegensatz zu späteren Ereignissen, relativ geräuschlos und vor allem relativ glimpflich.

Erst als im Spätherbst 1986 die Gerüchte immer dichter wurden, daß die Erzdiözese Wien einen vierten Weihbischof bekommen würde, und in diesem Zusammenhang erstmals der Name des in Wien praktisch unbekannten konservativen Wissenschaftlers Kurt Krenn auftauchte, begann ein innerkirchliches Drama, das am 9. März 1987 mit der päpstlichen Verlautbarung der Berufung Professor Krenns seinen ersten Höhepunkt erreichte.

Besonders der spezielle Auftrag für Krenn, dem „die seelsorgliche Betreuung der Bereiche Wissenschaft, Kunst und Kultur" anvertraut wurde, sorgte für größte Unruhe unter den 1.200 Professoren, 3.000 Assistenten und einem Großteil der rund 100.000 Studenten in den acht Universitäten und Hochschulen Wiens. Insbesondere, weil man mit der Berufung des ordentlichen Professors für Systematische Theologie an der Universität Regensburg nach Wien die Befürch-

tung verband, daß damit die von der liberal-konservativen Kirche Österreichs bislang enttäuschten ultra-konservativen Treukatholiken endlich ihren Vorkämpfer gefunden hätten: einen starken Mann an der Seite von Erzbischof Groer (Krenn wurde logischerweise sofort als der „Aufpasser des Vatikans in Wien" abgestempelt). Denn in konservativen Kirchenkreisen wurde offen kritisiert, Groer sei viel zu milde in seinem Amt und lasse die unbedingt nötige Glaubensstrenge vermissen, jene Glaubensstrenge, an der es Professor Kurt Krenn sicher nicht würde fehlen lassen.
Weihbischof Kurt Krenn wehrte sich vergeblich gegen die Etikette, „Aufpasser" in römischem Auftrag zu sein. Nicht zuletzt seine Fans und Befürworter machten es ihm schwer, einen richtigen Einstieg in Wien zu finden. Einer von ihnen, Dr. Robert Prantner, außerordentlicher Gesandter und bevollmächtigter Minister an der Botschaft des Souveränen Malteser-Ritterordens bei der Republik Österreich und Professor für Ethik und Gesellschaftslehre, dozierte damals ganz offen darüber, was für eine Kurskorrektur in Österreichs Kirche spreche: Es gehe um eine „Bereinigung der Flurschäden in der Kirche Österreichs", formulierte er die Erwartungen an den neuen Weihbischof Kurt Krenn. Zuviel Rationalität habe sich in der Kirche beheimatet, was dazu geführt habe, daß katholische Seelsorger in vielen geistlichen Gemeinden, als Religionslehrer in den Schulen oder als Pfarrer ein Glaubensgut verkündeten, das nicht mehr mit der Lehre der katholischen Kirche übereinstimme. Eine Entwicklung, die, so meinte Prantner damals, von den bisherigen Bischöfen, auch von Kardinal König, natürlich überhaupt nicht gutgeheißen worden sei.
Der Minister des Malteser-Ritterordens eröffnete damals der „kathpress", daß zuviel Demokratie eingekehrt sei in die Kirche, die an sich hierarchisch sei; daß es zwischen progressiven und konservativen Kreisen intolerant zugehe und für Konservative wie für ihn selbst „das Wort des Papstes von so hoher Autorität ist, daß es nicht anzweifelbar und diskutabel ist".
In Österreichs Kirche aber seien die Werte ins Rutschen gekommen, Präservative und Pille seien zu Hauptfragen geworden, die Treue werde verfemt und verteufelt. Letztere lebe das Opus Dei gegenüber

Rom exemplarisch vor, allerdings dürfe Traditionalismus auch nicht so weit gehen, wie ihn Marcel Lefèbvre treibe.
Konkret zur Kirche Wiens sagte Prantner, dies sei zwar kein zerstörter Weinberg, weise aber Flurschäden auf. „In dieser Situation muß der neue Wiener Weihbischof Kurt Krenn mit Behutsamkeit, Weitherzigkeit und Festigkeit in Fragen des Glaubens und der Sitte wirken, er wird Fehlmeinungen entgegentreten und nach dem Rechten sehen müssen." Im übrigen seien die „Flurschäden", die es in Österreichs Kirche gebe, deutlich in Strategien gegen den Papst, gegen Erzbischof Hans Hermann Groer und gegen Kurt Krenn selbst sichtbar geworden, so Prantner zur „kathpress".
Kurt Krenn beschrieb der Ethikprofessor als einen grundgütigen, „daher auch korpulenten Menschen", als blitzgescheiten Mann, der Hirte Gottes und kein Dressman sei. Mit der Ernennung Krenns sei man doppelt zufrieden, weil dieser der Fehlmeinung, daß Religion etwas Einsichtbares darstelle, entgegentrete: „Krenn steht treu zur katholischen Lehre von Übernatur und Natur. Bezüglich des mit der Vermischung beider Bereiche auftauchenden Synkretismus wird Krenn nach dem Rechten sehen und dort mahnen müssen, wo es am Platz ist." Was die Kunst in Österreich angehe, für die Krenn als Bischof nun zuständig sei, müsse etwas gegen „die Blasphemie als Werk des Bösen" unternommen werden, gegen die „Laszivität, die die Würde des Menschen in den Schmutz zieht". Ebenso müsse Krenn auch die Grundwerte der Familie, die Werte des Menschen, die sittlichen Tugenden und die Sorge um das Gemeinwohl deutlich neu herausstreichen.
Auch von einer „Aushöhlung" des Religionsunterrichts redete Prof. Prantner damals, dieser beschäftige sich nur mehr mit Dritte-Welt-Problemen, Umweltgestaltung, Lebenskunde. Die Kirche sei „in den Dunstkreis des Bösen" hineingeraten, in der Sinnfrage böten viele Seelsorger nur Ersatzrezepte an, daher suchten viele Menschen den Ausweg in Sekten. Überhaupt habe die Forderung nach Selbstverwirklichung nur zu Laszivität geführt, dagegen müsse jetzt angetreten werden. Schließlich gehe es insgesamt darum, daß „gewisse Laien in die Schranken gewiesen werden müssen".
Vieles von dem, was Prantner – der übrigens in jungen Jahren

Sekretär bei ÖVP-Bundeskanzler Julius Raab war – mit diesen Worten dem neuen Weihbischof Kurt Krenn mit auf den Weg gab, findet sich heute nach wie vor als Arbeitsprogramm Dr. Kurt Krenns als St. Pöltner Diözesanbischof wieder.

Wie spannungsgeladen und prekär im Spätherbst 1986 bis zur Bischofsweihe Dr. Kurt Krenns im April 1987 die Situation zwischen Österreichs Kirche und Rom war, ging auch deutlich aus dem in Italien erscheinenden Monatsmagazin „Trenta giorni" hervor. Dieses einer Laienbewegung namens „Comunione e Liberazione" nahestehende Magazin veröffentlichte im November 1986 eine Analyse über Österreichs Kirche aus römischer Sicht, in der konstatiert wurde, daß der österreichische Katholizismus eine Phase des Abstiegs durchmache.

„Ein Erbe für den Thron Franz Königs" titelte das Magazin und kam zum Schluß, „daß eine Wende notwendig ist, damit die Kirche die für sie günstigen Möglichkeiten nützen kann, die ihr die Krise der Gesellschaft zu eröffnen scheint". Damit war gemeint, daß die Kirche den Menschen klare Anleitungen für die Sinnfindung des Lebens hätte geben sollen. Sogar der kurz zurückliegende Bundespräsidentschafts-Wahlkampf 1986 wurde bemüht. Der Kandidat der SPÖ, Dr. Kurt Steyrer, hatte gemeint, man könne auch außerhalb der Kirche praktizierender Christ sein. Woraus „Trenta giorni" prompt folgerte: Die Haltung Steyrers schließe ein Stück österreichischer Weltanschauung ein, die Grundsatzfragen seien nicht so wichtig, die Praxis relativiere jede theoretische Differenz. Die Orthopraxis siege über die Orthodoxie. Wenn es allerdings die Praxis sei, die die Norm bestimme, dann sei klar, daß sich die christliche Moral unvermeidlicherweise in eine demoskopische Moral verwandle. Und weiter: „Und die Dogmen? Die Weisungen der Kirche, zum Beispiel auf moralischem Gebiet? Sie mögen sich an die Meinungsumfragen anpassen. Und wenn das nicht geschieht . . . auch gut, es ist egal, man macht trotzdem weiter. Ohne allzu große Probleme." Kritisiert wurde auch, daß sich in der Zeit zwischen dem Rücktritt Kardinal Königs und der Ernennung Groers sogar außerkirchliche Kreise wie der als Freimaurer bekannte Wiener SPÖ-Bürgermeister Helmut Zilk öffentlich Gedanken um den neuen Wiener Erzbischof gemacht hätten. Dies sei ein Erbe des Josephinismus in Österreich: „Bis heute toleriert der Österreicher eher den Eingriff des Staates in die Angelegenheiten der Kirche als umgekehrt: eine Art Cäsaropapismus in neuem Kleid." Und dies alles vor dem Hintergrund eines „Schwanengesangs" des österreichischen Katholizismus: Durch Kirchenaustritte seien in Wien nur mehr 70 Prozent der Bevölkerung katholisch.

Hingegen stehe die kirchliche Bürokratie in Österreich in voller Blüte, 40.000 seien in ihr beschäftigt. „Trenta giorni": Dieser kolossale Apparat, der natürlich wertvolle Arbeit leiste, sei nicht immer sehr bereit zu einer Wende, die der Kirche in Österreich heute absolut nottue. Eine solche Wende bedeute keine Verneinung des Lebenswerkes von Franz König. Im Gegenteil, gerade um den Dialog außerhalb der Kirche in aktiver Weise fortführen zu können, sei die Erneuerung der katholischen Identität dringend notwendig.

In einem derart aufgeheizten, zum Teil hysterischen Umfeld, vor dem Hintergrund unerbittlicher Konfrontationen, hatte Dr. Kurt Krenn in Wien anzutreten.

Wenige Tage nachdem der Heilige Stuhl am 9. März 1987 die Ernennung Krenns bekanntgegeben hatte, protestierten die kirchlichen Basisgemeinden Wiens heftig: Krenns Ernennung trage nicht zur Einheit der Kirche bei, was von Klerikern wie Laien in einer Resolution unterschrieben wurde. Die Katholische Aktion der Erzdiözese sprach von der „Gefahr der Resignation" vieler kirchlicher Mitarbeiter, Rom solle die Besorgnisse vieler gläubiger Menschen ernst nehmen. Der Vikariatsrat wiederum fragte, ob die bisherigen drei Wiener Weihbischöfe, Kuntner, Krätzl und Moser, in den Augen Roms nicht würdig oder fähig genug für die König-Nachfolge seien. Das Wiener Pastoralamt wiederum stellte erneut die Frage, ob Krenn womöglich wirklich nur „Aufpasser" für Erzbischof Groer sei.

In diesem Zusammenhang ist festzuhalten, daß der Ernennung Krenns schon im September 1986 der Auftrag Roms an Erzbischof Hans Hermann Groer vorausgegangen war, zu bedenken, daß die wichtigen Bereiche Kultur und Wissenschaft eines eigenen bischöflichen Seelsorgers bedürfen. Hans Hermann Groer dazu: „Es sollte ein Universitätsprofessor sein, zumal weder ich je an einer Hochschule gelesen habe, noch einer der Wiener Weihbischöfe akademischer Lehrer war. So habe ich mich auf die Suche gemacht, dann dem Heiligen Vater drei Namen unterbreitet – und er hat Professor Krenn ausgewählt."

Bischof Kurt Krenn, der vor seiner Ernennung für Wien bereits als Bischofskandidat für Linz und Salzburg gehandelt worden war, sagt heute in der Rückschau dazu: „Es ist immer der Papst, der bestimmt. Die Ernennung für diese Bereiche war sicher ungewöhnlich. Aber es gibt eben Vorgänge, die man von ihrer inneren Struktur her vorher nicht kennt. Wenn man Bischof wird, ist man der, der als letzter davon erfährt. Es war ganz ungewöhnlich, sicher, daß wir für Wien ernannt wurden. Die Ressorts, die ich erhielt, nun, das waren Aufgaben, die mir der Papst direkt gegeben hat, also nicht der Erzbischof. Das stand auch so, ganz konkret, in der Ernennungsurkunde. Es war also ein päpstliches Amt, das ich in Wien übertragen bekam."

Wenige Tage vor der geplanten Bischofsweihe, am 26. März 1987, wagte die Wiener Dechantenkonferenz einen spektakulären Schritt: 17 von 20 dieser doch höherrangigen Kleriker der Stadt Wien richteten an Prof. Kurt Krenn einen schriftlichen Appell, um der Einheit der Erzdiözese Wien willen auf die ihm vom Papst übertragene Funktion eines Weihbischofs zu verzichten. In einem gleichzeitigen Schreiben direkt an den Papst äußerten die Dechanten Sorge und Betroffenheit. Weil Krenn unmittelbar nach Bekanntwerden seiner Bestellung von einer Versöhnungsaufgabe gesprochen hatte, die er habe, hakten die Wiener Dechanten genau da ein: „Sie selbst, sehr geehrter Herr Professor, verkörpern eine theologische Richtung, die dem bisherigen Kurs vieler in der Erzdiözese Wien nicht entspricht. Ihre Bestellung wird daher von vielen engagierten Priestern und Laien als Abwertung ihrer bisherigen Bemühungen aufgefaßt. Wir hielten es für unchristlich und unbrüderlich, zu verhehlen, daß es unserer Überzeugung nach für die Erzdiözese Wien und ihre Einheit besser wäre, könnten Sie sich jetzt noch zu einem Verzicht auf das Amt eines Weihbischofs entschließen. Sie selbst haben ja in Ihrer ersten Stellungnahme Ihre Aufgabe in der Versöhnung gesehen. Der

Verzicht auf dieses Amt scheint der einzig mögliche Schritt zu dieser Versöhnung. Zu dieser Bitte sehen wir uns aus echter Sorge um die Kirche von Wien veranlaßt“, schrieben die Kleriker.
Die „vorkonziliare“ Position Krenns, die von Rom nicht zugelassene „Mitverantwortung“ der Ortskirche bei dieser Personalauswahl und das somit empfindlich verletzte Vertrauensverhältnis zwischen dem Bischof, der Priesterschaft und dem Volk der Diözese sei eine Störung, wie es sie seit Jahrzehnten in der Kirche Österreichs und in Wien nicht mehr gegeben habe. Denn unter Kardinal Franz König sei die Kirche für viele zu einem Ort der Hoffnung geworden, im Geist einer brüderlichen und geschwisterlichen Gemeinde.
Der Eklat war perfekt. Sogar Alt-Erzbischof Kardinal Franz König sah sich 20 Tage vor der Bischofsweihe Kurt Krenns veranlaßt, in einer Art „Feuerwehraktion“ „seine“ Kirche Wiens verzweifelt zur Gemeinsamkeit zu mahnen. Es gehe nicht um das Zudecken von unterschiedlichen Standpunkten, mit denen müsse man zu leben lernen, ohne das gegenseitige Vertrauen und die Nächstenliebe zu verletzen. Freilich könne die Kirche nicht einfach demokratisiert werden, sagte König, aber: „Die Laien sind nicht Befehlsempfänger, sie sind als getaufte und gefirmte Christen zur Mitverantwortung und damit in gewissem Sinne auch zur Mitbestimmung in der Kirche berufen. Wenn in den letzten Wochen von verschiedenen Seiten Worte gefallen sind, die verletzten, so sollten wir einander vergeben und den Mut zu einem neuen Miteinander haben. Viele Menschen sind heute Suchende, nach Antwort auf die Frage nach dem Woher, Wohin und Wozu des Lebens. Diese Menschen dürfen wir katholischen Christen nicht enttäuschen, wir dürfen uns nicht in Strukturdiskussionen verlieren.“
Diesem dramatischen Appell Königs folgte ein Interview Prof. Dr. Kurt Krenns, in dem er betonte, es gebe auch viele Menschen in Wien, die bewußt zu ihm sagten: Ja, wir brauchen Sie! Er bekomme viele derartige Telegramme und Briefe. Die Frage, ob es ihn störe, daß sein neuester Spitzname der eines „österreichischen Ratzingers“ sei (Kardinal Ratzinger gilt als strenger Präfekt der römischen Glaubenskongregation im Vatikan), beantwortete Krenn mit einem vielsagenden: „Na ja, das klingt ja gar nicht so schlecht. Ich schätze

Ratzinger. Aber den Namen verdiene ich gar nicht, weil ich nicht so gut bin wie der Kardinal."
Inzwischen bereiteten sich Österreichs Kirche und Wien auf die Bischofsweihe Dr. Krenns vor, die für den Sonntag, 26. April, im Wiener Stephansdom angesetzt war. Protestaktionen wurden angekündigt, im Wiener Polizeipräsidium nahm man die Demonstrationsaufrufe ernst, Hundertschaften der Polizei erhielten ihre Einsatzbefehle. Österreichs Bischofskonferenz, die die harten Debatten um Krenns Ernennung mit Unbehagen, aber relativ still verfolgt hatte, erklärte nun über Kärntens Diözesanbischof Dr. Egon Kapellari, daß man mit dem Papst „selbstverständlich vollkommen solidarisch" sei und in der Frage „Krenn" „allen Versuchen, die diesbezüglich Mißverständnisse verbreiten, klar entgegentrete". Er, Kapellari, habe den neuen Wiener Weihbischof Krenn nach dessen Ernennung brieflich als „einen Bruder willkommen geheißen, den uns der Heilige Vater gesandt hat".
Der päpstliche Nuntius in Österreich, Michele Cecchini, sprach in diesen Apriltagen 1987 noch deutlichere Mahnungen aus: In Maria-Roggendorf betonte er, daß „von der Treue zum Papst das Fortbestehen der Kirche abhängt". Diese Treue sei nicht nur dann wichtig, wenn der Papst als Lehrer der universalen Kirche spreche, sondern auch dann, wenn er als Hirte und Wegweiser oder auch in anderen Situationen handle. Diese Wahrheit müsse man sich vor allem in jenen Zeiten vor Augen halten, in denen sie von manchen geleugnet oder in Frage gestellt werde, so der Nuntius. Katholisch könne sich nur der nennen, der an das oberste Hirtenamt des Papstes glaube, der Papst sei das Symbol und die Garantie der Einheit und der Universalität. Man müsse vor allem für jene beten, die zweifeln und die dem Papst die Treue verweigern, treue Katholiken sollten „mit erhobenem Haupte" dieses Vertrauen in den Papst verteidigen.

Sonntag, 26. April 1987. Als Dr. Kurt Krenn in den Wiener Stephansdom geleitet wird, benötigt er Polizeischutz. 150 Beamte waren aufgeboten worden. Etwa 40 Jugendliche warfen sich vor ihm zu Boden, so daß er über einen „Menschenteppich" gehen mußte, um über die Sakristei in den Dom zu gelangen. Polizeibeamte eskor-

tierten ihn und hoben ihn über die auf dem Boden liegenden Menschen.
Auf Transparenten hieß es:
„Rom tut, als wären wir in Österreich Heiden."
„Jesus: Mensch, steh auf! – Rom: Knie nieder, du Sünder!"
Im Dom selbst wurde Erzbischof Groer und dem neuen Weihbischof hingegen bei ihren Ansprachen und schon zuvor mehrfach tosender Applaus gespendet.
An diesem Sonntag – nicht alle österreichischen Bischöfe waren in den Stephansdom nach Wien gekommen – fand in Graz eine Festakademie zum 60. Geburtstag des steirischen Diözesanbischofs Johann Weber statt. Dabei dankte Steiermarks Landeshauptmann Josef Krainer dem Vorsitzenden der Österreichischen Bischofskonferenz, dem Salzburger Erzbischof Dr. Karl Berg, dafür, daß er in „mannhafter Christlichkeit" jenen „selbsternannten Nuntien" deutlich gemacht habe, „was wir von dem großen Kardinal König halten", in dessen Ära „unverzichtbare österreichische Geschichte, Kirchengeschichte und in vielem auch Weltgeschichte geschrieben" worden sei. Stürmischer Applaus Tausender Festgäste im Grazer Stephaniensaal war die Antwort auf diese Aussage Krainers, die sich auf Erzbischof Bergs harte Replik nach den Anwürfen des römischen Kurienkardinals Stickler gegen die Kirche Österreichs bezog.
Kurienkardinal Stickler ließ aber nicht locker. Auch nach der Bischofsweihe Dr. Krenns kritisierte er aus seiner vatikanischen Bibliotheksstube in Rom Österreichs Kirche hart, warf den Bischöfen erneut „Ungehorsam" dem Papst gegenüber vor, und überhaupt sei „der Rauch des Satans" in die österreichische Kirche eingedrungen. Er zweifle an der „inneren Gesundheit" der Kirche, forderte mehr bischöfliche „Strammheit" in der Abtreibungsfrage und meinte, daß in Österreich „der Glaube wohl teilweise zu Diskontpreisen verschleudert" werde.

Österreichs Kirche kam nicht zur Ruhe. Erst Anfang der neunziger Jahre, als der Sessel des Salzburger Erzbischofs und auch der Vorarlberger Bischofsstuhl mit dem Altenmarkter Pfarrer Georg Eder und Dr. Klaus Küng neu besetzt und in der Bischofskonferenz die Gewichte neu verteilt waren, legte sich der Sturm.

Bischof Dr. Kurt Krenn heute in der Rückschau über seinen damaligen Weg zum Weihbischof in Wien:

„Damals, 1987, es war gerade das Semesterende gekommen, war ich am Faschingsonntag daheim in Oberkappel. Wie immer in diesen Jahren las ich dort zwei Sonntagsmessen und bin dann, nach den Gottesdiensten, mit den Leuten ins Wirtshaus gegangen, wie es sich halt so gehört auf dem Land. Es war gegen Mittag, als mich meine Mutter verständigte, daß der päpstliche Nuntius, Cecchini, bei uns zu Hause angerufen hätte."

Krenn erzählt, daß er zunächst nicht recht wußte, was dieser Anruf bedeuten könnte. Deshalb sei er noch einige Zeit im Wirtshaus sitzen geblieben, ehe er heim eilte und in Wien anrief. Krenn: „Der Nuntius hat mit mir am Telefon sofort italienisch gesprochen – ich spreche Französisch, Italienisch, Englisch, Spanisch, Griechisch und Latein natürlich, und ein bißchen Polnisch kann ich auch noch –, Cecchini sagte mir, ich solle zu ihm kommen. Ich darauf: ‚Ja, wann? In einer Woche, in 14 Tagen?' Der Nuntius: ‚Nein, morgen, Montag!'"

Es war der Faschingmontag 1987 – wie Krenn selbst betont –, als er in die Theresianumgasse nach Wien fuhr. Dort eröffnete ihm der päpstliche Nuntius, daß er Weihbischof in Wien werden solle. Krenn: „Cecchini fragte mich, ob ich es annehme oder ob ich es mir noch überlegen wolle. Ich sagte ihm, ohne viel zu überlegen, vielleicht nach zehn Sekunden: ‚Na ja, also wenn es der Heilige Vater will, dann brauche ich keine längere Bedenkzeit. Wenn nicht jetzt, wann dann soll man ja sagen?' Ich glaube, sie war richtig, die Entscheidung."

Natürlich habe er „eine wirklich schöne Zeit als Wissenschaftler und Professor" mit diesem Ja in der päpstlichen Nuntiatur mit einem Schlag beendet, „denn ich war in meiner damaligen Arbeit als Universitätsprofessor in Regensburg völlig frei. Als Bischof, ja, da halst man sich vieles auf, denn als Professor, da kann man viele Dinge sehr persönlich gestalten. Als Bischof steckt man plötzlich in so vielen Aufgaben drinnen . . .".

Krenns Amtsantritt in Wien war sicherlich alles andere als leicht. Krenn: „Warum das so war, ist eigentlich schwer zu erklären. Ich

habe in vielen Fragen, die man mir ja sofort nachgereicht hat, als Professor und Wissenschaftler nie etwas geäußert gehabt. Ich meine heute, daß es sicher eine gewisse Strategie gab, daß man mich mit gewissen Fragen festgenagelt hat. Etwa mit jenen über die Sexualmoral. Über die habe ich zwar als Priester gepredigt, aber als Wissenschaftler kaum je etwas verlauten lassen. Aber da hat man mich sofort versucht anzunageln. Gut, sagte ich mir, ihr sollt meine Antworten darauf haben. Und so kam es zu all dem Wirbel, der sicher von irgendwelchen Leuten ganz konzeptiv geplant war."
Der Sinn dieses vom Bischof vermuteten Anti-Krenn-Konzepts? „Wahrscheinlich überschätzen mich viele und meinen, ich sei so gefährlich, daß man mich dauernd bekämpfen müsse. Anders kann ich es mir nicht erklären. Vielleicht spielt auch der Gedanke mit, daß es sich einfach lohnt, mich zu bekämpfen. Der Kampf war von Anfang an da. Dabei war ich gar nicht so bekannt in Österreich, in Wien überhaupt nicht. Natürlich, ich weiß schon, daß sich ein paar Leute sehr übereifrig eingemischt haben – weil man meinte, ich sei ein Gegner verschiedener Ideen und Errungenschaften. Was zum Teil sicher nicht stimmt, was mir aber zum Teil auch sehr recht ist. Gewisse Herrschaften verstehen schon, was ich meine, wofür ich stehe. Viele verstehen mich allerdings auch überhaupt nicht, wenn sie meinen, ich hätte nichts anderes im Kopf, als nur über die banalsten Fragen der Sexualmoral zu reden. Ich gebe Auskunft über das, worüber ich gefragt werde. Ja, es war ein Trommelfeuer damals, das man aber schon aushalten kann, wirklich, es ging damals so 50 Tage lang ganz schön lustig dahin . . ."
Es sei für ihn schon sehr erstaunlich gewesen, „daß man fast jeden Tag in den Weltnachrichten im Radio vorgekommen ist, und zwar mit lauter Unsinnigkeiten, die da gemeldet wurden, geradezu lächerlich". An sich „halte ich schon sehr viel aus", aber irgendwann mußte sich Krenn eine persönliche Strategie zurechtlegen, wie er mit diesem innerkirchlichen Hexenkessel zurechtkommen wollte: „Anfangs setzte ich auf meine Gelassenheit. Ich sagte mir, man muß bei allem nur den Anfang richtig machen, darauf kommt es an. Ich habe mir gesagt: ‚Was soll ich tun, gegen die Beschimpfungen, Verurteilungen, Beleidigungen?' Es kam ja alles. Da beschloß ich: Wenn es

gegen mich persönlich geht oder gegen mein Ansehen, werde ich gar nichts tun, nichts dagegen sagen, nicht klagen – was ich bis jetzt auch durchgehalten habe. Aber wenn es um die Kirche und ihr Ansehen geht, dann kämpfe ich. Auch sehr hart, wenn es wirklich sein muß ... ich meine, persönlich ist das alles oft sehr ungerecht, was da verzapft wird. Wenn von der Öffentlichkeit dieses oder jenes gesagt und behauptet wird, und wenn es tausendmal falsch ist, dann kann ich ja nichts dagegen tun, ich habe selber nicht diese Trompete in der Hand, um zu sagen: Hört, hört! Ich bin nicht so, ich bin ganz anders! Das kann ich nicht, da habe ich keine Chance. Ich kann nur durch meinen Lebensvollzug zeigen, wie es wirklich ist mit mir. Dabei, ich bin kein Fatalist, vielmehr weiß ich, daß ich eine Aufgabe für die Kirche habe. Mein Gott, da müßte ja Jesus auch ein Fatalist gewesen sein. Der hat in viel schwierigeren Situationen ungleich mehr, viel mehr erdulden müssen. Er hat immer gewußt, wer ihn führt und wer ihm den Auftrag gibt. So muß auch ich das sehen."

Warum auch immer Dr. Kurt Krenn so gebrandmarkt ist, einer der Gründe liegt sicher in der von Rom diktierten Kirchenkurskorrektur, in der allein von Rom diktierten Bestellung der vier romtreuen Bischöfe Groer, Krenn, Eder und Küng.

Der Bischof sieht dies natürlich ganz anders: „Ich bin der zweite in dieser Viererbande, als die wir immer wieder denunziert werden, der bestellt wurde, Eder und Küng kamen erst zwei Jahre später. Es gibt sicher bei manchen die Fehlmeinung, zu glauben, wir hätten von Rom irgendwelche Aufträge bekommen, dieses oder jenes zu managen oder so. Das stimmt nicht! Ich kann jedem nur sagen: Natürlich, wir haben den Auftrag, das zu tun, was sich die Kirche von ihren Bischöfen erwartet – nämlich den Glauben Christi zu verkünden. Ich glaube, auch für die anderen Mitglieder dieser vermeintlichen Viererbande sagen zu können: Niemand von uns hat so etwas wie einen Spezialauftrag bekommen. Eher ist es so, daß jeder von uns verschieden ist, nach seiner persönlichen Eigenart und seinem Programm. Also: Wenn ich etwas anders bin, dann bin ich es, der anders ist und die Kirche so und nicht anders vertritt, den Glauben so und nicht anders verkündet. Nein, es hat überhaupt nie von irgendwoher Direktiven gegeben, schon gar nicht speziell an uns vier."

Dennoch, es ist zumindest seltsam, daß viele Kritiken, die in den achtziger Jahren von diversen Laien oder von Kreisen außerhalb der Kirche am progressiven Kurs kamen, dann so deckungsgleich mit jenen Erklärungen waren, die gerade Bischof Krenn abgab und nach wie vor abgibt. Krenn: „Diese Anmerkungen, die es da gegeben hat, die waren sicherlich gut gemeint. Natürlich hat man über dieses und jenes zu diskutieren, auch mit den Bischofskollegen von damals. Ich würde sie nie persönlich kritisieren, denn die Bischöfe, die nach dem Konzil gewirkt haben, machten ihre Sache durchaus gut. Aber einer echten Disputation über diverse Dinge, einer solchen bedarf es, und das ist auch eine ehrenhafte und christliche Sache. Diese Auseinandersetzungen bereiten mir auch keineswegs schlaflose Nächte. Man muß nur aufpassen, daß man selber nicht verhärtet ob all dieser Angriffe, daß man nicht zu einem Punkt kommt und sagt: So, jetzt zeig' ich's denen. Das darf man nicht. Das will ich auch nicht. Was man haben muß, ist Geduld. Andererseits muß ich da und dort schon mal entschieden sagen, wo es wirklich langgeht!"

Die Berufung nach St. Pölten

Im späten Herbst des Jahres 1989 und vor allem im Frühjahr 1990 tauchten in der Diözese St. Pölten die ersten Vermutungen – damals waren es wohl wirklich nicht mehr als Gerüchte – auf, der künftige Diözesanbischof der gerade erst drei Jahre alten Landeshauptstadt Niederösterreichs würde Dr. Kurt Krenn heißen.

Bischof Dr. Franz Zak, der die Diözese mehr als 30 Jahre lang geführt hatte, hatte in Rom um seinen Rücktritt angesucht. Schon Jahre zuvor, 1987, hatte er in Rom Vorschläge für seine Nachfolge eingereicht, die jedoch nicht akzeptiert worden waren. Wohl deshalb war es 1987 bereits zu einer Laienresolution der Katholischen Aktion St. Pöltens gekommen (die schließlich in eine „harmlosere" Petition umgewandelt worden war), in der es sehr vorsichtig, aber dennoch deutlich genug hieß, daß auch in der Diözese St. Pölten mit Polarisierungen zu rechnen sei, wenn personelle Vorschläge des Diözesanbischofs unbeachtet blieben.

Die katholischen Laien St. Pöltens beobachteten nämlich mit immer größer werdendem Unbehagen die Vorgänge in der Kirche Wiens, aber auch die Debatten in Salzburg und Vorarlberg. Dazu kam, daß man sich durchaus bewußt war, daß die Diözese St. Pölten trotz ihrer Größe in der Kirche Österreichs ein eher „stilles" Dasein geführt hatte und führte. Diese Stille, so die Befürchtung, könnte durchaus dazu führen, daß man sich mit jedem von Rom bestellten neuen Bischof einfach abfinden würde. Tatsächlich gab es bei jedem neuen Gerücht, das nach 1987 herumschwirrte und alle möglichen Namen für die Nachfolge Zaks nannte, Unruhe, Unsicherheit, Befürchtungen und Betroffenheit unter den rund 600.000 Gläubigen der Diözese.

Nach Weihnachten 1989 nahm das Gerücht, Kurt Krenn sei als Diözesanbischof für St. Pölten vorgesehen, konkrete Formen an. Im Frühjahr 1990 flüsterte man sich in diözesanen Kreisen hinter vorgehaltener Hand auch die Begründung zu, warum dieser ultrakon-

servative Kirchenfürst gerade für St. Pölten ausersehen sei: Mit der kleinen theologischen Hochschule sei ein wichtiges Instrument für den Theologen vorhanden, um der Strategie von Papst Johannes Paul II., der Kirche in Mitteleuropa einen neuen, strengeren Kurs zu verordnen, entsprechen zu können. In Wien seien die Widerstände gegen Weihbischof Kurt Krenn zu groß geworden, trotz größter und unerschrockener Bemühungen könne er dort nichts bewegen.
Die stille, ruhige, etwas verschlafene, sicher nicht aufmüpfige Diözese St. Pölten sei daher schon „das Richtige" für den gestrengen Kirchenfürsten.
Dennoch sollte es bis zum 22. August 1990 dauern, bis die Kirche St. Pöltens in hellen Aufruhr geriet. Die Meldung in einer Wiener Tageszeitung, die von Kurt Krenn als neuem Bischof von St. Pölten wissen wollte, schlug wie eine Bombe ein. Auch die Katholische Aktion, seit ihrer ohnehin vorsichtigen Petition aus dem Jahr 1987 wieder ruhig geworden, reagierte heftig: „Man müßte mit tiefer Enttäuschung und Opposition der engagierten Gläubigen der Diözese rechnen", meldete sich deren Präsident, der später von Bischof Krenn nicht mehr akzeptierte Karl Dillinger, sofort zu Wort.
Indes: St. Pöltens regierender Bischof, Dr. Franz Zak, beschwichtigte: Alles sei nur eine Zeitungsente in der Sauregurkenzeit, die Nachfolgefrage sei überhaupt nicht aktuell, ließ der damals 73jährige Ordinarius offiziell wissen.
Zak dementierte nachdrücklich, daß er einen Nachfolgedreiervorschlag nach Rom geschickt habe, den der Heilige Stuhl jedoch nicht akzeptiert hätte. Tatsächlich habe er nach der Pensionierung von Weihbischof Dr. Alois Stöger nur um einen neuen Weihbischof angesucht, da habe er sehr wohl drei Namen genannt. Allerdings, so Zak, habe ihm Rom bedeutet, er bekomme keinen Weihbischof mehr, sondern man wolle gleich warten, bis er um einen Bischofskoadjutor (mit verbrieftem Nachfolgerecht) ansuche. Und um einen solchen suchte Zak in diesen Jahren, wo es in Wien und anderswo ohnehin hoch herging, vorsichtshalber nicht an.
Den Laien St. Pöltens genügte dies jedoch nicht. Deren Präsident, Karl Dillinger, erinnerte öffentlich daran, daß St. Pöltens Bischöfe immer sehr eng mit der katholischen Laienorganisation verbunden

gewesen seien. Hinzu komme noch, daß die große Figur in Österreichs Kirche, Kardinal Franz König, in jüngeren Jahren als Bischofskoadjutor in St. Pölten schon in den frühen fünfziger Jahren ein Bild der Kirche vermittelt habe, das nicht mehr die Kirche der Kleriker war. Die Laien hatten damals schon Mitverantwortung. Insofern sei in St. Pölten vieles, was dann das II. Vatikanische Konzil gebracht habe, vorweggenommen worden, vor allem der kirchliche Aufbruch in der Jugendseelsorge.

Was St. Pöltens Laien im August 1990 so besonders besorgt machte, war die Debatte um die neuen, romtreuen Bischöfe in Österreich und deren immer wieder behaupteter bewußter Rückschritt hinter das Konzil. Es habe den Anschein, so die Laienorganisationen, als wollten die Vertreter dieses neuen Kirchenkurses keine mitsorgenden Laien mehr, sondern vielmehr den Auszug der kritischen Stimmen aus der Kirche. Als Dillinger in diesem Zusammenhang auf die dreißiger Jahre des Ständestaates verwies, als es eine „Bunkerkirche" gab, wo die Pfarrer die Dorfpaschas gewesen seien, quasi geistliche Dorfgendarmen, die den Dorflehrer überwacht und oft auch denunziert hätten, war in der Diözese der Teufel los.

Die Laien St. Pöltens traten vehement für einen neuen Bischof ein, der nur aus den Reihen der diözesanen Kleriker kommen sollte. Rom müsse einfach nach den schlechten Erfahrungen in Wien, Salzburg und Vorarlberg auf die Ortskirche hören, so die Hoffnung – die sich als vollkommen trügerisch entpuppen sollte.

Noch aber war ein knappes Jahr Zeit.

Wiens Weihbischof Dr. Kurt Krenn erklärte am 20. September 1990 in einer in St. Pölten erscheinenden Landeswochenzeitung, in der Frage einer eventuellen Nachfolge im Bischofsamt für St. Pölten habe er „keinerlei Wissen oder Vermutung". Bischof Zak regiere seine Diözese schon sehr lange und sehr gut, er wisse sicher selber genau, was er tue und was er wolle. Da derzeit eine Bischofsnachfolge in St. Pölten nicht aktuell sei, sei alles, was über ihn, Krenn, geschrieben worden sei, eine „eher überflüssige Spekulation, die man da und dort anstellt". Wohl aber wies Krenn darauf hin, daß er bereits einmal ein paar Semester an der theologischen Hochschule St. Pöltens gelehrt habe, daß er sich an diese Zeit in den siebziger

Jahren gerne erinnere. Krenns damaliger Nachsatz: „Ich glaube, manche erinnern sich auch gerne an mich." Was angekündigte Proteste gegen seine allfällige Berufung nach St. Pölten angingen, wies Krenn in diesen Septembertagen 1990 schon darauf hin, „daß es schon oft so gewesen ist, daß einmal ein Bischof von woanders als der eigenen Diözese herkam. Dieser Austausch, meine ich, ist von vorneherein nichts Negatives. Es kommt darauf an, wer es ist, wie ihm die Menschen im Amt helfen und was er erreicht. Ich kann mir vorstellen, daß die Niederösterreicher eine Art haben, die sehr freundlich auch denen gegenüber ist, die nicht unmittelbar aus ihrer eigenen Umgebung kommen."
Eigentlich sagte Prof. Dr. Kurt Krenn damals schon sehr viel. Jene, die hören wollten, jene, die zwischen den Zeilen lesen konnten, wußten, daß sich da etwas anbahnte.

11. Juli 1991. Ganz Österreich war in den Ferien. Als an diesem Tag für die Stundennachrichten des ORF um elf Uhr sozusagen Amtliches aus dem Vatikan angekündigt wurde, war die Hitze im St. Pöltner Bistum schlagartig nicht mehr nur jene des Sommers:
„Weihbischof Dr. Kurt Krenn ist vom Papst zum neuen Bischof von St. Pölten ernannt worden!"
Am meisten geschockt war Bischof Dr. Franz Zak selbst. Er, dem noch zwei Tage zuvor von hoher kirchlicher Stelle versichert worden war, Krenn würde für St. Pölten nie in Frage kommen, war empört, fassungslos, schockiert und beleidigt. Er übergab der Öffentlichkeit ein Papier, das in seiner Deutlichkeit einmalig in der Kirchengeschichte Österreichs ist. Niemals sei in den Gesprächen zwischen ihm und dem Vatikan der Name Dr. Krenns auch nur gefallen, dieser sei niemals als neuer St. Pöltner Bischof erwähnt worden, ja mehr noch: Man habe ihm, Zak, versichert, er könne jegliches Gerücht im Zusammenhang mit Krenn jederzeit dementieren. Was Dr. Franz Zak auch mehrmals getan hatte.
Seine Verbitterung war groß, noch dazu, wo er, ebenso wie Tausende Gläubige, die Ernennung seines Nachfolgers aus dem Radio erfahren mußte – während eines Ferienaufenthalts im Kloster Hochstraß.
Wörtlich und öffentlich formulierte Dr. Zak damals: „Der Papst hat

entschieden. Obwohl Bischof Krenn nicht mein Kandidat war, habe ich die Entscheidung des Papstes anzuerkennen . . . freilich muß ich zugeben, daß mich die Art und Weise, wie diese Entscheidung publiziert wurde, eigentlich sehr schockiert hat. Ich finde es empörend, daß ich diese Meldung aus dem Rundfunk vernehmen mußte und vorher keinerlei Gespräch noch irgendeine Information stattgefunden hat."

Für Zak war es nach seinen 35 Bischofsjahren „persönlich beleidigend", wie die Bestellung Dr. Kurt Krenns gelaufen war. Der nunmehrige Alt-Bischof von St. Pölten hielt mit seinem Zorn nicht hinter dem Berg. Insbesondere, da er sich vom päpstlichen Nuntius falsch informiert fühlte. Zak damals: „Ich glaube, daß ich es mir verdient hätte, daß man über die getroffene Entscheidung offen und ehrlich mit mir spricht und meine Meinung einholt. Wenn man schon meine Vorschläge nicht akzeptiert – das ist gutes Recht von Rom –, so hätte man doch über die neue Entscheidung, die anscheinend im letzten Augenblick gefällt worden ist, mit mir vorher reden können, zumal mein Nachfolger schon am Freitag, 5. Juli, informiert worden ist . . . ich hätte mir schon vorstellen können, daß Rom auch aus den Ereignissen in anderen Diözesen gelernt hat, daß man eine christliche und eine menschliche Form findet, wie man dieses Problem löst."

Hintergrund dieser scharfen Bischofsworte: Franz Zak hatte in den Jahren seit 1986, als sein Weihbischof Alois Stöger, 82 Jahre alt, in Pension ging, mehrmals beim Nuntius wie auch im Vatikan deponiert, daß ein allfälliger Bischofskoadjutor Kurt Krenn für St. Pölten aus seiner Sicht nicht in Frage käme. Man hatte den Oberhirten in falscher Sicherheit gewiegt.

An diesem 11. Juli 1991, einem Donnerstag, wurde nicht nur Bischof Krenn als Diözesanbischof ernannt, gleichzeitig gab Rom auch seine Nachfolge in Wien bekannt: der in Fribourg in der Schweiz lehrende, 46jährige Dominikanerpater Christoph Schönborn wurde zum neuen, vierten Weihbischof von Wien ernannt. Es war jener Schönborn, der eigentlich für St. Pölten vorgesehen war und dessen Name in St. Pöltner Priesterkreisen in den Wochen vor dem 11. Juli bereits kursiert hatte. Der damalige Präsident der Katholischen Aktion Österreichs, der St. Pöltner Leo Prüller, sagte damals über Schön-

born, diesem wäre in St. Pölten von vorneherein Vertrauen entgegengebracht worden, das sich Krenn erst werde erarbeiten müssen.
Die Verbitterung in der Diözese St. Pölten, in der Priesterschaft wie in Laienkreisen, war enorm. Daß in Wien die Sektkorken wegen des Abgangs von Dr. Kurt Krenn geknallt haben sollen, mag ein wohl übertriebenes Gerücht gewesen sein. Es symbolisiert allerdings trefflich die Stimmungslage, die herrschte. Denn in St. Pölten machte sich augenblicklich Widerstand bemerkbar. Protestaktionen wurden nicht ausgeschlossen, eine ganz neue, für St. Pölten völlig ungewohnte und bislang noch nicht dagewesene Situation. Dies mag Alt-Bischof Dr. Franz Zak auch veranlaßt haben, mit Blick auf die ernsten Probleme der Schweizer Diözese Chur (Bischof Haas) anzumerken: „Wir sind keine Schweizer Dickschädel. Es wird sehr darauf ankommen, wie weit Bischof Dr. Krenn gesprächsbereit ist und den Dialog vor allem auch mit der Jugend sucht", sagte der erzürnte Oberhirte, der allerdings seine Diözese auch nachdrücklich bat, auf jede unnötige Konfrontation und auf Protestaktionen zu verzichten.
Die Bestellung Krenns hatte zudem auch politische Implikationen: Weihbischof Dr. Kurt Krenn wäre in Wien als möglicher Nachfolger von Erzbischof Hans Hermann Groer „ganz sicher am Veto der Bundesregierung gescheitert" (nach dem Konkordat zwischen der Republik und dem Vatikan muß der Ministerrat Bischofsbestellungen „zur Kenntnis nehmen"), deswegen habe St. Pölten Dr. Krenn „schlucken müssen".
Bischof Dr. Kurt Krenn selbst versuchte in ersten Stellungnahmen und Reaktionen die Wogen zu glätten. Immerhin, für ihn begann eine neue Aufgabe wiederum mit einem Eklat. Krenn nannte in einer ersten Pressekonferenz, noch in Wien, „unbefugte Indiskretion" und diverse „Mißgeschicke" als Quellen der neuen Verstimmung rund um seine St. Pöltner Berufung und äußerte Verständnis für die harsche Reaktion seines Vorgängers. In St. Pölten gingen inzwischen die Wogen hoch. Die Laien nannten Krenns Ernennung „eine bittere Enttäuschung". Von Anfang an ging Angst um. Vor allem waren es existentielle Ängste vieler kirchlicher Mitarbeiter, die fürchteten, aufgrund der von Krenn sicher zu erwartenden „neuen Linie" würden sie in der Kirche St. Pöltens ihren Arbeitsplatz verlieren. Krenn

versuchte zu beruhigen, allerdings mit einem deutlichen Hinweis: Er wolle gute Leute arbeiten lassen. Wenn allerdings jemand nicht gut arbeite, dann, so Krenn, „wird das so sein, wie es in normalen Betrieben auch ist . . .“.
Krenns Weg nach St. Pölten löste in dieser Diözese etwas aus, was all die Jahre davor nahezu unmöglich schien: innerkirchlichen Protest, ausgedrückt durch eine Bewegung. Tatsächlich bildete sich der Solidaritätskreis „Weg der Hoffnung“ erst durch diese Bischofsentscheidung, die Rom über die Köpfe aller hinweg getroffen hatte. Und noch etwas zweites passierte in St. Pölten: Wohl weil die Widerstandskultur in dieser Diözese nicht sehr ausgeprägt war, klammerten sich plötzlich viele an die Hoffnung, „St. Pölten ist vielleicht nur eine Zwischenstation für Dr. Kurt Krenn auf dem Weg nach Rom“. Was im Klartext hieß, daß viele in der Kirche St. Pöltens hofften, Bischof Kurt Krenn würde vielleicht schon in kurzer Zeit noch höhere Sprossen in der Hierarchie erklimmen und als Kurienmann nach Rom berufen werden. Aber abgesehen von solchen verzweifelten kirchenpolitischen Überlegungen dachten viele sofort an wesentlich praxisnähere Protestaktionen – etwa einen Kirchenbeitragsboykott.

Samstag, 14. September 1991. Etwa 3.000 Demonstranten waren exakt 24 Stunden vor der Stuhlergreifung des neuen Bischofs auf den Domplatz St. Pöltens gekommen. Vom „drohenden Ausverkauf des Konzils“ war ebenso die Rede wie von „Entmündigung“ der Ortskirche durch Rom. Aber auch die Krenn-treuen Kreise hatten mobil gemacht. Martin Humer, Fotograf aus Oberösterreich und als Pornojäger österreichweit bekannt, ist einer der glühendsten Fans von Dr. Kurt Krenn. Er formulierte – sich unter die Anti-Krenn-Demonstranten mischend – deftig: „Kirche ist Hierarchie, da kann net jeder Depp mitreden.“ Die Gegenrede der Demonstranten stand dem in nichts nach. Direkt an Krenn gerichtet, hieß es: „Mit deiner Bestellung wurden Bischof Zak und alle Christen der Diözese betrogen. Ein Hirte wie du war nicht ihr Wunsch.“
24 Stunden später, am Sonntag, dem 15. September, wurde Polizei aufgeboten, um drohende Störungen der Inbesitznahme der Diözese

durch Dr. Kurt Krenn abzufangen. Es waren sehr viel weniger Menschen gekommen, um den Einzug des Bischofs in seinen Dom mitzuerleben, die Ortskirche St. Pölten blieb faktisch geschlossen fern. Nur etwas mehr als 500 bischofstreue Gläubige, vor allem aus Oberösterreich gekommen, jubelten Dr. Krenn zu. Zu Zwischenfällen kam es nicht, ein hoher ÖVP-Landespolitiker, dessen Privatwohnung sich gegenüber dem St. Pöltner Dom befindet, hatte folgendes Transparent montiert: „Gott schütze diese Diözese!"
Wenn es auch zu keinen Handgreiflichkeiten kam – der Bischof mußte in St. Pölten auch nicht über einen „Menschenteppich" gehen wie einst in Wien –, so gab es doch starken Verbalradikalismus durch Pro-Krenn-Gruppen. Wohl als Antwort auf die Demonstration des Vortages tauchten während des Einzugs des neuen Bischofs in den Dom Flugblätter auf: Eine internationale Vereinigung für Papst und Kirche, „Ubi petrus, ibi ecclesia", griff hohe St. Pöltner Kleriker frontal an. So warf man dem Dompfarrer, Prälat Johannes Oppolzer, vor, den Dom des Bischofs zu scheinheiliger Agitation zu nützen. Der Präsident der Katholischen Aktion, Dr. Karl Dillinger, wurde gar zum sofortigen Rücktritt aufgefordert, und auch die St. Pöltner Kirchenzeitung „kirche bunt", die im diözesaneigenen NÖ-Pressehaus erscheint, wurde angegriffen – ihr wurde vorgeworfen, „in den Wogen der Meinungen wie ein führerloses, sinkendes Schiff" zu erscheinen. Man versuche die St. Pöltner Ortskirche, so ein weiterer schwerer Vorwurf, von der römisch-katholischen Kirche abzukoppeln.
Diesen ungeheuerlichen Vorwürfen setzte ein Flugblatt der sogenannten „Katholischen Basis-Initiative" (KaBi), für die eine „Junge Conservative Union" in Wien verantwortlich zeichnete, die Krone auf: Man griff in der Geschichte von Österreichs Kirche um 50 Jahre zurück, erinnerte an den „braunen Pöbel", der seinerzeit das Erzbischöfliche Palais in Wien gestürmt und geplündert hatte, und stellte einen Bezug zur Bischofseinführung in St. Pölten her. Es werde neuerlich psychische und physische Gewalt auf die Kirche ausgeübt, hieß es, und dann wörtlich: „Meist unwissende, verwirrte Emanzen, ewiggestrige Linksextremisten und Anarchisten, die zumindest geistig schon längst die hl. Kirche verlassen haben, möchten durch

Provokationen Meinungsdruck auf die Kirche ausüben, um diese in die Knie zu zwingen." Man werde die permanente Hetze gegen Rom und alle katholischen Werte nicht länger hinnehmen, es sei schon beschämend genug, dem Dahinschlachten ungeborenen Lebens sowie der Säkularisierung an allen Fronten in diesem Staate oft ohnmächtig zusehen zu müssen. Schließlich wurde in diesem Flugblatt dem Heiligen Vater gedankt, „daß er uns diesen weisen, gütigen und wahrhaftig katholischen Bischof zugewiesen hat".

Das war die verbale „Begleitmusik" der Stuhlergreifung in St. Pölten. Natürlich gingen die Wogen der Erregung ob dieser schriftlichen Attacken hoch. Diözesanbischof Dr. Kurt Krenn, wenige Tage danach zu diesen Flugblättern und vor allem zu deren Inhalt befragt, erklärte: „Ich habe das gar nicht gelesen. Ich habe mich von nichts zu distanzieren . . . ich habe mit diesen Dingen nichts zu tun und will sie auch nicht beurteilen. Schon gar nicht will ich Leute beurteilen, die manches vielleicht gut meinen." Zu der Rücktrittsaufforderung für den St. Pöltner KA-Präsidenten Dillinger und auch zum Vorwurf an den Dompfarrer, den St. Pöltner Dom zu scheinheiliger Agitation gegen den neuen Bischof zu verwenden, wolle er nur soviel sagen, daß er da gar nichts „zu beruhigen" gedenke, denn bei der Protestversammlung gegen ihn einen Tag vor der Stuhlergreifung habe man ihn ja auch nicht vorinformiert: „Kein Telefonanruf, kein Blatt Papier hat man verschwendet, um einmal mit mir vorher zu reden oder mich einzuladen. Ich wäre nämlich fast gekommen, um mir das anzuhören . . ."

Von der ersten Stunde an gab sich Bischof Krenn in St. Pölten kämpferisch. Daß die Gläubigen der St. Pöltner Ortskirche dem Festakt praktisch geschlossen fernblieben und damit ihren Protest und Boykott ausdrückten, wollte Krenn so nicht gelten lassen: „Warum sollten denn die St. Pöltner gleich in Scharen herlaufen? Noch dazu, wo es vorher hieß, es wäre wegen so vieler Ehrengäste gar kein Platz. Wer geht denn dann noch hin? Aber ich werde schon schauen, daß sich schön langsam etwas ergibt. Ich bin überzeugt, das nächste Mal kommen sie schon zahlreicher . . . ja, sie werden schon kommen." Im übrigen wolle er alles tun, um jene, die sich gegen ihn stellten, für sich zu gewinnen. Er wolle deren „Integration in der

Wahrheit“ anstreben, wenn auch nicht um jeden Preis. Zwar habe er nicht vor, restriktive Maßnahmen gegen die Protestierenden oder gegen den Solidaritätskreis „Weg der Hoffnung“ zu ergreifen, wenn sie irgendwann doch in seinem Boot mitrudern würden. Wenn aber immer wieder gegen seine Richtung gesteuert werde, „dann werden diejenigen Schwierigkeiten haben“.
Die Schwierigkeiten sollten nicht lange auf sich warten lassen.

Eine Diözese begehrt auf

Rückblick auf eine ruhige Zeit

Um die prekäre Situation der Diözese St. Pölten zu verstehen, in die sie durch die Bestellung Dr. Kurt Krenns zum neuen Diözesanbischof geriet, bedarf es eines Rückblickes auf die letzten dreißig Jahre.

Als am 30. September 1961 der damals schon 34 Jahre die Diözese regierende Bischof Michael Memelauer im 86. Lebensjahr starb, war sein Nachfolger, Franz Zak, bereits fünf Jahre als Bischofskoadjutor an seiner Seite gewesen. In der Sterbestunde Memelauers war Zak, den Memelauer väterlich liebte, bei ihm. Zehn Minuten nach dem Tod des Bischofs eilte der 44jährige Koadjutor zur an diesem Tag vorgesehenen Eröffnung des St. Pöltner Bildungshauses St. Hippolyt, um den versammelten Ehrengästen als erstes die Todesnachricht zu überbringen und als zweites auch nach außen hin die Leitung der Diözese zu übernehmen. Franz Zak, in Niederedlitz im Waldviertel geboren, war ein Kind der Diözese. Der Priester und studierte Jurist wurde 1956, kaum 39jährig, von Papst Pius XII. zum Bischofskoadjutor in St. Pölten ernannt, was damals eine wirkliche Überraschung war, weil im St. Pöltner Domkapitel damals vorwiegend ältere Prälaten saßen.

Dr. Franz Zak regierte die Diözese St. Pölten seinerseits 30 Jahre lang. Er war „ein Bischof der Zeitenwende", wie der St. Pöltner Journalist Prof. Hans Ströbitzer ein Buch über den Ordinarius trefflich betitelte.

Der Höhepunkt seines priesterlichen Lebens war die Teilnahme als Bischof am Zweiten Vatikanum. Ströbitzer: „Als Dr. Zak sein Amt als Bischof antrat, in den frühen sechziger Jahren, glich die Kirche noch einem festgefügten Haus, das in sich ruhte und alles Fremde, gar Feindselige, von sich fernzuhalten vermochte. Doch diese Zeit ging rasch zu Ende. Die weltweit spürbare Tendenz zur Säkularisierung hat auch vom Gottesvolk Besitz ergriffen – auch in der Kirche tauchten neue Probleme und Fragen auf. Das Zweite Vatikanische Konzil war der – weltweit vielbeachtete – Versuch, darauf eine Antwort zu finden."

Bischof Franz Zak setzte das Zweite Vatikanum in seiner Diözese St. Pölten konsequent um. Die verkündete zeitgemäße Erneuerung des Glaubens gipfelte in St. Pölten in einer Öffnung der Kirche, die in St. Pölten zwar sehr ruhig und relativ unauffällig, aber um so effektiver verlief. Im „Dienst an der Welt" arbeitete Dr. Zak am Aufbau einer starken Laienbewegung, eine Pädagogische Akademie wurde innerhalb der diözesanen Grenzen eröffnet, das Diakonat wurde gefördert, ein starkes kirchliches Medienwesen entstand, Pfarrgemeinderäte wurden demokratisch gewählt und den Ortsgeistlichen als Berater zur Seite gestellt. Schließlich war es der Dialog der Kirche mit der SPÖ, der besonders auf St. Pöltner Diözesanboden ausführlich diskutiert und auch konsequent umgesetzt wurde.

Bischof Zak war ein strenger Ordinarius. Und dennoch „ein Mann der Mitte": glasklar, wenn es um kirchliche Prinzipien ging – seine Schärfe, als es um den Kampf gegen die Fristenlösung ging, war in den siebziger Jahren legendär. Zugleich war er aber versöhnend und ausgleichend, wenn es in der Seelsorge um die Nöte „seiner" Gläubigen ging.

Bischof Zak war weniger „Herrscher", vielmehr oberster Diener des Diözesanvolkes. Dies fand seinen Ausdruck darin, daß der Bischof die Verwaltung der Diözese sukzessive auf eine sehr breite Basis stellte und sie den Anforderungen der Zeit entsprechend ausbaute. Das diözesane Bauamt wurde ebenso wie das Schulamt neu strukturiert, eine eigene Rechtsabteilung ebenso geschaffen wie ein Forstamt oder das Religionspädagogische Institut. Das Pastoralamt wurde besonders großzügig ausgebaut, es umfaßte zum Schluß nicht weniger als 14 Referate. Das Ordinariat der Diözese St. Pölten als oberste kirchliche Behörde, das bischöfliche Konsistorium als eigentliche „Diözesanregierung" sowie der Diözesanpriesterrat als Beratungsgremium des Bischofs in Leitungsfragen der Diözesen, ein Pastoralrat, ein Laienrat, ein Wirtschafts- und Diözesankirchenrat und schließlich die Referentensitzung runden das Bild einer durchorganisierten Verwaltung der Diözese St. Pölten ab. Die Diözese hat heute etwa 1.000 Bedienstete und ein Jahresbudget von über 400 Millionen Schilling. Als Wirtschaftsfaktor ist die Diözese St. Pölten in Niederösterreich eines der bedeutendsten Unternehmen: Immerhin sind rund 800 Gebäude – alle Kirchen und Pfarrhöfe – ganz oder teilweise zu erhalten, Knabenseminare in Seitenstetten, Melk und Zwettl, das Priesterseminar in St. Pölten, die pädagogische Akademie in Krems gehören auch dazu. Neben bescheidenen staatlichen Zuwendungen, vor allem für Restaurierungen, bezieht die Diözese St. Pölten ihre Einnahmen im wesentlichen aus den Kirchenbeiträgen, wobei Mitte der achtziger Jahre eine hervorragende Zahlungsmoral der Beitragszahler festgestellt wurde: 97 Prozent der rund 600.000 Gläubigen kamen ihren Verpflichtungen ohne jede nachdrückliche Aufforderung nach.

Dieses dichte Netz aus personeller und wirtschaftlicher Verflechtung in der Leitung der Diözese schuf über die Jahre ein recht „familiäres" Klima zwischen den Klerikern und den Laien in den diversen Gremien. St. Pölten war eine festgefügte Diözese, die ein insgesamt recht straffes Bild nach außen vermittelte, das durch die eher asketische, bisweilen strenge, oft auch einigermaßen distanziert wirkende persönliche Art von Bischof Franz Zak noch unterstrichen wurde. Der Bischof galt vor allem in den siebziger Jahren als einer der „strengeren" innerhalb der Österreichischen Bischofskonferenz. Zu Unrecht, wie sich später herausstellen sollte. Denn als in Österreichs Kirche ab 1986 ein anderer Wind zu wehen begann, wandelte sich das Bild des Bischofs von St. Pölten – zumindest in der Öffentlichkeit – vom bislang streng-konservativen Kirchenmann hin zu einem offenen oder gar progressiven Oberhirten. Fraglos wird Dr. Franz Zak als ein großer Bischof in die Geschichte der Diözese eingehen.

Er selber sah die Diözese St. Pölten in seinen letzten Regierungsjahren so: „Die Schar der Treuen ist nicht mehr so groß wie früher, aber aktiver und lebendiger. Trotz aller Schwierigkeiten ist der Übergang von der Volkskirche zur Gemeindekirche ohne Bruch vollzogen worden. Die Pfarren werden immer mehr von versorgten zu sorgenden Gemeinden. Das Christentum in unserer Diözese ist heute in manchem lebendiger als früher, auch wenn die Herde kleiner geworden ist."

So stellte sich die Diözese St. Pölten Ende der achtziger Jahre dar: eine in sich relativ geschlossene, im großen und ganzen heile Welt, die den Übergang in ein modernes katholisches Zeitalter praktisch ohne Konflikte geschafft zu haben schien.
Selbst die Liturgiereform, die in St. Pölten gemäß den Beschlüssen des Zweiten Vatikanums schon 1967 begonnen wurde und die von besonders konservativen Katholiken nie wirklich akzeptiert wurde, verursachte keine großen Probleme: Der Tabernakel stand plötzlich nicht mehr auf dem Altar, an dem die Messe zelebriert wurde. Der Tisch rückte ins Zentrum des liturgischen Geschehens, Priester und Volk schauten einander in die Augen, standen einander gegenüber.
St. Pölten wurde mehr und mehr zur „idealen" Diözese, wo die Gläubigen – ganz im Gegensatz zu anderen Diözesen Österreichs – willig und demütig die kirchlichen Entwicklungen akzeptierten.

Dies scheint einer der wesentlichen Umstände zu sein, warum der Vatikan annehmen konnte, bei einer programmiert-diktierten Bischofsernennung keine wirklich ernsten Probleme zu bekommen. Hinzu kam, daß in der Bischofsstadt St. Pölten die langjährigen Mitarbeiter des Ordinarius von diesem nicht ausgewechselt worden waren, um eventuell jüngeren Leuten Platz zu machen.
Das gerät Bischof Dr. Kurt Krenn heute zum Vorteil: Ohne allzu viele Verärgerungen und auch Verwundungen herbeizuführen, kann er wegen des Altersschnitts in den diözesanen Leitungsgremien die Führungsstäbe durch Pensionierungen erneuern und mit Leuten seines Vertrauens besetzen.
Einer dieser Vertrauensleute ist der junge, 31jährige Reinhard Knittel. Diesen aus Vorarlberg stammenden Geistlichen ernannte Bischof Dr. Kurt Krenn schon wenige Wochen nach seiner Stuhlergreifung in St. Pölten zu seinem persönlichen theologischen Berater. Was in Kreisen des St. Pöltner Klerus viel Staub aufwirbelte, was aber indirekt auch die erste Konfrontation zwischen dem Paudorfer Pater Udo Fischer und dem neuen St. Pöltner Bischof auslöste (siehe nächstes Kapitel). Reinhard Knittel ist ein besonderer Fall: Als der junge Vorarlberger 1985 sein Theologiestudium zum Abschluß brachte und in Rom zum Priester geweiht werden sollte, verweiger-

ten ihm seine Heimatdiözese Vorarlberg und deren Bischof Bruno Wechner die Priesterweihe! Knittel heute zu diesen Ereignissen: „Ja, es stimmt, ich durfte nicht geweiht werden. Für mich persönlich eine Katastrophe, weil dies praktisch eine ernste Bedrohung meiner beruflichen Existenz bedeutete. Die Begründung damals war, daß ich nicht dem modernen Bild der Kirche entspreche, daß ich eine zu konservative Linie verfolgte."
Knittel, so erzählt er, kam daraufhin mit einem Priesterkollegen in Kontakt, der ihn zum „Engelwerk" brachte, das eine Niederlassung in Vorarlberg besaß. Von dort aus wurden die Fäden zu einem Engelwerksbischof nach Brasilien gesponnen – in Anapolis erklärte sich der Ordinarius bereit, dem jungen Mann aus Vorarlberg die Priesterweihe zu spenden. Knittel: „Mutterseelenallein, nur mein Vater und ich, flogen wir für zwei Wochen nach Brasilien. Ich wurde dort zum Priester geweiht, ohne Probleme."
Zurück in Österreich ging Knittel nach Wien, wo inzwischen Hans Hermann Groer Erzbischof geworden war. Das Gerücht, selbst der konservative Wendebischof Groer habe ihm, Knittel, die Inkardinierung in die Erzdiözese Wien aus den gleichen Gründen wie seinerzeit Bischof Bruno Wechner in Vorarlberg verweigert, dementiert Knittel heute so: „Ich war in Wien Kaplan. An sich dauert es fünf Jahre – quasi eine Beobachtungszeit –, bis man in eine Diözese integriert wird. Ich bestand selber auf dieser Frist, keine Rede davon, daß sich der Erzbischof aus anderen Gründen geweigert hätte, mich zu inkardinieren." Was dann auch nicht mehr nötig war, denn Knittel fand in Weihbischof Dr. Kurt Krenn seinen neuen Ankerplatz – er ging mit ihm nach St. Pölten, wo er als theologischer Berater des Bischofs inzwischen zu dessen „rechter Hand" geworden ist – zum Zorn und Groll des diözesanen Klerus. Knittel steht hundertprozentig hinter dem Kurs „seines" Bischofs: „Viele in der Diözese erkennen jetzt, daß sie jahrelang auf das falsche Pferd gesetzt haben, einer in die Irre führenden Kirchenlinie gefolgt sind. Unsere Aufgabe ist es, dies zu ändern. Darum kämpfe ich gemeinsam mit dem Bischof, denn ich lasse mir von niemandem meine Liebe zur Kirche verbieten. Würden wir alles so weiterlaufen lassen wie bisher, dann hätten wir in zehn Jahren zum Beispiel keine Priester mehr!"

Abgesehen von der Installierung Reinhard Knittels aber haben die wirklich großen personellen „Umbauten“ in der Diözese St. Pölten noch nicht wirklich begonnen. Sie sind für das Jahr 1993 zu erwarten. Trotzdem „knirscht“ es schon bedenklich im Gebälk der Diözese. Innerhalb kurzer Zeit – Bischof Dr. Krenn ist noch keine 24 Monate im Amt – kam es in einigen wichtigen Bereichen schon zu enormen Spannungen, die – so sagte es Paudorfs Pfarrer Udo Fischer höchst besorgt – bald zu einem innerkirchlichen Tschernobyl führen könnten.

Die Affäre Pater Udo Fischer

Pater Udo Fischer, 41jähriger Benediktiner, werkt seit elf Jahren als Pfarrer in Paudorf, einer kleinen Gemeinde am Fuße des Göttweiger Berges, unterhalb des Stiftes. Im Hellerhof, einem jahrhundertealten Gebäude, hat er seine Bleibe, gleich neben der alten, kleinen Pfarrkirche. Ein paar hundert Gläubige, verteilt auf insgesamt acht Katastralgemeinden, hat er zu betreuen.
Dieser junge Dorfpfarrer ist zur diözesanweiten Symbolfigur des Widerstandes gegen den St. Pöltner Bischof Dr. Kurt Krenn geworden. Pater Udo Fischer wurde in der kleinen Schwechater Gemeinde Wienerherberg als Sohn eines Polizisten geboren. Sein Weg zum Priester war der in den fünfziger Jahren durchaus übliche. Fischer: „Ich war etwa zehn Jahre alt, es gab noch kein Gymnasium in Schwechat, dafür aber einen neuen Pfarrer, der sich besonders jener Jugendlicher angenommen hat, die studieren wollten. Ich selber interessierte mich damals schon sehr für alles, was mit der Kirche zu tun hatte. Ich spielte als Bub, wie das so vorkommt, manchmal Pfarrer, betete oft und sang in der Kirche. Irgendwie kam es, daß mich der Schwechater Pfarrer in das Knabenseminar nach Hollabrunn vermittelte. So wie einige meiner damaligen Jugendfreunde auch, die aber natürlich nicht alle Priester geworden sind, einer von ihnen ist beispielsweise heute Arzt."
Das Hollabrunner Internatsleben brachte für den Buben Udo Fischer noch nicht die Entscheidung für die Priesterlaufbahn. „Das kam erst so um 1968 herum. Wir diskutierten viel über den Wert und den Sinn des Lebens, das war damals die Zeitströmung. Weil ich im Seminar war, meinten die anderen, sag was, tu was. Also beschäftigte ich mich intensiv mit diesen Dingen. Irgendwie waren meine Schul- und Jugendfreunde der Anstoß dafür, daß ich schließlich Priester geworden bin. Um mir auch selber die Sinnfrage des Lebens beantworten zu können."

1971 Matura, drei Jahre Studium in Wien. 1974 Göttweig, Benediktiner, Maximilian Kolbe war sein großes Vorbild. 1977 Priesterweihe in Göttweig. Danach vier Jahre Kaplan in Pfaffendorf im Weinviertel. Ab 1982 Stift Göttweig, Pfarrer für Paudorf, wohin er 1987 auch übersiedelte.

Fischer war immer unangepaßt, sagt laut und deutlich seine Meinung – ein Charakterzug, der mit jenem des jungen Kurt Krenn durchaus vergleichbar ist. Pater Udo: „Ja, ich war frech, vorlaut und manchmal auch aufsässig. Das führte dazu, daß ich beinahe aus dem Hollabrunner Konvikt geflogen wäre. Mein Glück war, daß ich – wieder einmal ungehorsam – gerade durch meinen Ungehorsam einen Brand verhinderte. Weil ich eines Tages nicht an der diktatorisch eingeführten Sportstunde teilnahm, sondern in der Bibliothek lieber Zeitung gelesen habe, konnte ich in dem zu diesem Zeitpunkt leerstehenden Haus einen gerade beginnenden Brand sofort löschen. Wäre ich nicht ungehorsam gewesen – das Haus wäre abgebrannt."

Als junger Benediktinermönch, schon in der Paudorfer Zeit, fiel Udo Fischer Mitte der achtziger Jahre erstmals diözesanweit auf, als er eine Jugendzeitung gründete.

Der Konflikt mit Bischof Kurt Krenn begann eigentlich wegen eines Flugblattes, das am Tag der Bischofsinthronisation des Oberösterreichers im September 1991 in St. Pölten von Pro-Krenn-Aktivisten verteilt wurde. Darin wurde die Anti-Krenn-Bewegung in der Diözese, die sich in den Monaten zuvor gebildet hatte, als „Nazis und braune Horden" beschimpft. Pater Fischer: „Da entschloß ich mich, etwas zu tun. Bischof Krenn distanzierte sich von diesen Flugblättern nicht, die gegen das Solidaritätskomitee ‚Weg der Hoffnung' gerichtet waren. Dagegen mußte man einfach etwas tun, also wurde ich einer der drei Sprecher dieses ‚Weges der Hoffnung'."

Fischer hatte schon vorher Kontakt mit der Causa Krenn gehabt. Als Mitglied des diözesanen Pastoralrates hatte er natürlich Kenntnis von der Nervosität in der Diözese, die schon ein Jahr vor der Bischofsernennung Krenns in St. Pölten eingesetzt hatte. Und er spürte auch die Ängste im Klerus und in der Laienbewegung: Die Gerüchte um ein Kommen von Dr. Krenn wollten nicht verstummen, die Zweifel und die Unsicherheit waren groß.

Fischer: „St. Pölten war eine sogenannte jungfräuliche Diözese, ruhig, etwas verschlafen. Niemand ahnte Böses. Auf Dr. Kurt Krenn bezogen, sagten sich viele: Was will der in St. Pölten? Ach nein, der will doch mindestens die Diözese Linz haben oder ganz sicher die Erzdiözese Wien. Viele haben sich in den entscheidenden Monaten offenbar viel zuwenig Gedanken gemacht. Das liegt auch daran, daß es in der Diözese St. Pölten kein wirkliches geistiges Zentrum gibt, kaum ein echtes städtisches Milieu. Jeder Pfarrer wirkt, auf sich allein gestellt, irgendwo ... Ich hörte von der Bischofsernennung Krenns, als ich mich beruflich gerade in Salzburg aufhielt. Ich fuhr sofort zurück nach St. Pölten, dachte mir, daß man doch irgendwie reagieren müßte – und merkte sehr bald, daß praktisch über Nacht bei vielen schon die Wende eingetreten war."

Der Schock, berichtet Fischer, war im St. Pöltner Klerus auch deshalb so groß, weil der noch amtierende Bischof Dr. Franz Zak in Priesterkreisen zuvor eine von der Nuntiatur in Wien zur internen Weitergabe freigegebene Information hatte zirkulieren lassen: Bald werde er, Zak, einen Nachfolger haben, und zwar „einen jungen, dynamischen Bischof. Daher rechnete alles fix mit Dr. Christoph Schönborn als neuem Diözesanbischof".

Daß an dessen Stelle Dr. Kurt Krenn kam, meint Pater Udo Fischer heute mit „einer Art Betriebsunfall" umschreiben zu können: „Denn er war an sich als Weihbischof von Wien sicherlich für die Nachfolge Hans Hermann Groers vorgesehen, als Erzbischof und Kardinal. Da muß irgendwer die Notbremse gezogen haben, so daß Krenn und Schönborn, der ja dann Nachfolger von Krenn in Wien wurde, einfach ausgetauscht worden sind."

Wie auch immer: Für die Öffentlichkeit begann der Konflikt zwischen Pater Udo Fischer und Bischof Krenn im Januar 1992, als der Solidaritätskreis „Weg der Hoffnung" dem neuen Bischof in einer öffentlichen „Erklärung" nicht nur die Verschwendung von Kirchengeld in Millionenhöhe zur Neuadaptierung der bischöflichen Amtsräume vorwarf, sondern auch eine 13.000-Schilling-Monatsmiete für eine „Zweitwohnung" in Wien, und darüber hinaus dem Bischof in wohlgesetzter, aber deutlicher Sprache mangelnde Gesprächsbereitschaft mit diversen Gremien der Diözese vorhielt. Zusammenfassend: Dieser Bischof habe ein Angstregime in der Diözese aufgezogen. Hier der Wortlaut der Erklärung:

Bischof Krenn verunsichert seine Diözese

Mit der letzten Aussendung der Erlagscheine zur Überweisung des Kirchenbeitrags wurde ein persönliches Wort des Bischofs Dr. Kurt Krenn beigelegt, in dem er sich verbürgte, sparsam mit den Beitragsgeldern umzugehen. Tatsache aber ist:

- *Dr. Kurt Krenn bezahlt monatlich 13.000,– Schilling für eine Zweitwohnung in Wien I., Seitenstettnerhof, wobei viele Kirchenbeitragszahlende weit weniger für den Erhalt einer Familie pro Monat verdienen.*
- *Die Umgestaltung seines Arbeitszimmers in St. Pölten läßt einen Kostenaufwand um eine Million Schilling befürchten. Trotz Aufforderung der Mitglieder des zuständigen diözesanen Wirtschaftsrates wurden nur vage Kostenschätzungen genannt.*

Weiters verunsichert Dr. Krenn durch die Diskrepanz seiner Worte und Taten. Er zeichnet in den Medien das Bild großer Gesprächsbereitschaft. Tatsache aber ist:

- *Einer Gruppe von zwölf Kaplänen hat er trotz mehrmaliger Bitten den Gesprächswunsch nicht erfüllt.*
- *Den Ministrantinnen der Dompfarre hätte er nur unter Ausschluß erwachsener Begleitpersonen eine Audienz gewährt.*
- *Den Priestern des Dekanats St. Pölten wurde der Wunsch nach einer Aussprache ebenfalls abgeschlagen. Bloß einem einzelnen aus ihrer Reihe wäre Vorlaß gewährt worden.*

Derzeit herrscht Angst unter den diözesanen Angestellten, wie es vor Monaten noch nicht denkbar war. Im übrigen sind Äußerungen aus der Silvesteransprache des Bischofs für en-

gagierte Christen verletzend und beleidigend, da gerade sie als kirchenschädigend bezeichnet werden.

Für den Solidaritätskreis „Weg der Hoffnung“: P. Udo Fischer, Paul Sieberer, Friedl Wagner.

Krenns Reaktion darauf brachte St. Pölten österreichweit in die Schlagzeilen: Er drohte, Pater Udo Fischer (weil dieser als Priester unterschrieben hatte) als Pfarrer abzusetzen, wenn er sich nicht entschuldige und widerrufe sowie den von ihm „angerichteten Schaden am Ansehen der Kirche“ wiedergutmache.
Damit war Feuer am kirchlichen Dach der Diözese.
24.000 Gläubige, weit über die Pfarre Paudorf hinaus, unterschrieben für Pater Udo und schickten ihre Unterschriften dem Papst nach Rom.
In St. Pölten demonstrierten an die 3.000 Gläubige für den Dorfpfarrer. Pfarrer Fischer: „Ich freute mich über soviel Zustimmung, hätte man diese Aktion wirklich groß organisiert, wären noch weit mehr Unterschriften zusammengekommen. Weil viele Menschen in unserer Diözese ein ganz ungutes Gefühl mit dieser Kirchenführung hatten und haben.“
Der Ordenschef von Pater Fischer, Abt Clemens Lashofer vom Stift Göttweig, wurde hinzugezogen. Diesem übertrug der Bischof plötzlich die Entscheidung über eine Amtsenthebung – und der Abt entschied gegen den Willen des Bischofs, daß Fischer Pfarrer bleiben könne.
Inzwischen ist bekannt, daß dem Absetzungsultimatum von Bischof Krenn bereits Monate zuvor im Stift Göttweig eine Auseinandersetzung um Pater Udo Fischer vorausgegangen war, deren Ursache schon damals der neue St. Pöltner Bischof bzw. dessen Umgebung war. Fischer: „Ich warnte vor einem Priester, nämlich vor Reinhard Knittel, von dem ich wußte, daß er Engelwerker war und theologischer Berater von Bischof Krenn werden sollte. Ich schrieb in dieser Sache schon im Herbst 1991, ein paar Wochen nach der Stuhlergreifung Krenns in St. Pölten, an den päpstlichen Nuntius in Wien,

Donato Squicciarini, einen entsprechenden Brief. Den ich auch von 14 meiner Mitbrüder im Stift Göttweig unterschreiben ließ. Mein Abt, Dr. Lashofer, empfand diese meine Aktion als Brüskierung und berief deswegen Anfang Dezember 1991 eine eigene Kapitelversammlung ein. Ich wurde verdächtigt und beschuldigt, Göttweig sozusagen aufs Kreuz gelegt zu haben, es gab einen Mordswirbel. Ich wurde vom Prior als Täuscher und Betrüger hingestellt."

Hintergrund des klösterlichen Zorns gegen Pater Udo Fischer, dem deswegen sogar der Ausschluß aus Göttweig angedroht wurde: Krenn hatte dem Abt von Göttweig versichert, daß Reinhard Knittel natürlich nie und nimmer sein Referent werden würde. Fischer: „Dies sagte der Bischof im Rahmen einer Äbtekonferenz schon im Oktober."

Einige Wochen später wurde der Vorarlberger Reinhard Knittel aber doch persönlicher Referent des Bischofs von St. Pölten.

Fischer heute dazu: „Reinhard Knittel ist für die Diözese ein böses Omen. Wenn jemand, der vom Engelwerk kommt, hier bei uns theologischer Referent wird, müßten ja bei jedem, der einmal Theologie studiert hat, die Alarmglocken schrillen. Sicher gibt es Priester, die sich um Theologie nicht kümmern und denen auch egal ist, was das Engelwerk sagt. Aber wenn man diese Engelwerkschriften nur ein bißchen kennt – das strotzt alles nur so von Dämonen und Aberglauben, da kommt Jesus gar nicht mehr vor. Ich stelle fest: Man ist dabei, einer Sekte innerhalb der Kirche zur Macht zu verhelfen, und zwar zu einer apostolischen Macht!"

Daß Pater Udo Fischer recht behalten hatte – zumindest mit der Ankündigung, daß es diesen theologischen Referenten geben werde –, stärkte ihm im Stift Göttweig fürs erste den Rücken.

Der Abt sicherte seinen Verbleib als Pfarrer von Paudorf, und vom Ordinarius aus St. Pölten kamen keine Abberufungsanordnungen mehr.

Dies sollte sich knapp vor Weihnachten 1992 dramatisch ändern.

Um insgesamt 15,5 Millionen Schilling begann die Pfarre Paudorf im Sommer 1991 mit dem Neubau eines Gotteshauses. Dieser noch unter Bischof Dr. Franz Zak initiierte Neubau sollte zu je etwas mehr als fünf Millionen Schilling von der Diözese St. Pölten und dem Stift

Göttweig finanziert werden, die restlichen vier Millionen sollte die Pfarre Paudorf selbst aufbringen. Im Spätherbst 1992 war es soweit: Der Pfarrgemeinderat suchte beim bischöflichen Ordinariat um die Weihe des im Bau schon recht fortgeschrittenen Gotteshauses für den Sommer 1993 durch Altbischof Dr. Franz Zak an.

Wenige Tage vor Weihnachten 1992 kam der Antwortbrief von Bischof Dr. Kurt Krenn: Keine Weihe des Gotteshauses, solange der Ortspfarrer dem Bischof den nötigen Gehorsam und die Ehrfurcht verweigere. Überhaupt stehe Pater Udo Fischer nicht in Gemeinschaft mit dem Bischof:

Prof. Dr. Kurt Krenn
Diözesanbischof

Hochw. Herrn Pfarrer
P. Mag. Udo Fischer OSB und
Mitglieder des PGR
Röm.-kath. Pfarramt Paudorf-Göttweig
A-3511 Furth

St. Pölten, am 17. 12. 1992

Hochwürdiger Herr Pfarrer,
sehr geehrte Mitglieder des Pfarrgemeinderates!

Ihr Schreiben vom 19. 11. d. J. bezüglich der Weihe der Kirche in Paudorf, das an das Bischöfliche Ordinariat gerichtet war, habe ich erhalten.

Ich freue mich, daß die Baufortschritte so weit gediehen sind, daß eine feierliche Weihe der Kirche konkret geplant werden kann. Das Kirchliche Gesetzbuch CIC schreibt auch vor, daß nach ordnungsgemäßer Vollendung des Baues eine neue Kirche baldmöglichst zu weihen ist (vgl. Can. 1217 § 1).

Dasselbe Gesetzbuch legt fest, daß die Segnung von Kir-

chen dem Diözesanbischof vorbehalten ist (vgl. Can. 1207 § 1).

Zur Pfarre gehört auch ein Pfarrer; von ihm stellt das Kirchliche Gesetzbuch fest: „Der Pfarrer ist der eigene Hirte der ihm übertragenen Pfarre; er nimmt die Seelsorge für die ihm anvertraute Gemeinschaft unter der Autorität des Diözesanbischofs wahr, zu dessen Teilhabe am Amt Christi er berufen ist . . .“

Es ist der Pfarrgemeinde Paudorf-Göttweig aus den Ereignissen dieses Jahres bekannt, daß der derzeitige Pfarrer, P. Udo Fischer OSB, nicht in Gemeinschaft mit dem Bischof steht. Obwohl P. Udo als Pfarrer vom Bischof zu treu ergebenem Gehorsam und zur Ehrfurcht verpflichtet ist (vgl. CIC Can. 678 § 1), ist er bisher nicht bereit, der Aufforderung des Bischöflichen Ordinariates zur Schadensgutmachung Folge zu leisten.

P. Udo hat im Gegenteil seine Gehorsamsverweigerung mehrmals öffentlich bekräftigt. Er unterläßt sogar die vorgeschriebene Nennung des Bischofs im Hochgebet der Eucharistiefeier und kündigt damit auch in der Liturgie die Gemeinschaft mit dem Bischof auf.

Eine Weihe Ihrer Kirche setzt notwendig voraus, daß der Pfarrer, der unter der Autorität des Diözesanbischofs als Seelsorger in dieser Kirche wirken soll, auch mit dem Bischof in voller Gemeinschaft steht.

Nichts wünscht sich der Bischof lieber, als eine ehrenhafte Versöhnung und Erneuerung einer dauerhaften Gemeinschaft. Auch der hochwürdigste Herr Abtpräses Abt Dr. Lashofer hat mir zugesichert, zur Lösung des immer noch bestehenden Problems beizutragen. Gerne bitte ich auch die Pfarrgemeinde um ihre guten Dienste.

Ich habe der Fortsetzung des Baues der Kirche zugestimmt in der Hoffnung, daß dieses Zeichen verstanden wird. Nun verlangt das von Ihnen gestellte Ersuchen zur Weihe der Kirche auch endgültig eine zufriedenstellende Lösung des bestehenden Problems.

Mit den besten Segenswünschen und mit freundlichen Grüßen

Kurt Krenn

Kopie ergeht an:
- *Hwst. Herrn Apost. Nuntius Erzbischof DDr. Squicciarini*
- *Hwst. Herrn Abtpräses Dr. Lashofer*
- *Bischöfliches Ordinariat St. Pölten*

Dieses Schreiben des Bischofs erreichte den Pfarrer von Paudorf zwei Tage vor dem Heiligen Abend 1992. Um den Weihnachtsfrieden seiner Gläubigen nicht zu gefährden, behielt Pater Udo Fischer den Inhalt des Krenn-Briefes über die Feiertage bis ins neue Jahr hinein für sich. Keine Frage: Ein Sturm der Entrüstung hätte das besinnliche Weihnachtsfest zerstört.
Im Januar 1993 schließlich legte der Pfarrer den bischöflichen Brief seinem Pfarrgemeinderat vor. Die Empörung war groß. „Dieser Bischof nimmt eine ganze Pfarre als Geisel", so und ähnlich lauteten die Schlagzeilen in Österreichs Medien. Pater Udo Fischer antwortete Ende Januar mit einem vierseitigen Brief auf das Schreiben Krenns:

P. Udo Fischer
Hellerhof
3511 Paudorf

Hwst. Herrn
Bischof Dr. Kurt Krenn
Domplatz 1
3100 St. Pölten

Paudorf, 26. Jänner 1993

Hochwürdigster Herr Bischof!

Allen Unkenrufen zum Trotz bleibt Weihnachten für Christen weiterhin ein Fest des Schenkens. Das empfand ich, als ich zwei Tage vor dem Heiligen Abend Ihr Schreiben vom 17. 12. 1992 erhielt.
Den Weihnachtsfrieden der Pfarre Paudorf-Göttweig hat Ihr Brief nicht beeinträchtigt, da ich seinen Inhalt vorerst gemäß dem Weihnachtsevangelium im Herzen bewahrte (vgl. Lk 2,19), ehe ich ihn heute dem Pfarrgemeinderat vollinhaltlich zur Kenntnis brachte.
Die den Kirchenbau betreffenden Zeilen Ihres Schreibens beantwortet der Pfarrgemeinderat in einem gesonderten Schreiben.
Zu den auch an den Apostolischen Nuntius und Abt gesandten Informationen über mich nehme ich selber Stellung.
Bereits im Gespräch am 3. 2. 1992 versuchten Sie, meinen Einsatz als einer der drei Sprecher des diözesanweiten Priester- und Laienkreises „Weg der Hoffnung" mit dem unter Bischof Zak gestarteten Bau der Pfarrkirche Paudorf zu verbinden. Der deutliche Hinweis, daß ich, um als Pfarrer die Einweihung unserer Kirche erleben zu dürfen, einen öffentlichen Widerruf zu leisten hätte, empfand ich damals als einen der römisch-katholischen Kirche unwürdigen Erpressungsversuch.
Wäre ich damals erpreßbar gewesen, hätte ich mir einerseits

ein Jahr voller Turbulenzen erspart, andererseits der Kirche als einem Ort der Wahrheit schweren Schaden zugefügt.
Kardinal Ratzinger hat 1989 die „Erziehung zur Wahrheit" als einen wesentlichen Bestandteil der Priesterausbildung bezeichnet und die „Armut der Wahrheit" als „große Krankheit unserer Zeit" eingestuft. Zwei Jahre zuvor mußten Sie, damals noch Weihbischof von Wien, in der Causa „Anderl von Rinn" von einem Diözesanbischof öffentlich kritisiert werden, „weil es hier um die Wahrheit, die Wahrhaftigkeit und damit um die Glaubwürdigkeit der Kirche" ging.
Ihre wiederholt an mich herangetragene Forderung nach Schadenswiedergutmachung halte ich in mehrfacher Hinsicht für kirchenschädlich.
Erstens weiß die Öffentlichkeit, daß Sie beinahe ein ganzes Jahr lang sich geweigert haben, mir schriftlich mitzuteilen, was in der Presseaussendung des Kreises „Weg der Hoffnung" unrichtig gewesen sei. Und das, obwohl ich mehrmals darum gebeten habe.
Andererseits ist es aufgrund Ihrer zahlreichen Medienauftritte der Kirche von Österreich nicht verborgen geblieben, wer der Kirche, ihrer Glaubwürdigkeit sowie dem Papst und seinem Programm der Neuevangelisierung Schaden zufügt.
Zur unterlassenen Nennung Ihres Vornamens im Hochgebet kann ich Ihnen versichern, daß Sie unter „allen Bischöfen" stets mitgemeint sind, und daß wohl kaum eine Pfarre so oft Ihrer im Gebet gedenkt wie unsere, die dies z. B. auch bei der dreitägigen Fußwallfahrt nach Mariazell expressis verbis tut.
Nicht wenige Priester der Diözese St. Pölten scheuen sich, „Kurt" im Hochgebet laut auszusprechen. Meiner Auslassung lag folgende Überlegung zugrunde:
Hin und wieder besuchen „Spione" – denen man ansieht, daß sie nicht aus religiösen Erwägungen den Weg zu einer Meßfeier nach Paudorf gefunden haben – meine Gottesdienste. Diese würden, so dachte ich, eine Nichtnennung von „Kurt" prompt weitermelden, worauf Sie dann – darüber verärgert – mir

endlich ein Schreiben zukommen ließen, aus dem Ihre Version der Wahrheit des inkriminierten Solidaritätskreistextes eindeutig erfahren werden könnte.
Meine Überlegung war insofern richtig, als die Auslassung mir jetzt endlich ein Schreiben bescherte. Andererseits falsch, als darin die ersehnte klare Antwort wieder einmal nicht zu finden war.
Am 22. Mai 1992 haben Sie mir mitgeteilt:
„Der Bischof wird gemeinsam mit Ihrem hochwürdigsten Herrn Abt bis spätestens Ende des kommenden Monats eine verbindliche Entscheidung treffen müssen."
Am 1. Juli 1992 hat mich Abt Dr. Clemens Lashofer autorisiert, der Pfarre Paudorf-Göttweig folgende Mitteilung zu machen:
1. *Bischof Dr. Kurt Krenn hat dem Abt von Göttweig die Entscheidung über den Verbleib von P. Udo Fischer in der Pfarre übertragen.*
2. *Die Entscheidung des Abtes von Göttweig lautet: P. Udo bleibt Pfarrer der Pfarre Paudorf-Göttweig.*

Pfarrgemeinderat und Pfarrer hatten, da sie den Abt des Stiftes Göttweig gut kennen, keinerlei Grund, an dieser Aussage zu zweifeln.
Vor allem auch deswegen nicht, weil sie von Ihnen nichts Gegenteiliges hörten – bis zu dem am 22. 12. 1992 eingelangten Schreiben. Zwar berichteten Zeitungen angeblich Gegenteiliges, doch wollten selbst Böswillige einem katholischen Bischof nicht unterstellen, daß er Untergebenen nur über Medien Informationen zukommen, sie jedoch offiziell „zappeln" lasse.
Besteht hier nicht dringender Aufklärungsbedarf?
Ich bin der Überzeugung, daß Sie und Ihr – seit Ihrer Berufung zum Bischof von St. Pölten hier besonders aktiv gewordener – Freundeskreis der Kirche nicht unbeträchtlichen Schaden zufügen.
Im Postbereich meiner Pfarre wurden 1992 geschätzte 15.000 (!) Exemplare Ihres Leibblattes „13." gratis den Haus-

halten zugestellt. Der „13." ist zwar voll des Lobes über Sie, bringt jedoch – zur Verunsicherung der Gläubigen – laufend antikirchliche Attacken gegen andere Bischöfe.

Liste gefällig?

Im September ging es gegen Bischof Laszlo und Weihbischof Krätzl. Im Oktober wurde Kardinal König in Verbindung mit dem Freimaurertum gebracht und Weihbischof Schönborn wegen seiner zu geringen Aktivitäten als Kunstbischof gerügt. Im November publizierte der „13." einen Rundumschlag gegen fast alle österreichischen Bischöfe.

Sie werden als „Fahnenträger der kirchlichen Erneuerung in Österreich" gepriesen. Andere Bischöfe werden – teils heftigst – kritisiert: Kardinal König, Kardinal Groer, Bischof Zak, Bischof Laszlo, Bischof Weber, Bischof Stecher, Weihbischof Krätzl, Weihbischof Kuntner, Weihbischof Schönborn.

Damit stehen diese Bischöfe jedoch nicht allein im Kritikhagel des „13.". Im Juni titelte das Blatt über einem Bericht aus den USA: „Großteil der Bischöfe vernachlässigt Hirtenpflicht!"

Im November hatte der „13." die Frechheit, Altbischof Zak zu verleumden. Neben einem (alten) Foto – der „13." ist auch Meister punkto Fotomontagen –, das Bischof Zak am Steuer eines Autos zeigt, stand zu lesen, daß der Altbischof ein Auto fahre, das die Medien jedoch als Ihr zweites Dienstauto bezeichnen.

Die Wahrheit ist, daß der Altbischof seit Pensionsantritt gar nicht mehr selbst am Steuer sitzt . . .

Nicht wenige Menschen vermuten, daß Sie der Drahtzieher hinter diesen antikirchlichen Attacken des „13." sind. Diese schreckliche Vermutung ließe sich leicht aus der Welt schaffen, wenn Sie meiner schon mehrmals geäußerten Bitte Folge leisteten: Distanzieren Sie sich offiziell von diesem Machwerk und seinem Chefredakteur, Ihrem Freund Engelmann.

Aber nicht nur Ihre Freunde sollten in der nahenden Fastenzeit in sich gehen.

Als einziger österreichischer Bischof haben Sie punkto Ausländer-Volksbegehren der FPÖ einen wahren Eiertanz vollführt.

Und das, obwohl die österreichische Gesellschaft in diesem Punkt ein bemerkenswert hohes humanistisches, christliches Niveau an den Tag gelegt hat.
Als der Paudorfer Gemeinderat einst das Verbleiben des Ortspfarrers erbat, sahen Sie darin eine ungehörige Einmischung politischer Stellen in kirchliche Angelegenheiten, ja sogar eine Verletzung des Konkordats – was Ihnen der Volksanwalt klar widerlegte.
Sie selbst haben jedoch weit weniger Skrupel, sich in politische Fragen einzumischen. In einer politisch hochsensiblen Zeit – drei Tage vor den Gemeinderatswahlen in Graz (Österreichs zweitgrößter Stadt) und vier Tage vor Beginn des Ausländer-Volksbegehrens – haben Sie in Graz an einer FPÖ-Veranstaltung teilgenommen.
Was würden Sie sagen, wenn drei Tage vor der Bürgermeisterwahl in St. Pölten Bischof Stecher an einer SPÖ-Veranstaltung teilnehmen würde? Oder wenn Kardinal Groer drei Tage vor den Nationalratswahlen auf einer ÖVP-Schlußkundgebung das Wort ergriffe?
Gerade von Ihnen hätte ich mir die deutlichsten Worte zum Ausländer-Volksbegehren erwartet. Arbeiten nicht auch in unserer Diözese viele ausländische Priester, vor allem aus Polen?
Warum stellen Sie – oft als der Freund des Papstes aus Polen gerühmt – sich so in die Nähe der deutsch-national gesinnten FPÖ?
Seit 20 Jahren beschäftige ich mich regelmäßig mit dem Leben des hl. Maximilian Kolbe, über das ich 1975 erstmals eine Broschüre publizierte. Naturgemäß erfuhr ich dabei auch vieles über das Leiden des polnischen Volkes unter extrem deutsch-national Gesinnten.
Bruder Hieronymus Wierzba, der letzte noch lebende Sekretär P. Kolbes, nahm am 16. 6. 1992 an der Grundsteinlegung der Paudorfer Pfarrkirche St. Altmann teil – zur Weihe will er wieder kommen.
Unter Beisein desselben Br. Hieronymus wurde 1986 eine von

der Gemeinde (!) Paudorf errichtete Dorfkapelle dem hl. Maximilian gewidmet.
Das polnische Volk hatte unter extrem deutsch-nationalem Gedankengut viel zu erdulden. Als Freund des Papstes hätten Sie deswegen Fahnenträger und nicht Schlußlicht der kirchlichen Opposition gegen das Ausländer-Volksbegehren der FPÖ sein müssen.
Auch Ihre Predigten sind bisweilen wert, hinterfragt zu werden. In der Silvesteransprache 1991 sprachen Sie vom „Schicksal Gottes". Zu Silvester 1992 übertrieben Sie maßlos, indem Sie u. a. behaupteten, daß „Autorität, Verantwortung, Vernunft, Gerechtigkeit und Selbstverpflichtung Gott selbst heute abgesprochen werden". Beobachter meinen, daß in manchen Ihrer Predigten „Gott" steht, wo „Kurt Krenn" stehen müßte. Wer Ihre zahllosen Medienauftritte und die Äußerungen Ihres extremen Freundeskreises verfolgt, wird meine Sorge verstehen, daß die Zeit nicht mehr fern ist, wo das gläubige Volk der Diözese, die Kirche von St. Pölten, den Heiligen Vater um eine Apostolische Visitation wird bitten müssen.
In einem Interview mit der im Besitz Ihrer Diözese stehenden NÖN (3/1993) sagten Sie:
„Man darf ruhig das Gegenteil sagen, wenn man mit jemandem redet. Bei uns wird leider ein überfreundlicher Redestil gepflogen, der vor lauter Süßigkeit nichts bringt, oder ein über-emotionaler Ton. Einen normalen Diskussionsstil verlernen die Menschen, und daß man ruhig Widerspruch erheben kann, ohne daß gleich Feuer am Dach ist."
Weiters sagten Sie: „Wo es um Menschen geht, gibt es kein Ultimatum mehr!"
In der Hoffnung, daß nach meinen nicht süßlichen Worten nicht wieder Feuer am Dach ist und daß ich zu jener Spezies zähle, für die es kein Ultimatum mehr gibt, bete ich gerne weiterhin für Sie – und das nicht nur bei jeder hl. Messe.

P. Udo Fischer

Kopie ergeht an:
- *Kardinal Bernardin Gantin, Präfekt f. d. Kongregation f. d. Bischöfe, Rom*
- *Kardinal Josef Ratzinger, Präfekt der Kongr. f. d. Glaubenslehre, Rom*
- *Erzbischof DDr. Donato Squicciarini, Apostolischer Nuntius, Wien*
- *Abtpräses Dr. Clemens Lashofer, Abt von Göttweig*
- *Bischöfliches Ordinariat St. Pölten*

Dieses Schreiben des Paudorfer Benediktinermönchs birgt einigen Sprengstoff in sich: Fischer ist sich sicher, daß Bischof Krenn die Weihe der neuen Pfarrkirche nicht wird verweigern können. Fischer: „Sie wird in irgendeiner Form geweiht werden. Denn gemäß Kirchenrecht ist der Bischof im Unrecht. Dozent Josef Kremsmair von der Wiener Theologischen Fakultät sieht sogar eine Verletzung des kirchenrechtlichen obersten Gebotes – nämlich: der Sorge um das Wohl des Volkes Gottes – durch den Bischof, sollte er tatsächlich die Gotteshausweihe mit dem Problem, das er mit mir zu glauben hat, weiter junktimieren.“ Tatsächlich stellte Kremsmair fest, daß der Bischof, wenn er schon meint, gegen einen Pfarrer vorgehen zu müssen, andere Schritte gemäß dem Kirchenrecht zu setzen habe.
Erstmals aber – und dies ist doppelt unerfreulich für Bischof Krenn – stellt der Paudorfer Pfarrer eine „apostolische Visitation“ in den Raum, um die die Kirche von St. Pölten beim Papst in Rom ansuchen wolle, wenn die Dinge in der Diözese St. Pölten noch lange so weitergingen. Womit gar nicht die Sache Paudorf gemeint ist, sondern – so Fischer – viele andere Ereignisse, die durch diesen Bischof seit Beginn seiner Amtszeit ausgelöst worden seien.
Pater Udo Fischer: „So, wie Bischof Krenn glaubt, mit den diözesanen Gremien umspringen zu können, geht es einfach nicht! Wir wissen von einem Beispiel aus der ehemaligen DDR, wo durch eine apostolische Visitation ein Bischof tatsächlich seines Amtes enthoben wurde. Wir wissen es von Beteiligten dieser damaligen Angelegenheit im Raum Berlin, daß auch wir uns nicht mehr länger alles

bieten lassen müssen! Daher der Gedanke, den Papst in Rom wirklich um eine solche Visitation der Diözese St. Pölten zu bitten."

Konkret ist indes noch nichts. Außer daß der Solidaritätskreis „Weg der Hoffnung" an einem Paket bastelt, in das alle Verfehlungen des Bischofs gepackt werden sollen.

Fischer: „Ob es zu einem solchen Schritt kommt . . . hängt vor allem von der weiteren Vorgangsweise ab, die Bischof Krenn wählen wird. Wir meinen allerdings, daß es inzwischen schon ein weiteres Faktum gibt, das selbst Rom hellhörig machen müßte und zum Handeln zwingen sollte. Das ist vor allem die Sache mit diesem Engelwerks-Priesterseminar nahe St. Pölten, das natürlich mit vorherigem Wissen und offenbar auch mit Duldung des Bischofs in die Wege geleitet worden ist."

Fischer meint, daß etliche Äbte der Diözese St. Pölten „schon zur Auffassung gekommen sind, mit diesem Bischof nichts anfangen zu können. Wenn die sich zusammenfinden, womöglich mit Unterstützung anderer Bischöfe Österreichs, dann könnte es wirklich zum Antrag auf eine apostolische Visitation kommen. Vor allem wenn die Engelwerker in Klein-Hain wirklich ein Gegenpriesterseminar installieren, und das – wie gesagt – mit Wissen und Duldung des Bischofs!".

Das zweite Faktum, das Bischof Krenn in Rom gefährlich werden könnte, meint Fischer, ist der Anschlag des Bischofs auf die Autonomie der theologischen Hochschule St. Pölten. Fischer: „Wenn das schiefgeht, und Krenn hat ja schon diverse Hochschulparagraphen außer Kraft gesetzt, dann läuft dieses Institut Gefahr, sein Öffentlichkeitsrecht zu verlieren. Dann wird es für den Bischof kritisch. Die Professorenschaft der St. Pöltner Hochschule – bis auf zwei – will in jedem Fall den päpstlichen Nuntius davon unterrichten, ihm klarmachen, daß Bischof Krenn die Autonomie der Hochschule gefährdet. Noch dazu, wo dieser inzwischen angedroht hat, im Sommer die Hochschulstatuten komplett zu ändern. Ich kann mir nicht vorstellen, daß das Unterrichtsministerium sich dies so ohne weiteres gefallen läßt. Denn der SPÖ-Minister Rudolf Scholten wird sich von diesem Bischof sicher nichts vorschreiben lassen."

Immer deutlicher, sagt Pater Udo Fischer, werde nach den ersten

15 Amtsmonaten des St. Pöltner Ordinarius sichtbar, daß die Linie des St. Pöltner Bischofs „nichts mit dem Richtungsstreit zwischen konservativer und progressiver Kirche zu tun hat. Das, was Krenn hier tut, ist eher ein Extremismus. Ich glaube, es ist vielen Konservativen inzwischen klargeworden, daß Bischof Krenn nicht ihr großer Repräsentant ist. Viele Konservative sind im Gegenteil entsetzt, Kurt Krenn ist nicht ihr Mann“.
Es sei für die Kirche und auch für Rom zu hoffen, daß der Vatikan den St. Pöltner Bischof bald entferne, sagt Fischer: „Denn Rom kommt jetzt sicher in Zugzwang. Der Vatikan kann nicht einen Irrtum, den man aus irgendwelchen Gründen begangen hat – und das war Krenns Bestellung zum Bischof –, jahrelang 600.000 Gläubige büßen lassen. Dazu kommt – wenn man die Umtriebe des Engelwerks im Raum St. Pölten sieht –, daß zu befürchten ist, daß trotz eines möglichen Abganges des Bischofs diese Gruppen bleiben und dann eine eigene Kirche bilden. Denn dieses Gegenpriesterseminar in Klein-Hain wird sich keinem anderen Bischof von St. Pölten unterstellen. Das ist das Schlimme, daß Bischof Krenn heute Leute fördert, die das nächste Schisma schon vorbereiten.“
Pater Udo Fischer, nachdenklich: „Bei mir verstärkt sich der Eindruck, daß Dr. Krenn eigentlich gar nicht der Anführer der Kirchenextremisten ist, sondern daß er selber ein Getriebener ist. Daß es Leute gibt, die ihn durch irgendwelche Dinge in der Hand haben. Ich denke, dies sind Kreise außerhalb von Niederösterreich . . . Eines weiß ich sicher: So, wie es in den letzten 15 Monaten in der Diözese zugegangen ist, so kann es nicht 15 Jahre lang weitergehen. Und ich meine das durchaus auch in bezug auf den Menschen Kurt Krenn: Für mich ist inzwischen klargeworden, daß der Mann gar nicht daran denkt, hier in St. Pölten 75 Jahre alt zu werden. Ich kann mir nicht vorstellen, von der Art und Weise her, wie er agiert, daß er die nächsten zwanzig Jahre hierbleiben möchte. Denn irgendwo hat doch jeder Mensch Sehnsucht danach, angenommen zu werden, geliebt zu werden, geachtet zu werden, Sehnsucht nach ein bißchen Frieden. So wie Krenn kann nur einer werken, der hofft, nicht allzu lange dableiben zu müssen . . .“
Es ist starker Tobak, den der Paudorfer Pfarrer artikuliert, wenn er

über Bischof Krenn spricht. Der 41jährige Benediktiner über die Gründe, warum er den Mut aufbringt, dem Bischof so offen gegenüberzutreten: „Ich habe mich lange Zeit, als junger Priester, für die Kirche im damals kommunistischen Osten eingesetzt. Undercover. Es ging mir immer um die Menschenrechte. Und das war meist sehr gefährlich, weil man immer, wenn man rübergegangen ist, für die dortige Untergrundkirche etwas geschmuggelt hat. Ich glaube, daß ich heute, in der aktuellen Situation der Kirche St. Pöltens, ebenso wie damals einfach nicht zurückschrecken darf davor, etwas zu tun. Daher tue ich etwas. Was die vom Bischof mir angedrohte Absetzung als Pfarrer angeht: Dafür müßte er ja konkrete Gründe nennen, daß ich dieses oder jenes getan hätte. Aber er hat ja nur ein Lügengerüst. Er kann mich nicht absetzen – es sei denn, er glaubt wirklich, daß die Kirche nur von der Lüge lebt, überall nur Lüge ist, daß jeder nur auf seine Karriere schaut und daß es in dieser Kirche niemanden mehr gibt, der noch Interesse am Evangelium hätte. Ich glaube ganz einfach nicht, daß er mit einer Absetzung in den Instanzen durchkäme, weil die Vorwürfe gegen mich einfach nicht stichhaltig sind."
Nun, immerhin wirft der Bischof dem Paudorfer Pfarrer vor, ihm den im Kirchenrecht geforderten Gehorsam und auch die geforderte Ehrfurcht zu verweigern.
Fischer: „Ich verweigere den Gehorsam? Gehorsam heißt, daß man auf jemanden hört. Bischof Krenn sagt immer, ich solle widerrufen, den von mir angerichteten Schaden wiedergutmachen. Ich bat und ich bitte ihn ausdrücklich, mich überhaupt einmal hören zu lassen, was ich gutmachen soll, was ich widerrufen soll. Ich kann ja gar nicht gehorchen – in diesem Sinne, weil er nichts sagt. Er erlaubt mir eigentlich gar nicht, zu gehorchen."
Und was die verweigerte Ehrfurcht angehe, „so steht das Wohl des Volkes Gottes an erster Stelle. Die Kirche, glaube ich, lebt von den Pfarrern, die dieses Wohl im Auge haben, viel mehr als von einem Bischof, der alle -zig Jahre einmal in der Pfarre vorbeischaut. Warum, frage ich, bleiben die Leute der Kirche treu, trotz bischöflicher Aussagen, bei denen viele sofort austreten wollten? Sie bleiben wegen der Kirche am Ort, wegen des Pfarrers, wegen der kirchlichen Gemeinschaft, wegen des Gotteshauses vielleicht – dort fühlen sie

sich beheimatet. Bischof Krenn ist ja nicht die Kirche. Das, was vor Ort passiert, ist die Kirche: die Gemeinschaft nämlich".

Fraglos ist Pater Udo Fischer ein Priester, der den Buchstaben des Gesetzes – den des Kirchenrechts etwa – weit hintanstellt, wenn es um Seelsorge geht. Der streitbare Mönch aus dem Stift Göttweig ist aber sicher auch einer, der keinen Millimeter von seiner Linie abweicht, wenn er sich im Recht zu befinden meint. Daß Fischers Aktionen so großes Aufsehen erregen, liegt auch daran, daß es in der Diözese St. Pölten nie wirklich eine echte Widerstandskultur gegeben hat. Die Möglichkeit, auch einmal nein zu sagen, die eigene Meinung gegen „die da oben" zu bekunden, ist neu. Insofern hat die Amtskirche ähnliche Probleme bekommen wie die politischen Parteien.

Für den St. Pöltner Solidaritätskreis „Weg der Hoffnung", diese innerkirchliche Protestbewegung gegen Bischof Krenn, hat die Linie des neuen St. Pöltner Ordinarius durchaus System. Und zwar eines, das auch von Rom aus diktiert wird: Es geht um die Re-Evangelisierung Mitteleuropas, es geht um die Bekehrung einer zu säkular gewordenen Gesellschaft. Der im Grunde genommen selbst eher konservative Udo Fischer glaubt, daß Papst Johannes Paul II. und seine Mitstreiter bei diesem Feldzug der Re-Evangelisierung Mitteleuropas falsche Schlüsse ziehen: „Ich denke, der Papst meint, daß die katholische Kirche – so wie in seiner Heimat in Polen – extrem konservativ sein müßte, damit sich die Menschen wieder in größerem Maße Gott, dem Glauben und der Kirche zuwenden. Er meint ganz offensichtlich, daß, wenn auch bei uns wieder alles konservativ wird, daß dann automatisch wieder 80 Prozent der Leute in die Kirche gehen werden. Dem ist aber nicht so."

Ganz im Gegenteil. Fischer glaubt, daß die von Krenn verordnete neuer St. Pöltner Kirchenlinie dazu führen wird, daß sich die Menschen „scharenweise von der Kirche abwenden". Zu sehr werde innerkirchlich auf Gehorsam, Unterwerfung und Obrigkeitsdenken gepocht, das habe schon viel größeren Stellenwert bekommen als das Evangelium oder die Person Jesu. Fischer: „Was soll das, wenn Krenn öffentlich sagt, eine Kirche, die geschwisterlich und offen ist, habe nichts mit katholisch oder christlich zu tun!"

Tatsächlich hat Udo Fischer von einer „liebenden, geschwisterlichen Kirche“ in den letzten Monaten nicht mehr viel gespürt. Seine Kontraposition zum amtierenden Bischof hat ihn zum Mittelpunkt vieler Angriffe gemacht. Er sagt, daß er „einem Psychoterror“ ausgesetzt sei. Fischer: „Ich werde pausenlos angerufen, anonym bedroht, sogar mit Mord! Immer wieder sagt man mir, rät man mir, mich mit dem Bischof zu versöhnen, der Schaden, den ich angeblich anrichtete, sei schon zu groß. Ja, man bot mir sogar Geld an, wenn ich versöhnungsbereit wäre. Andere kamen und boten mir Geld, um das neue Gotteshaus von Paudorf rascher fertigstellen zu können. Ich aber sage jedem, der da kommt: Ich brauche kein Geld, man kann für mich nur unterschreiben, sich mit mir solidarisieren und für mich beten.“

Als Udo Fischer via Telefon im Sommer 1992 mitgeteilt wurde, „man werde mir eine Kugel durch den Schädel jagen, da habe ich in den nächsten Tagen schon relativ schlecht geschlafen. Ich habe mich zwar nicht gefürchtet – aber trotzdem zog ich für einige Zeit aus dem Hellerhof, aus dem Pfarrhof, aus und nächtigte bei der Familie eines Pfarrgemeinderats . . . aus Sicherheitsgründen, denn der Hellerhof ist relativ einsam gelegen, außerdem sperren in dem alten Gebäude die Türen nicht mehr so richtig“.

Inzwischen hat sich der Telefonterror gelegt. Fischer ist in seinen Pfarrhof zurückgekehrt. Der Priester, der monatlich zwischen 300 und 500 Briefe aus ganz Europa bekommt, der neben seiner seelsorgerischen Tätigkeit die Redaktion einer Jugendzeitung leitet („Ja“, Auflage 3.500 Stück), der zuletzt mit „o. k.“ ein neues diözesanes Mitteilungsblatt („in dem alles geschrieben wird, was wichtig ist und woanders nicht veröffentlicht werden darf“) herausgibt, gibt sich unverdrossen und spricht ebenso wie sein Bischof auch von einer Wahrheit: „Kritik ist Wirklichkeit!“

Eine dieser Wirklichkeiten des St. Pöltner Bischofs sei auch dessen politisches Interesse. Fischer: „Ganz sicher spielt in alle Aktionen, die in unserer Diözese stattfinden, die Politik hinein. Ich denke, jene Kreise, von denen Krenn kommt bzw. für die er arbeitet, haben gehofft, wenn die sogenannte linke Kirche wegkommt, also Kardinal Franz König und einige Bischöfe, wenn sich also wieder eine gewisse konservative Linie in der Kirche durchsetzt, daß dies dann auch in der realen Politik passiert. Ich glaube ganz sicher, daß erzkonservative ÖVP-Kreise involviert sind. Denn eines ist schon zu sehen: Nach wie vor hat die Kirche in Österreich viel mehr Macht, als man glaubt. Und Bischof Krenn ist sicher einer, der Kirche in die Politik einbringen will."

Fischer sieht noch einen anderen, durchaus logisch klingenden Zusammenhang zwischen dem neuen Kirchenkurs Österreichs und der Politik: „Eine Re-Evangelisierung im Sinne von Gegenreformation geht ja nur, wie die Geschichte schon einmal bewies, wenn Staat und Kirche eins sind. Mit der staatlichen Macht hat man die Leute katholisch gemacht. Bischof Krenn sieht und merkt, mit Überzeugung geht nichts, weil das, was er predigt, die Leute nicht interessiert. Also: Wie mache ich die Leute gefügig, katholisch halt? Über äußeren Druck. Ich muß Druck ausüben. Die Gesetze müssen entsprechend sein. Die Medien müssen entsprechend sein. Möglichst viel Druck auf die Leute, dann wird die ganze Gesellschaft wieder katholisch! Das ist es, was vorgeht! Denn es geht längst nicht mehr darum, daß der einzelne in die Kirche geht oder eine christliche Überzeugung hat. Es geht vielmehr darum, daß das Erscheinungsbild der Gesellschaft wieder ein katholisches sein muß. Denn ich behaupte: Krenn geht davon aus, daß der Sozialismus doch vom Bösen ist. Also versucht er, mit der ÖVP etwas zu machen – nur müßte dort ein gewisser anderer Flügel an der Macht sein. Ich sage: Wenn man überprüft, welches Bild Dr. Krenn von seinem Bischofsamt wirklich hat, dann ist dieses ziemlich ähnlich dem Bild des Führers bei der FPÖ!"

Bischof Kurt Krenn scheint ziemlich chancenlos zu sein, sich nach allem, was war, vielleicht doch noch mit seinen härtesten Kritikern – und das ist der Solidaritätskreis „Weg der Hoffnung" – aussöhnen zu können. Oder gibt es doch noch einen Weg?

Fischer: „Ja, schon. Er müßte zeigen, daß er eine Zusammenarbeit mit jenen Menschen in der Diözese möchte, die schon seit Jahrzehnten da gearbeitet haben. Er müßte aufhören mit seiner Absicht, in möglichst kurzer Zeit alle relevanten Posten der Diözese mit seinen Leuten neu zu besetzen!"

„Das ist alles so kindisch“

Der „Fall Fischer“ ist – zumindest für die Öffentlichkeit – sicher das heikelste Problem, mit dem sich Bischof Krenn bisher herumschlagen mußte. Besonders die jüngste Auseinandersetzung rund um die zu Redaktionsschluß dieses Buches noch immer aufrechte Weigerung des St. Pöltners Ordinarius, das neue Gotteshaus von Paudorf zu weihen, verleiht dieser Auseinandersetzung besondere Brisanz.
Der unerschrockene Dorfpfarrer Pater Udo Fischer – manche unterstellen ihm jetzt sogar, auf diese Weise einen eleganten Ausstieg aus dem Priesterberuf zu versuchen – spielt mit hohem Einsatz: mit der Möglichkeit, beim Papst bzw. im Vatikan um eine apostolische Visitation der Diözese St. Pölten einzukommen.
Das scheint aber Bischof Kurt Krenn vorerst überhaupt nicht zu irritieren. Im Gegenteil, er geht zum Gegenangriff über: „Wenn Pater Udo eine solche Visitation im Vatikan durchsetzt, bitte sehr, sie kann jederzeit stattfinden. Wenn sich Rom für St. Pölten interessiert, ja, jederzeit, man möge nur kommen! Allerdings, diese Art der Drohung, das ist ungefähr so, wie wenn ein Staatsbürger einem hohen Polizeiinspektor dauernd die Dienstmarke abverlangt und damit droht, zum Bundespräsidenten zu gehen und sich zu beschweren, und permanent hinzufügt, er sei ein Freund von diesem und jenem hochstehenden Herrn. Das ist doch die Ebene, auf der sich das alles abspielt.“
Nein, Ärger verspüre er deshalb nicht, sondern eher Belustigung: „Das ist doch alles so kindisch . . . meint man denn wirklich, daß ich eine päpstliche Visitation fürchten würde? Nein, das ist alles nur Angeberei, im übrigen gibt es diese Art von diözesaner Visitation gemäß dem Kirchenrecht gar nicht. Man kann ein Kloster visitieren, man kann eine Pfarre visitieren, mehr nicht. Im übrigen stehe ich zwar in der Autorität unter dem Papst, aber ich bin in meinen Entscheidungen völlig frei. Ich bin nur abhängig von Gott und vom Heiligen Vater – und die haben bei mir natürlich alle Rechte! Ich denke, hier macht sich nur jemand wichtig – ich will auch keinen Spott treiben deswegen –, nur sage ich, all die Briefe, die da über mich an den Vatikan geschickt werden oder auch an den päpstlichen

Nuntius nach Wien, regen mich überhaupt nicht auf und sind mir auch nicht unangenehm. Vor allem deswegen, weil ich nur zu genau weiß, was der Nuntius darüber denkt und was er dazu sagt."
Deswegen ist sich Bischof Dr. Kurt Krenn auch völlig sicher, richtig zu handeln, wenn er die Weihe des neuen Paudorfer Gotteshauses – diese ist an sich für den September 1993 vorgesehen – bislang verweigert.
„Das Problem Udo Fischer lösen wir durch Vergeben, aber sicher nicht durch Nachgeben! Notfalls wende ich noch sehr viel Geduld auf, aber ich werde sicherlich nicht mehr länger untätig sein, ich will alle Chancen für eine positive Lösung ausschöpfen."
Diese positive Lösung kann aus der Sicht des St. Pöltner Bischofs nur so aussehen, daß sie der „Gerechtigkeit und Wahrheit" entspricht, was nichts anderes heißt, als daß klar sein muß, „daß etwas bedauert und widerrufen wird. Ich verlange keinen Canossagang, aber ich verlange, daß man um Vergebung ansucht".
Nach wie vor beharrt der St. Pöltner Bischof darauf, selbstverständlich nicht das Geld der Kirchenbeitragszahler für eine übermäßige Büroausstattung verschwendet zu haben. Selbstverständlich müsse die Behauptung widerrufen werden, daß sein Bischofswort oft nicht im Einklang mit der Wahrheit stehe. Und selbstverständlich habe sich Pater Udo Fischer ihm, dem Bischof, disziplinär zu unterwerfen. Solange dies nicht geschehe, werde er als Bischof auch die Weihe des neuen Paudorfer Gotteshauses nicht genehmigen. Krenn: „Ich begründete dies dem Pfarrgemeinderat mit dem Kirchenrecht, daß nämlich die Weihe dem Diözesanbischof vorbehalten ist. Natürlich könnte ich Alt-Bischof Dr. Franz Zak bitten, die Weihe für mich zu machen, so wie ich dies schon bei anderen Gotteshäusern in der Diözese getan habe. Nur, in diesem Fall wäre das keine Problemlösung, daher werde ich das Alt-Bischof Zak auch nicht übertragen."
Denn in Paudorf, beharrt der Bischof, liege das Problem darin, daß der Ortspfarrer entgegen seinen Verpflichtungen dem Bischof schlicht und einfach Ehrfurcht und Gehorsam verweigere. Krenn: „Er attackiert ja den Bischof dauernd." Solange Pater Udo Fischer sich so verhalte, könne er, Krenn, einfach nicht in das neue Gotteshaus kommen. Denn der Pfarrer repräsentiere den Bischof in seiner

Gemeinde – Krenn: „Das sagt das Konzil, das ist nicht meine Erfindung“ –, und der Pfarrer feiere auch im Namen des Bischofs die Eucharistie. „Weil jeder Priester der Repräsentant Christi ist, ist er als Pfarrer auch in hohem Maß Repräsentant des Bischofs. Es wäre ja ein Kasperltheater, wenn ich nach Paudorf ginge und die Kirche weihte, und dabei wirkt dort einer, der aus eigenem Verschulden diese geforderte Gemeinschaft mit dem Bischof nicht hat. Deswegen verlange ich vorher die Bereinigung dieses Problems, sonst wird die Kirchweihe nur eine unglaubwürdige Geschichte. Außerdem, innerhalb eines Gottesdienstes den Friedensgruß zu tauschen, der sicher nicht ehrlich gemeint wäre, das klappt doch nicht und das mag ich auch nicht!“

Soweit Bischof Dr. Kurt Krenn zu den jüngsten Entwicklungen in der Affäre Paudorf. Wie der St. Pöltner Ordinarius das heikle Problem – Kirchweihe oder nicht – bis zum Sommer lösen wird, ist indes auch für ihn offenbar noch nicht wirklich absehbar.

Die neuen Schwerpunkte für die theologische Hochschule St. Pöltens

Die Priesterausbildung ist einer der wichtigen Bereiche, die Kurt Krenn in St. Pölten ein wenig anders als bisher gestalten will. Vor Jahren schon gab es harte Kritik vom damaligen Wiener Weihbischof Krenn an manchen Priesterseminaren: Sie seien zu psychotherapeutischen Anstalten verkommen. In Wien folgten darauf prompt personelle Veränderungen.

Natürlich kam auch in St. Pölten sofort die Angst auf, Bischof Krenn würde auch hier in das Priesterseminar und auch in die theologische Hochschule eingreifen.

Seit Januar 1993 ist auch diese Front „offen“: In dem neuen diözesanen Kirchenblatt „o. k. – Offene Kirche“, das vom Solidaritätskreis „Weg der Hoffnung“ als Monatsblatt herausgegeben wird, stellt man eine „Verwirrung um Priesterausbildung“ fest. Konkret geht es um die Hochschule, deren Statuten vom Bischof teilweise außer Kraft gesetzt wurden – wie überhaupt für den Sommer 1993 vom Ordinarius eine Statutenreform angekündigt wurde: Eine Neufassung sei notwendig.

Professoren fürchten nun, daß damit die Autonomie der Hochschule gefährdet sei. Einer der Anlässe für diese Befürchtungen ist die Zulassung junger Priesterstudenten (ohne Matura) als außerordentliche Gasthörer in St. Pölten, die durch eine bischöfliche Weisung im Dezember 1992 ermöglicht wurde.

Dabei handelt es sich um Studenten aus dem faktisch aufgelösten „Collegium Sanctissimae Trinitatis“ aus Mayerling, die in der Mehrzahl die österreichischen Studienvoraussetzungen nicht erfüllen. Deswegen lehnten die Professoren St. Pöltens deren Aufnahme auch ab. Dann kam die bischöfliche Weisung.

Die betroffenen Studenten stehen unter der Obhut des Salzburger Paters Werner Schmid (Orden der Missionare des kostbaren Blutes)

vom konservativen „Marienwerk", einem erst im August 1992 gegründeten Verein.
Dieses „Marienwerk" sorgte im Januar 1993 in der Diözese St. Pölten für zusätzliche Aufregung, als bekannt wurde, daß Bischof Dr. Kurt Krenn dieser Gruppe erlaubt hatte, sich im Diözesanbereich niederzulassen, und zwar in Klein-Hain nahe St. Pölten, wo um kolportierte neun Millionen Schilling ein ehemaliges Gasthaus erworben werden sollte. Erneut schaltete sich der Solidaritätskreis „Weg der Hoffnung" ein, er bezeichnete diese Gruppe als Gegen-Priesterseminar, das in keinem Fall die Billigung Roms finden könne, da es sich um ein amtskirchlich in keiner Weise anerkanntes Seminarzentrum handle. Erneut wurde der päpstliche Nuntius in Wien mit einer „Causa" aus St. Pölten konfrontiert. Wie im Kapitel rund um Pater Udo Fischer bereits ausgeführt, geriet Bischof Krenn ins Kreuzfeuer, weil er dieser erzkonservativen Gruppierung die Niederlassung in der Diözese ermöglichte. Krenn betont, es sei auch eine Art Fremdenfeindlichkeit, Leute in die Ecke zu drängen, daher werde er diese Gruppe, „wie es sich für einen Christen gehört, schützen". Ein Gegen-Priesterseminar werde er, Krenn, „ganz sicher nicht zulassen! Das wird es nicht sein! Ich werde das schon so machen, daß dies alles dem Kirchenrecht nicht widerspricht. Diese Leute suchen doch nur eine Möglichkeit, daß ihre Gemeinschaft so eine Art kirchliche Heimat hat. Die meisten wollen Priester werden, ja, vielleicht erreichen sie das auch. Daher habe ich ihnen gesagt: Ich kann euch nicht mit Geld helfen, das einzige, wo ich euch helfen kann, ist: Ihr bekommt von mir eine kirchliche Erlaubnis zur Niederlassung. Mich wundert es schon sehr, daß sich jetzt jene ums Kirchenrecht sorgen, die sich sonst auch nicht um dieses Recht kümmern. Man kann bei mir aber völlig sicher sein, daß ich alles gewissenhaft beachten werde. Ich meine, es ist ja die größte Gaudi, daß sich jetzt Leute, die sich sonst wirklich um gar nichts kümmern, jetzt aufs Recht berufen. Bitte, mir soll auch das recht sein . . ."

Auch in der Frage „Hochschule" ist Bischof Dr. Kurt Krenn absolut sicher, sich auf völlig gesichertem Boden zu bewegen. Auf die Frage, ob sein Vorgehen nicht doch ein wenig „gefährlich" sei, lacht er laut

auf: „Mein Weg ist immer gefährlich. Aber: Der Bischof ist ja nicht dumm. Er kennt sich in Hochschulangelegenheiten mindestens so gut aus wie alle anderen zusammen!"
Daher: Die Autonomie der theologischen Hochschule St. Pölten gehe sicher nicht verloren, „denn diese Autonomie ist ja eine des Bischofs". Die Professoren würden vom Bischof bzw. von der Diözese bezahlt, „was heißt, daß der Bischof für die Kosten aufkommt, nicht der Staat. Der Bischof ist der Gesetzgeber. Die Autonomie ist bei mir, sie ist die des Bischofs".
Die Statuten seien deshalb zu ändern, weil diese zuletzt 1985 novelliert worden seien, inzwischen aber die Studienreform aus Rom eingelangt sei, und „außerdem habe ich halt auch noch ein paar Wünsche, was die Leistungsfähigkeit der Hochschule angeht, das ist alles".
Bischof Krenns Wünsche für die Hochschule: Sie solle ein bißchen phantasievoller und kreativer sein, nicht nur straffer. „Auch will ich, daß wir möglichst qualifizierte Leute haben. Ich meine, ich könnte in das neue Statut auch gewisse Erfordernisse für die Berufungen hineinschreiben, nur weiß ich nicht, ob die Leute dann glücklich wären ... was ich will, ist eine möglichst geistvolle Lehre des katholischen Glaubens, keine falschen Schwerpunkte und Einseitigkeiten – auch Studienordnungen können so sein."
Die Hochschulschwerpunkte, die Bischof Krenn in St. Pölten kraft seiner Autonomie setzen will: „Mehr die systematischen und philosophischen Fächer betonen, nicht so sehr die praktischen, die sind sehr entwickelt. Mir geht es um die spekulative Begrifflichkeit. Bei den denkerischen Fächern brauchen wir noch etwas mehr Einsatz, das wird ein neuer Schwerpunkt. Wir sind nicht für Praxiswettkämpfe da, sondern immer für die geistige Auseinandersetzung. Die Vernunft muß in allen Dimensionen ihren Beitrag leisten, dem Glauben Hilfe geben, sich bis zu ihrer Grenze anstrengen."
Womit faktisch feststeht, daß der St. Pöltner Diözesanbischof ernst macht mit einer weitreichenden Neuordnung der theologischen Hochschule St. Pöltens.

Die Affäre Dr. Franz Schmatz

Der fortschreitende Priestermangel auch in der Diözese St. Pölten machte es in den siebziger Jahren notwendig, Laien vermehrt für den Religionsunterricht an den Schulen heranzuziehen. Alt-Bischof Dr. Franz Zak erkannte dies rechtzeitig und installierte nach diversen Weichenstellungen 1983 in der Diözese St. Pölten das „Religionspädagogische Institut" (RPI). Mit dessen Leitung wurde Universitäts-Dozent Dr. Franz Schmatz, der in diesem Jahr zum Diakon geweiht worden war, beauftragt.
Innerhalb weniger Jahre stieg die Zahl der Laienreligionslehrer in der Diözese auf 344 (1986), zehn Jahre zuvor waren es erst 164 gewesen. Insgesamt unterrichteten an den Pflichtschulen der Diözese St. Pölten Mitte der achtziger Jahre 296 Priester und 242 Laienreligionslehrer, an den weiterführenden Schulen 79 Priester, zehn Ordensfrauen und 102 Laien.
Wenige Monate nach dem Amtsantritt von Bischof Dr. Kurt Krenn geriet das RPI bzw. sein Chef, Dr. Schmatz, ins Schußfeld.
Auslösendes Moment war vordergründig eine Kleinigkeit: ein Gespräch zwischen Schmatz und dem neuen Bischof, über dessen Inhalt sich der RPI-Chef einer Tageszeitung gegenüber kritisch äußerte. Bei diesem Gespräch ging es um die Krenn nicht genehmen Inhalte des Religionsunterrichts, wie sie Schmatz und seine Laienreligionslehrer seit Jahren in den Schulen vortrugen.
Die von Bischof Krenn daraufhin verlangte öffentliche Klarstellung, die Dr. Schmatz auch verfaßte, wurde vom Bischof nicht akzeptiert. Insbesondere schenkte der Bischof den Beteuerungen von Schmatz, nicht er sei an die Tageszeitung herangetreten, sondern ein Journalist habe ihn über sein Gespräch mit dem Bischof befragt, keinen Glauben. Worauf sich der RPI-Direktor vom Bischof öffentlich als Lügner dargestellt sah. Schmatz: „Da ich verheiratet und Alleinverdiener bin und existentiell in meinem Beruf von der Zustimmung des

Bischofs abhängig bin, muß es mich betroffen machen, wenn mir mein Bischof ein Ultimatum stellt, von mir eine von ihm zu genehmigende Presseerklärung verlangt und mir vor einem Zeugen Konsequenzen androht.“ Als es im März 1992 im Rahmen eines TV-Auftritts von Bischof Krenn im ORF (Club 2) zu einer Filmeinspielung des „Problems Schmatz“ kam, sprach Krenn von „unerbetener Wichtigtuerei“, der sich der St. Pöltner RPI-Chef befleißige.
Verschärft wurde der Konflikt, als der in der Diözese sehr beliebte RPI-Chef einen „Runden Tisch“ für die Kirche St. Pöltens forderte, weil er „erdbebenartige Situationen bis hin zur Spaltung in der Kirche“ fürchte. Es sei ein Mangel an Konfliktkultur gegeben: „Wo Menschen lebensbehindernde oder gar menschenverachtende Strukturen erkennen, egal, in welchen Bereichen, ist es ihre Verpflichtung, auch vor ihrem eigenen Gewissen, mit aller Entschiedenheit und ohne Rücksichtnahme auf ein etwaiges persönliches Risiko darauf hinzuweisen“, so seine öffentliche Stellungnahme, die sich auf die Kirche generell, und nicht allein auf St. Pölten bezog. Es gehe ihm um eine Gesprächsmöglichkeit in der Diözese „für alle, die im Konflikt mit dem Bischof stehen“, solche Möglichkeiten gebe es zuwenige, es herrsche viel Angst, Resignation und Aggression. Hinzu komme eine unterschwellige Form des Anklagens, sein eigener Konflikt mit dem St. Pöltner Ordinarius sei nur ein Mosaiksteinchen in einem großen Mosaik. Aber: „Mir werden Hindernisse in den Weg gelegt in einer Art und Weise, daß ich mich dagegen nur schwer wehren kann.“
Die Hindernisse, die Schmatz spürt, sind handfest: Als Direktor des RPI werde er bei den Verhandlungen zum bevorstehenden Umbau nicht mehr einbezogen. Er sei im Verkehr mit den Ämtern ausgeschaltet, er dürfe sogar die Telefonanmeldung nicht mehr unterschreiben. Auch inhaltlich ist Direktor Schmatz nicht mehr der Bestimmende: Das Studienprogramm müsse nunmehr dem Bischof vorgelegt werden und nicht mehr – wie früher – dem Landesschulrat und Schulamtsleiter; außerdem bestehe der Bischof auf Korrekturmöglichkeiten. Tatsächlich kam es bereits zu Ausladungen schon fix vorgesehener Referenten.
Bischof Krenn regiert also auch in diesem Bereich kompromißlos

und mit harter Hand. Dennoch wies er mehrmals darauf hin und sagte es auch jetzt: Direktor Schmatz müsse nicht um seine Existenz fürchten.

Warum kam es zum Konflikt? Bischof Krenn: „Ich stellte ihn seinerzeit lediglich zur Rede, weil er sich zwei oder drei Monate, nachdem ich mein Bischofsamt angetreten hatte, noch immer nicht vorgestellt hatte." (Was Schmatz übrigens dementiert: Er habe sich bereits zwei Wochen nach der Inthronisation dem neuen Bischof vorgestellt und ihm über seine Arbeitsgebiete referiert.)

Bischof Krenn grundsätzlich zum von Bischof Zak geschaffenen Religionspädagogischen Institut: „Das ist eine Art Privatschule, für die der Bischof verantwortlich ist, auch wenn der Staat mitzahlt. An sich ist es mir unerklärlich, was Schmatz stört. Auf die Dauer ist es langweilig zu hören, ich bedrohte ihn, was ja überhaupt nicht stimmt. Was mir am Herzen liegt, ist ein guter Religionsunterricht, wenn es den gibt, bin ich zufrieden. Auf Dauer wird es natürlich ein Problem, wenn einer immer sagt, daß er in Frage gestellt wird, und das stimmt dann gar nicht."

Zuletzt wurde von der Monatszeitung „o. k." des Solidaritätskreises „Weg der Hoffnung" gemeldet: „Erstmals seit Bestehen des Religionspädagogischen Instituts mußte der Programmentwurf für das kommende Sommersemester 1993 vor Drucklegung auch dem Bischof vorgelegt werden. Bisher gab die kirchliche Zustimmung der Vertreter des Schulerhalters, der Direktor des Diözesanschulamtes. Dieser hat auch diesmal am 18. 11. 1992 die Zustimmung und Genehmigung gegeben und in schriftlicher Form die Qualität und Ausgewogenheit des nächsten Fortbildungsprogramms zum Ausdruck gebracht.

Bischof Dr. Krenn hat nun in einem Schreiben (gerichtet an Direktor Monsignore Mag. Nußbaumer), dessen Inhalt an Dir. Dr. Schmatz gerichtet ist, massiv interveniert. Bischof Dr. Krenn hat verfügt, daß für Univ.-Prof. Dr. Hans Rotter und Univ.-Prof. Dr. Josef Niewiadomski andere Referenten zu bestellen sind, das heißt, diese beiden Professoren auszuladen sind (die Tagungen mit beiden waren bereits fixiert).

Außerdem verfügte Bischof Dr. Krenn, daß Univ.-Prof. Dr. Franz

Schmatz bei acht von neun Fortbildungsveranstaltungen, die er selber hält, vor deren Abhaltung dem Bischof die Grundlinien und Resultate dieser Lehrveranstaltungen vorzulegen hat.
Außerdem verfügte der Bischof, daß der ganze Vorgang geheimzuhalten ist."
Zu Redaktionsschluß dieses Buches war der St. Pöltner Diakon Dr. Franz Schmatz, Direktor des RPI, noch im Amt.

72 Priester schreiben dem Papst

Im Mai 1992 kam es in der Diözese St. Pölten zu einem Eklat, der in seiner Art ein einmaliges Ereignis in der Kirche Österreichs darstellt: In einem Brief an Papst Johannes Paul II., unterschrieben von 72 der rund 600 Priester der Diözese, wird massive Beschwerde gegen Bischof Dr. Kurt Krenn geführt. Die wichtigsten Kritikpunkte: Der Bischof lüge, lähme die Ortskirche – am Beispiel der ultimativ angedrohten Amtsenthebung des Paudorfer Pfarrers Pater Udo Fischer –, engagierte katholische Männer würden von Freunden des Bischofs als „brauner Pöbel", Frauen wiederum als „verwirrte Emanzen" bezeichnet. Insgesamt: Der neue St. Pöltner Bischof setze „mehr auf Sanktionen denn auf Dialog". Schließlich wird der Papst um Hilfe gebeten, ansonsten würde in St. Pölten eine Situation entstehen, die „mit jener in der Schweizer Diözese Chur vergleichbar wäre". Hier der Brief im Wortlaut:

Priester der Diözese St. Pölten
p. A.: A–3100 St. Pölten

An Seine Heiligkeit
Papst Johannes Paul II.
Vatikanstadt

St. Pölten, im Mai 1992

Heiliger Vater!

Mit großer Sorge, aber im Vertrauen auf den Beistand des Heiligen Geistes, der unsere Bemühungen und unser Engagement für und um das Wohl des Volkes Gottes unserer Diözese

St. Pölten leiten möge, dürfen wir Ihnen diese Zeilen schreiben, die jene Verunsicherung zum Ausdruck bringen sollen, von der viele Gläubige aller Pfarren befallen sind.
Seit dem Amtsantritt unseres Herrn Diözesanbischofs Dr. Kurt Krenn kommt es immer wieder innerhalb der Gemeinschaft der Gläubigen zu Polarisierungen, die die Einheit unserer Diözese gefährden und zu zerstören drohen. Ebendiese Einheit scheint uns nicht nur für die gesamte Weltkirche, sondern auch für unsere Ortskirche von größter Bedeutung zu sein, so daß wir uns, um Rat und Beistand bittend, an Sie wenden.
Die nur kurz und unzureichend erläuterten Tatsachen und Vorkommnisse geben vielen Christen Grund zur Resignation und Distanzierung:

- *Verschiedene Aussagen unseres Diözesanbischofs stehen nicht selten im nachweisbaren Widerspruch zu tatsächlichen Gegebenheiten. Die Verbindlichkeit seiner Worte läßt sich nicht mit der seines Vorgängers vergleichen.*
- *Der schwelende Konflikt zwischen Bischof Krenn und P. Udo Fischer ist nach wie vor einer für alle befriedigenden Lösung nicht zugeführt worden. Der Bischof hat dem Pfarrer am 3. 2. 1992 ein 30tägiges Ultimatum mit Androhung der Amtsenthebung gestellt, ihm jedoch bis heute auf all seine schriftlichen Anfragen keine einzige Antwort erteilt, was er eigentlich zu widerrufen habe. Dies erzeugt eine Art Lähmung, die einer lebendigen Kirche niemals dienlich sein kann.*
- *Wiederholte Angriffe gegen das „Religionspädagogische Institut" zur Fortbildung der Religionslehrer und seinen Direktor Diakon Dr. Franz Schmatz bewirken Ängste bei den Betroffenen und Unmut bei jenen, die auf Hilfestellung seitens der Kritisierten angewiesen waren und sind.*
- *Die Rolle und der Aufgabenbereich des von Bischof Krenn bestellten „theologischen Referenten" Mag. Reinhard Knittel sind unklar und erzeugen Verunsicherung, wenn dieser z. B. auf anonyme Drohbriefe, in denen Religionslehrer denunziert werden, offiziell reagiert, ernstzunehmende An-*

fragen nach dem Beispiel seines Vorgesetzten jedoch unbeantwortet läßt.

- *Wenn radikale Gruppierungen, die sich als Freunde des Bischofs bezeichnen, engagierte katholische Männer als „braunen Pöbel" und Frauen guten Willens als „verwirrte Emanzen" beschimpfen sowie das Bild unserer Kirche in Pamphleten herabwürdigen, findet es Bischof Krenn nicht der Rede wert, sich davon zu distanzieren.*
- *Im März hat Bischof Krenn leichtfertig eine Diskussion über das Konkordat vom Zaun gebrochen, was nicht nur Verwunderung und Unverständnis in der politischen Öffentlichkeit hervorgerufen hat, sondern unter Umständen der Kirche Österreichs beträchtliche Nachteile bescheren könnte.*
- *Nicht wenige Gläubige, die bereits jahrelang im kirchlichen Dienst nach bestem Wissen und Gewissen ihre Kraft und Energie für das Reich Gottes einsetzen, müssen nun gemeinsam mit ihren Familien um ihre Existenz bangen, da ihre Arbeit nun nicht mehr geschätzt werden könnte, weil Bischof Krenn eine Linie vorgibt, die mehr auf Sanktionen denn auf Dialog setzt. Diese auch in der Öffentlichkeit bekannte Tatsache fördert keineswegs die Umsetzung des Sozialhirtenbriefs der österreichischen Bischöfe, der ja nicht nur für nichtkirchliche Betriebe verfaßt worden ist.*

Wir möchten aber auch darauf hinweisen, was in unserer Diözese in dieser Zeit Positives vermerkt werden kann:

- *Am 28. März versammelten sich auf dem Domplatz von St. Pölten rund 6.000 Gläubige zum Gebet um die Einheit der Diözese – ein in Österreich erst- und einmaliges Ereignis.*
- *Für die Wiederherstellung des Friedens zwischen Bischof Krenn und P. Fischer unterzeichneten 24.000 Christen binnen drei Wochen eine Petition.*
- *Mehrere tausend direkt und indirekt Betroffene unterschrieben einen Brief für Dr. Schmatz und den Weiterbestand des „Religionspädagogischen Instituts".*

- *In den vergangenen Wochen wurden aus aktuellem Anlaß viele Gebetstreffen für die Einheit unserer Diözese organisiert.*
- *Religionslehrer, Pastoralassistenten und viele andere Berufsgruppen hielten Versammlungen zur aktuellen Situation unserer Diözese ab.*

Heiliger Vater, wir wissen um Ihre schwere Last der Verantwortung für die ganze Weltkirche, die Ihre Zeit und Kraft voll in Anspruch nimmt. Dennoch bitten wir Sie um Verständnis für die Probleme unserer Diözese. Eine positive Reaktion Ihrerseits wäre uns Hilfe und Ermutigung, weiter daran zu arbeiten, in St. Pölten eine Situation vermeiden zu helfen, die mit jener in der Schweizer Diözese Chur vergleichbar wäre.

Diesen Brief an Papst Johannes Paul II. unterschrieben die folgenden 72 Kleriker der Diözese St. Pölten:
Anton Aichinger, Langenlebarn, Johann Allinger, Asperhofen, Otto Allinger, Krems, Gerhard Anderle, Eichgraben, Gottfried Auer, Hollenburg, Josef Bauer, Pöchlarn, Ernst Bergmann, St. Pölten, Raphael Bergmann, Mautern, August Blazic, Kirchberg, Anton Brunner, Furth, Alois Brunner, Haag, Helmut Buchegger, Krems, Hans Denk, Albrechtsberg, Josef Dorninger, St. Peter/Au, Franz Edelhofer, Tulln, Walter Eder, St. Pölten, Johannes Figl, Böheimkirchen, Johann Fischer, Maria Anzbach, Udo Fischer, Furth/Göttweig, Adolf Fraß, Judenau, Josef Gaupmann, Herzogenburg, Karl Gravogl, Amstetten, Franz Großhagenauer, Königstetten, Gerhard Gruber, Krems-St. Paul, Martin Grüßenberger, Ried/Riederberg, Josef Gugler, Spitz/Donau, Josef Hahn, Göstling, Norbert Hahn, Lunz/See, Franz Halbertschlager, Tulln, Karl Hasengst, Weißenkirchen/Wachau, Manfred Heiderer, Heidenreichstein, Thomas Höfer, Statzendorf, Josef Kendler, Neulengbach, Wilhelm Ketelaars, St. Aegyd/Neuwald, Maximilian Kreuzer, Neuhofen/Ybbs, Franz Krondorfer, Greifenstein, Franz Kronister, St. Pölten, Mauritius Lenz, Königstetten, Rudolf Malzer, Ollersbach, Johannes Nemeth, Jude-

nau, Franz Obermayer, Neuda, Johannes Oppolzer, St. Pölten, Franz Pallinger, Kasten, Wolfgang Payrich, Herzogenburg, Josef Peham, Ober-Grafendorf, Karl Permoser, St. Pölten, Emmerich Pfeiffer, Weitersfeld, Willi Pichler, Waidhofen/Thaya, Josef Pilsinger, Sieghartskirchen, Leopold Pitzl, St. Peter/Au, Josef Piwowarski, Haag, Josef Pretz, St. Pölten-Spratzern, Stefan Ratzinger, Karlstein, Erich Resch, Würmla, Alois Sallinger, St. Peter/Au, Karl Schlöglhofer, St. Pölten, Martin Schmidt, Altlengbach, Engelbert Schoder, St. Georgen-Steinfeld, Johannes Schörgmayer, Perschling, Franz Schreiber, Karlstetten, Anton Schwinner, Tulln-St. Severin, Johannes Sigmund, Tulln-St. Stefan, Peter Sterkl, Neulengbach, Konrad Streimelweger, Prinzersdorf, Alois Strohmaier, Zwentendorf, Günther Walter, Krems-Lerchenfeld, Anton Waser, Laaben, Gottfried Waser, St. Anton-Jessnitz, Karl Waser, Prinzersdorf, Viktor Weiß, Sieghartskirchen, Hermann Zainzinger, Gföhl, Pius Zöttl, St. Peter/Au.

Dieses Schreiben nach Rom erregte interessanterweise die Öffentlichkeit, die bisher an den Vorgängen in St. Pölten regsten Anteil genommen hatte, kaum. Innerkirchlich aber war der Teufel los. Besonders die ultrakonservative katholische Monatszeitung „13." des Ex-Volksblattjournalisten Engelmann aus Oberösterreich warf sich für Bischof Krenn in die Schlacht.

In der Ausgabe vom 13. Juli wußte das Blatt von „Sturzplänen der Linkskirchler gegen Krenn" zu berichten und enthüllte einen angeblichen Dreistufenplan, der die Absetzung des St. Pöltener Bischofs durch Rom bewirken sollte: Kirchenrebellen und eben Linkskirchler seien am Werk, die Krenn ans Leder wollten, dieser aber sei „nicht erpreßbar, man kann ihn nur verleumden".

Die erste Stufe zur Absetzung Krenns sei mit diesem Brief an den Papst gezündet worden. Wenn Papst Johannes Paul II. „nicht wunschgemäß" reagiere, schreibt der „13.", würde eine großangelegte Unterschriftenaktion gestartet, die alle Bevölkerungskreise umfassen werde. Die dritte Stufe, so das Blatt, sollte die Unterschriftenaktion bei Papst und Bischofskongregation auch nicht fruchten, wäre dann die Einstellung der Kirchenbeitragszahlungen sowie ein Spendenboykott beim Peterspfennig in der Diözese St. Pölten.

Nun, die Stufen zwei und drei wurden bislang nicht „gezündet", obwohl, wie vom „13." richtig vorausgesagt, der Vatikan bisher auf den ihm im Juli 1992 übersandten Priesterbrief mit keinem Wort reagierte.

Am Beispiel des „13." ist interessant festzustellen, wie beinhart der innerkirchliche Streit ausgetragen wird: Jene, die das Schreiben an den Papst initiierten, also die „Kirchenrebellen und die Linkskirchler", werden unverblümt als „in Kreisen von linken Priestern, homosexuellen Ordensleuten und liberalen Kirchenangestellten" befindlich dargestellt. Der Paudorfer Benediktinerpater Udo Fischer wird der „Hetze" gegen Bischof Krenn bezichtigt, der Verleumdung und der Lüge. Der „13." fordert den Abt von Göttweig, Clemens Lashofer, auf, Pater Udo Fischer endlich abzuberufen.

Krenn selbst bezeichnet den Brief der 72 Priester an den Papst wörtlich als „keine erfreuliche Post, sicher nicht". Er habe dieses Schreiben offiziell gar nicht bekommen, es leide „an einer gewissen Anonymität, was den Verfasser betrifft, und einige der 72 Priesterunterschriften wundern mich schon sehr. Ich weiß aber bis zur Stunde nicht, wer die alle vertritt".

Er, Krenn, gehe der Sache auch nicht nach, „ganz bewußt nicht! Denn ich denke mir: Arme Mitbrüder, die ihr euch gewissen Irrtümern angeschlossen habt. Irrtümer, die ich jederzeit aufklären könnte. Kein einziger der 72 Priester hat sich je die Mühe gemacht, sich über diese Anklage bzw. diese Beschwerden bei mir zu erkundigen. Ein paar habe ich gefragt, als ich sie zufällig traf: Sagt mir, wann habe ich die Unwahrheit gesagt? Leider – oder besser: Gott sei Dank! – sind sie mir alle, ausnahmslos, jeden Beweis schuldig geblieben. Vielleicht haben sich die 72 zu etwas hinreißen lassen, was man nicht überblickt! Vielleicht entschuldigen sie sich noch. Das Urteil über die ganze Sache aber überlasse ich dem Papst. Ich weiß zwar nicht, ob eine Antwort aus Rom kommen wird – aber wenn, dann hoffe ich, daß auch die Priester ihre Konsequenz ziehen werden: Daß sie sich dann eben entschuldigen. Denn manches in dem Schreiben ist schlicht falsch, manches skurril. Aber das soll alles der Papst entscheiden".

Auch in diesem Fall, wie in etlichen anderen, wird eines sichtbar:

Bischof Krenn läßt sich nicht beirren, nicht beeindrucken, geschweige denn einschüchtern. Im Gegenteil: „Man muß mit diesen Mitbrüdern, die da unterschrieben haben, viel Verständnis und noch mehr Geduld haben. Ich meine, ich ignoriere die Dinge sicher nicht, aber ich habe Geduld. Sehen Sie doch, wie unsubstantiell diese Sache insgesamt ist. Was da geschrieben worden ist, ist so mangelhaft. Manches versteht man ja gar nicht – nein, das ist alles oberflächlich." Eine Antwort aus Rom steht noch aus.

Die Affäre Dillinger

Der ehemalige Bischof von St. Pölten, Dr. Franz Zak, war immer sehr stolz darauf, daß „seine“ Diözese in seiner Amtszeit nie auch nur den Hauch einer Polarisierung spürte. St. Pölten war – in der Kirchensprache – eine „jungfräuliche“ Diözese. Dies wurde unter anderem dadurch möglich, daß der Altbischof viele Strömungen und vor allem das totale Engagement von Laien zugelassen hatte. Die Arbeit der Männer-, der Frauen- und der Jugendbewegung, zusammengefaßt in der Laienorganisation der „Katholischen Aktion“, war österreichweites Vorbild. Seit 1987 war der ehemalige Ministerialbeamte Dr. Karl Dillinger (Abteilungsleiter für Erwachsenenbildung und Büchereiwesen Österreichs im Unterrichtsministerium) ihr aktiver und republikweit anerkannter Präsident.

Anfang Juni 1992 stand seine Wiederwahl auf der Tagesordnung. Die Zak-Nachfolger Krenn binnen weniger Tage kalt abdrehte: Er wolle Dillinger nicht mehr als KA-Präsidenten, im Fall seiner Wahl werde er ihn nicht bestätigen und akzeptieren, er wolle ein neues Gesicht.

Das verblüffte und geschockte KA-Präsidium bekam bis Jahresende Zeit, einen neuen Wahlvorschlag zu formulieren. Dillinger selbst zog die Konsequenzen und warf alles hin.

„Ich weiß bis heute nicht wirklich, warum Krenn mich nicht mehr haben wollte. Möglich, daß einer der Gründe mein Auftritt am 14. September des Vorjahres auf dem Domplatz war, als ich als einer von vielen Sprechern im Rahmen des ‚Weges der Hoffnung‘ zur Bischofsbestellung in St. Pölten gesprochen habe. Ich weise darauf hin, daß ich damals Dr. Kurt Krenn mit keinem Wort persönlich angegriffen habe! Sehr wohl aber wurde ich sofort von seinem Sympathisantenlager beschimpft, das damals bekanntlich mit Ausdrücken wie ‚brauner Pöbel‘ und ‚verwirrte Emanzen‘ operierte. Ich habe damals nur ausgesprochen, was viele über den künftigen Kurs der Kirche dachten. Etliche Herren aus dem Domkapitel in St. Pölten bezichtigten mich deswegen auch des Verrats!"

Aber nicht nur wegen dieser Redeauftritte dürfte Dillinger in „Ungnade" gefallen sein, auch KA-intern gab es zwischen ihm und dem neuen Bischof einen Zusammenstoß: „Wir hatten ein offizielles Gespräch mit Dr. Krenn im Frühjahr. Es ging um die neuen Statuten der Katholischen Aktion. Die aber interessierten den Bischof konkret gar nicht, sondern er stellte sofort die Frage, wie denn die ‚Oberleitung des Bischofs in der Katholischen Aktion' verankert sei, wie wir zu Kunst, Kultur und Medien stünden usw. Bitte, ich habe damals etwas deutlich geantwortet, und zwar so: Herr Bischof, damit das klar ist – meine Position zu Ihnen ist die einer kritischen Loyalität. Diese wird ja durch das II. Vatikanum sogar gefordert, wo die ausdrückliche Verpflichtung der Laien festgemacht wurde, ihren Oberhirten zu sagen, was zu sagen ist. Dieser mein Satz von der ‚kritischen Loyalität' wurde vom Bischof später aus dem Protokoll dieser Sitzung gestrichen . . ."

Karl Dillinger war seit Jugendtagen persönlich ganz eng mit der Diözese St. Pölten verbunden. Noch während des Zweiten Weltkriegs war er Diözesanjugendführer, sein Domkurat in St. Pölten war Franz König, der spätere Kardinal. Nach dem Krieg agierte Dillinger zudem in der Zentralführung der katholischen Mittelschüler Österreichs, einer seiner Nachfolger war Erhard Busek. Nach seiner Pensionierung 1986 als Abteilungsleiter im Unterrichtsministerium („die Minister Sinowatz, Zilk und Moritz waren meine Chefs von 1975 weg") holte ihn St. Pöltens Diözesanbischof in die Katholische Aktion, zu deren Präsident Dillinger mit großer Mehrheit gewählt wurde.

Der pensionierte Erwachsenenbildner setzte in seiner Präsidialzeit österreichweite Akzente: Lange bevor der Eiserne Vorhang hochging, kümmerten sich die Laien der Diözese St. Pölten in oft geheimen Missionen um Glaubensbrüder in Ungarn und in der CSSR. Dillingers enge Kontakte zu Kardinal Franz König, der während des Kommunismus tief in die Ostländer hineinwirkte, trugen auf diese Weise ihre Früchte. Auf diözesaner Ebene baute Dillinger die soziale Komponente in der katholischen Laienarbeit aus, die Laienfunktionen in der Kirche wurden in St. Pölten besonders intensiv gelebt, die Stellung der Frau in der Kirche fand größte Beachtung und Resonanz. Und schließlich mischte die Katholische Aktion St. Pöltens auch eifrig in der Tagespolitik mit, etwa mit wegweisenden Anmerkungen zur Wohnbaupolitik. Und schließlich griff man auch so „heiße Eisen" wie die Wahl anstelle der Berufung Geistlicher und ihrer Assistenten in den Pfarren an.

In summa waren dies alles Dinge, die dem Verständnis der inzwischen mitten in ihrer Kurskorrektur befindlichen „Amtskirche" und deren neuen Linie zuwiderliefen. Allein, der noch amtierende Diözesanbischof Dr. Franz Zak ließ Dillinger und seine Laien gewähren.

In dieser Zeit kamen aus Rom die ersten kirchenpolitisch unheilvollen Meldungen über Österreichs Kirche: Kardinal Stickler etwa meinte, es sei „höchste Zeit, daß nach Wien (nach Österreich) eine richtige Theologie kommt, die Krenn garantiert". Dr. Kurt Krenn war damals gerade Weihbischof von Wien geworden.

Dillinger heute: „Ich habe damals, so Ende der achtziger Jahre, Bischof Franz Zak gewarnt: Er solle sich nicht täuschen, sagte ich ihm. Wenn nach St. Pölten ein sogenannter glaubenstreuer Bischof kommen sollte, der das Rad wieder hinter das II. Vatikanum zurückdrehen wolle, dann würden selbst in seiner ruhigen Diözese die Polarisierungen an allen Ecken und Enden aufbrechen!"

Dillinger sollte recht behalten. Zak selbst fühlte sich bekannterweise bei der Ernennung Krenns zu seinem Nachfolger „übergangen" und „falsch informiert". Der Zorn war groß.

Dillinger über seinen Rauswurf als KA-Präsident: Über diese seine Ausgrenzung, ja eigentlich Beleidigung, sei er heute nicht mehr sehr betroffen, „ich konnte mir ja eine reibungslose Zusammenarbeit mit diesem Bischof ohnehin nie vorstellen, rein von seinem Kirchenbild und von seinem Autoritätsanspruch her schon nicht, denn da trennen uns Lichtjahre. Mein Gott, ich bin jetzt 69, habe also keine großen Perspektiven mehr, aber ich wäre gerne noch zwei Jahre in meiner Funktion geblieben".

Für die Zukunft der Diözese malt Karl Dillinger ein eher düsteres Bild: Es sei so etwas wie ein vertikales Schisma eingetreten, die Kirchenführung nable sich immer mehr vom Kirchenvolk ab: „Die

Befehlenden oben, die Hörenden unten. Es gibt derzeit keine pastoralen Impulse mehr, weder von der Diözesanführung selbst noch vom Pastoralamt. Das wird zur Resignation und zur pastoralen Versteppung draußen in den Pfarren führen. Dieser reaktionäre, antikonziliare Kurs hat ja ohnehin nur mehr vielleicht fünf bis sechs Prozent Anhänger unter den Gläubigen, alle anderen gehen in die innere Emigration. Da geht viel kaputt, es ist nur mehr traurig."

„Alarmierend" findet Dillinger den von 72 Priestern der Diözese unterzeichneten Brief an Papst Johannes Paul II., wo der Papst „um Hilfe" gebeten wird: „Alarmierend ist das vor allem deswegen, weil inzwischen auch jene Kleriker, die Krenn anfangs eine Chance geben wollten, jetzt ‚bekehrt', d. h. total enttäuscht sind. Sie sehen jetzt den Rückschritt, die reaktionäre Wende. Da haben 50-, 60- und 80jährige Priester unterschrieben, die als junge Priester ein ganz modernes Kirchenbild hatten und herbeigesehnt hatten – das ihnen das II. Vatikanum dann auch gebracht hat. Jetzt wird versucht, das Rad zurückzudrehen. Das ist ihre bittere Enttäuschung!"

Die Verblüffung, ja Verwunderung, daß gerade die bislang so „brave" Diözese St. Pölten zu solch einem Protestbrief an den Papst überhaupt fähig ist, ist allerorten groß. Dillinger: „Es gibt Leute, die hoffen noch, daß Dr. Krenn vielleicht doch in absehbarer Zeit nach Rom hinauffällt, ich glaube nicht daran. Vielleicht bestellt sich Krenn auch einen Weihbischof für St. Pölten, der könnte jetzt tatsächlich eine gute Rolle spielen, aber Krenns Kurs wird sich sicher nicht ändern! Dabei frage ich mich: Was haben denn die ‚neuen' Bischöfe bisher erreicht? Gar nichts, außer Verunsicherung! Immer mehr Leute wenden sich ab, es werden ja nur mehr Gemeinplätze gedroschen. Erst kürzlich, ich war bei einer Sitzung des Laienrates, wurde das Thema ‚Priesternachwuchs' diskutiert. Was hatte dort der Bischof zu sagen? Außer: ‚Helfen Sie mir, wir müssen das Interesse für den Priesterberuf wecken, aber ich weiß selber nicht, wie!' ist nichts gekommen . . ."

Trotz allem aber, so Dillinger abschließend, habe sich für ihn als Katholik an seinem persönlichen Verhältnis zu Glauben und Kirche überhaupt nichts verändert, „bedrückend für mich ist allerdings, daß wir als junge Menschen lernten – und in diesem Bewußtsein auch erwachsen geworden sind –, daß die Kirche nicht länger eine strafende, drohende sein werde, sondern eine offene, liebende, umarmende. Das II. Vatikanum, das ich übrigens für unumkehrbar halte, hat uns diese liebende, offene Kirche auch gebracht. Bedrückend ist, daß heute ganz massiv versucht wird, dies zurückzudrehen!“

Das Weltbild des Kurt Krenn

Die Rückkehr zum wahren Glauben

Zweifellos hat sich Österreichs Kirche seit 1986 verändert. Es begann mit der Berufung von Hans Hermann Groer zum Erzbischof und Kardinal von Wien, darauf folgten die Ernennung Dr. Kurt Krenns zunächst zum Weihbischof für Kunst, Kultur und Wissenschaften in Wien und später zum Diözesanbischof von St. Pölten, die Berufung des Opus-Dei-Mannes Klaus Küng zum Bischof von Vorarlberg und die vielumstrittene Ernennung Georg Eders zum Erzbischof von Salzburg.

Sofort nach seinem Amtsantritt in St. Pölten machte Dr. Kurt Krenn klar, daß die entscheidenden Faktoren, die zu einer Kurskorrektur in Österreichs Kirche zwingen würden, in den fehlgeleiteten Entwicklungen nach dem II. Vatikanischen Konzil gelegen seien.

1. Vernachlässigung der unverkürzten Glaubenslehre; Verneinung des Lehramtes; Soziologisierung des Begriffes der Kirche.
2. Vernachlässigung der rechten Gewissensbildung an den Geboten Gottes, am Gesetz Christi und an der Schöpfungsordnung; subjektive Beliebigkeit in der Sexualmoral.
3. Vernachlässigung der Belebung des Gottes- und Erlösungsglaubens als Antwort auf die Frage nach der Wahrheit vom Menschen.

Krenn zu all dem: „Diese Themen sind ja alle Ausdruck einer großen Not. Ich meine, wir können sicher nicht davon ausgehen, daß wir alle Probleme schon gelöst oder wenigstens beantwortet hätten. Das haben wir nicht. Der Aufruf, daß wir es noch besser und getreuer zum Herrn machen, dieser Aufruf ist etwas Urchristliches. Aufruf zunächst als eigene Bekehrung. Aufruf für die Menschen, die in diesen Problemen leben, das zu tun, was Gott will. Ich frage: ‚Was ist der Wille Gottes?‘ Das wollen die Menschen von uns wissen – nicht, was ich meine, sondern, was Gott meint. Ich will den Menschen ganz einfach die Frage beantworten: Wie kannst du mit diesen Problemen vor Gott bestehen, wie kann ich dir dabei helfen? Wir,

die Kirche, sind eine Familie. Wir versuchen, nicht zuerst den Menschen zu bestätigen, sondern zu Gott zu bekehren."
Krenn: „Barmherzigkeit ist nicht Amnestie, sondern etwas, was dem Menschen im höchsten Maß Wahrheit und Würde geben soll. Daß wir uns bemühen, den Menschen in oft unlösbar erscheinenden Situationen nahe zu sein und für sie auch die Zeugen der Geduld Gottes zu sein, ja, das wollen wir. Wir können aber von uns aus nicht verändern, was Christus gewollt hat!"
Schon in seiner Zeit als Wiener Weihbischof waren es gewisse Schlagworte, mit denen Krenn für massive Diskussionen sorgte. „Wahrheit" und „Freiheit" und vor allem das „gebildete Gewissen". Die Wahrheit, sagt Krenn, sei die zentrale Wirklichkeit des Menschen. „Ich meine, daß wir von einer Wahrheit zu reden haben, die nicht von uns ist. Wäre sie nur von uns, wäre sie nicht ausreichend und vielfach gefährdet – durch unsere Irrtumsfähigkeit, durch unsere Fehlerhaftigkeit."
Das „gebildete Gewissen" wiederum sei ein aufmerksames Vernehmen der Gebote Gottes, sagt Krenn, und: „Ein Gewissen, das meint, sittlich zu sein, weil es eben etwas nur aus eigener Entscheidung tut, ist noch nicht vollständig. Das Gewissen ist nicht einfach dadurch, daß es etwas entscheidet, schon die Quelle einer sittlichen Handlung. Diese ist nur möglich in Übereinstimmung mit dem Evangelium Christi, mit der Lehre der Kirche, mit den Geboten Gottes."
Der durch die umstrittenen Bischofsernennungen ausgelöste Streit innerhalb der Kirche Österreichs führte auch zur Debatte über innerkirchliche Demokratie, die die Hierarchie nicht ersetzen kann. Das hierarchische Prinzip wird hingegen sehr ernst genommen, die Kirche selbst und ihr Wesen, auch ihr Wahrheitsauftrag, sind nicht von demokratischen Prinzipien abhängig. Wohl aber gebe es Formen des Dialogs, denn, so Krenn: „Wenn jemand an etwas mitwirken kann, wird er es auch lieber vertreten, als wenn ihm nur immer etwas aufgetragen oder vorgesagt wird. In diesem Sinne hat Demokratie in Teilbereichen der Kirche, die vielleicht noch gar nicht alle ausgeschöpft sind, durchaus etwas Wertvolles und Anwendbares."
Die von Rom als nötig empfundene Restauration, heißt das in der Kurzformel Gehorsam statt Mitbestimmung?

Krenn: „Mitbestimmung oder Gehorsam – das ist nicht richtig gewählt. Denn es wird immer beides sein. Auch Gehorsam ist, wenn man ihn lebendig und christlich versteht, eine Form der Mitverantwortung. Ich helfe dem Papst, andere helfen dem Bischof – das ist auf der einen Seite Gehorsam, aber auf der anderen Seite auch eine höhere Form der Mitverantwortung, als wenn ich immer nur frage: ‚Habe ich da abstimmen können und dort etwas Demokratisches beigetragen?' Man kann Mitverantwortung, wenn sie gut ist, durchaus als eine glaubwürdige Form des Gehorsams beschreiben. Und umgekehrt."

Die Fehlentwicklungen nach dem II. Vatikanischen Konzil

Den neuen, „romtreuen" Bischöfen, die seit 1986 in Österreich das Kommando übernommen haben, wird nachgesagt, sie werkten an einer Kurskorrektur. Zahlreiche Entwicklungen in der Kirche dieses Landes seien in den Jahren nach dem II. Vatikanischen Konzil Fehlentwicklungen gewesen, so manches gehöre korrigiert. Krenn bestätigt, „daß sich viele immer wieder auf das Konzil berufen, ohne zu wissen, was es wirklich gesagt hat. Das ist die eigentliche Entstellung".

Nach dem Konzil sei eine offene Kirche kreiert worden, eine partnerschaftliche, geschwisterliche. Basisgemeinden hätten sich gebildet. Dies alles soll beim Konzil so nicht bestimmt worden sein, soll korrigiert werden?

Bischof Krenn: „Die Öffnung, dieses Offensein, das sind Interpretationskategorien, die im Konzil in Wahrheit gar nicht vorkamen und erst nachher gebildet wurden. Dies hat zu einer Art Mißbrauch des Konzils angeleitet. Jeder sagt: öffnen, öffnen, öffnen! Ich war zwar nicht dabei, als Papst Johannes XXIII. angeblich die Fenster aufgerissen hat, um frische Luft hereinzulassen, und kann dem daher auch nicht widersprechen. Nur: Ich kann es mir nicht vorstellen, daß dies so war, ich halte das für eine glatte Erfindung frommer Seelen. Ich meine, das sind Bilder, Zeichen einer bestimmten Zeit, aber keine

Begriffe. Das Konzil hat sich in Wahrheit nicht in solchen Gesten abgespielt, sondern eher in deutlichen Lehren, in Weisungen.“

Der St. Pöltner Ordinarius nennt drei „wichtige Angelegenheiten“, mit denen sich das Konzil tatsächlich beschäftigt habe:

„Erstens: Die Kirche als übernatürliche Wirklichkeit, die neu bedacht wurde in ihrer Aufgabenstellung für eine sehr solidarische, zusammenrückende Welt. Bei diesem Konzil stand die Kirche als solche im Mittelpunkt.

Zweitens: Die Entdeckung des Menschen als einem in allem Gott zugeordneten Geschöpf. Aber nicht so, als wäre der Mensch die Mitte der Welt, sondern der von Christus Erlöste und in Christus alle seine Vorbilder Habende.

Drittens: Es ging um ein neues Bewußtsein der Probleme, die im Fortschritt liegen. Dieser machte damals großen Eindruck auf uns, heute steht man diesem schon wieder eher skeptisch und distanziert gegenüber. Damals, in der Phase des II. Vatikanums, beurteilte man ihn sehr positiv, und man sah neue Herausforderungen durch diesen Fortschritt. Besonderen Eindruck machte es, daß die Welt durch die Medien, durch die Elektronik, eine gleichzeitige geworden war.“

Das Konzil selbst sei keine Fehlentwicklung gewesen, ganz und gar nicht, sagt Krenn, vielmehr habe dessen Mißinterpretation in den Folgejahren zu Verfälschungen geführt: „Ich weiß schon, daß mir oft der Vorwurf gemacht wird, ich sei ein Vorkonziliarer. Wenn ich dann frage, wie das gemeint sei, dann wissen jene, die mir das vorhalten, meistens nichts darauf zu sagen. Nochmals: Es war eine der größten Fehlentwicklungen und Konzilsverfälschungen, daß jeder, der irgend etwas ändern wollte, sich auf das Konzil berief, um den anderen, der ihm mißliebig war, geistig und verbal zu beseitigen.“

In diesem Zusammenhang spricht der Bischof auch die Diskussionskultur in der Kirche an: „Es ist ja interessant, daß gerade jene Dinge, die man so oft verurteilt, nämlich Exkommunikation oder gar Inquisition, daß diese als Versuchung wiederkehren – und zwar bei genau jenen, die uns verurteilen. Sie führen ständig Inquisitionen durch. Und jene, die so sehr Offenheit für sich reklamieren, sie verschließen sich anderen gegenüber gänzlich.“

Krenn beklagt, daß es schwer sei, überhaupt zu argumentieren:

„Wenn einer sagt, man sei gegen das Konzil, heißt es auch sofort, man sei nicht offen, man sei eng. Da hat sich eine ganz eigene Sprache herausgebildet. Eine sehr fromme, eine süß-mitmenschliche, einfach eine schreckliche! Nichts ist schlimmer, als wenn man in manchen Dingen unangemessen fromm daherredet!"
Beispielsweise sei das Wort „geschwisterlich" oder „geschwisterliche Kirche" in diese Kategorie der salbungsvollen, pathetischen, subjektiven, emotionalen, „im Ganzen etwas undeutlichen und unredlichen" neuen Sprache einzureihen.
Krenn: „Etwa in den Fürbitten, die bei den Gottesdiensten gebetet werden: Oft wird unter frömmsten Vorwand gegen andere nur mehr agitiert. Erst vor kurzem hatte ich deswegen einen Krach in einer Pfarre. Ausgangspunkt war eine Fürbitte: Der liebe Gott möge alle diese Miesmacher und alle jene, die sich nichts sagen lassen und alles kritisieren, er möge diese bekehren, hieß es. Was ich meine, ist: Man soll Fürbitten nicht dazu benützen, über etwas zu reden, was man sich direkt nicht zu sagen traut!"
Das Argument, daß von der „Öffnung der Kirche" vielleicht vor allem darum die Rede war und ist, weil damit dem gläubigen Volk weltweit besser erklärt werden konnte, worum es beim II. Vatikanum überhaupt gegangen war, läßt Krenn nur sehr bedingt gelten: „Ja, das mag ein legitimer Teil der Sprachveränderung sein, der auch in Ordnung ist. Aber wir können deswegen nicht Parolen, die ideologisch sind, einschleusen. Es läßt sich nämlich sehr korrekt deutsch und verstehbar über die Dinge reden, ohne daß man in diese doch etwas ideologisierte Sprache einsteigt. Wer die Sprache beherrscht, der beherrscht auch die Wirklichkeit! Diesen Umstand, so glaube ich, hat die Kirche zu spät oder noch gar nicht entdeckt."

Die zweite große Fehlentwicklung nach dem II. Vatikanum, sagt Krenn, „das ist ein gewisser Gottesverlust": „Wir haben heute ein höheres Wissen von der Welt, von den Systemen. Das alles bringt die Gefahr mit sich, daß wir nicht nur mehr wissen, sondern daß wir meinen, daß alles, was wir mehr wissen, auch ganz leicht in sich steht und in sich begründet ist und in sich funktioniert – und daß sich die Gottesfrage eigentlich immer weniger stellt . . ."

Dieser Gottesverlust liege sicher nicht im Konzil begründet, aber man sehe ganz deutlich, daß es plötzlich ohne weiteres möglich war, „eine Theologie zu treiben, die sich sogar dazu verstieg, Gott zu demontieren und zu leugnen – und so etwas hat sich Theologie genannt! Gut, das ist ja heute schon wieder verschwunden, fast verschwunden, aber eine der ersten Modetheologien war Ende der sechziger Jahre eine Gott-ist-tot-Theologie." Krenn meint damit die Ablöse des katholischen Gottesbildes durch einen neuen, „liberalen" Gott. Krenn: „Jene, die das betrieben, übersahen vollkommen, daß diese ‚neuen Kleider' für ihren Gott eigentlich sehr ärmlich waren.
Für Bischof Kurt Krenn ist völlig klar: „Der Verlust des Göttlichen findet zweifellos statt. Das ist z. B. im Bereich der Liturgie der Verlust der Ehrfurcht." Wenn man alles nur als Bestätigung des Menschen ansehe, dann könne man zwar eine schöne, aber keine ehrfürchtige Liturgie machen. Krenn: „Wenn nicht die Mitte dessen, bei allem, was man tut, Gott ist, zu dem man betet, dann wird Religiöses völlig eingeebnet, das war im Gefolge des II. Vatikanums stark zu spüren."
Zudem habe es auch einen Verlust des Missionarischen gegeben. „Also haben wir die Pflicht, die Wahrheit zu verkünden. Wir haben die Aufgabe von Jesus: Gehet hin und lehret alle Völker. Das ist wirklich eine große Aufgabe! Gehet hin und lehret alle Völker, und tauft sie. Das ist der Auftrag. Wenn ich den ernst nehme, dann kann ich nicht davon so reden, als ob alle Religionen gleich wären oder gleich wahr wären – nein, das kann ich nicht!"
Bischof Krenn spricht von der Pflicht, die Wahrheit zu verkünden: „Ich gehöre sicher zu jenen, die den Begriff Wahrheit am öftesten zur Sprache bringen. Wahrheit, das ist im Grunde das Leben des Geistes. Wenn ich keine Wahrheit brauche, brauche ich auch keinen Geist, dann bin ich sozusagen Begriffsmechaniker oder ein Kulturfunktionär oder sonst was. Wahrheit ist im letzten das einzige, wovon der menschliche Geist lebt, ja überhaupt leben kann. Natürlich, auch Gott selber ist die Wahrheit. Nur ist bei ihm eben der Unterschied zwischen dem Erkennen und dem Erkannten nicht gegeben, er erkennt sich selber und ist damit die höchste Wahrheit. Wir sind davon noch etwas weiter weg . . . aber Wahrheit ist das Lebensprin-

zip. Ich meine, auch der, der die Wahrheit leugnet und sagt, es kann keine geben, der beansprucht sie sogar noch im Augenblick dieser Behauptung. Praktisch gibt es keinen einzigen authentisch geistigen Akt ohne Wahrheit. Und wenn ich das Bedürfnis nach Wahrheit habe, muß ich mich auch umsehen, welche die wirkliche Wahrheit ist. Nicht nur was die Sehnsucht nach Wahrheit ist, sondern wo diese Sehnsucht begründet, erfüllt und garantiert ist. Daran kommen wir gar nicht vorbei. Sicher, es wäre schön, bequem und passend zu sagen: Wahrheit haben wir keine, nur Meinungen. Das wäre in Wirklichkeit tödlich für den Geist. Ich sage: Es kann niemand wirklich mit jener Geisteskrankheit leben, daß man keine Wahrheit habe. Denn wenn man keine hätte, wäre der Geist krank."

Einer der „folgenschwersten Irrtümer" (so Krenn) trotz des II. Vatikanums sei es gewesen, das Gewissen des einzelnen zu einem völlig autonomen Gewissen erklärt zu haben. Stichwort: die Maria-Troster Erklärung der Bischofskonferenz zur Enzyklika „Humanae vitae". Österreichs Bischöfe überließen in ihrer Erklärung die Entscheidung in Gewissenskonflikten den subjektiven Maßstäben der Gläubigen.

Was zu Irritationen beim Lehramt führte. Das „gebildete Gewissen" wurde zum geflügelten Wort in konservativen Kirchenkreisen. Dr. Kurt Krenn: „Wenn das einzelne Gewissen zu einem autonomen erklärt wird, dann heißt das, jeder kann sich sein eigenes ‚Gut und Böse' machen und sich seine Normen begründen, wo er will. Ich sage: Der Mensch ist nicht autonom, und das ist auch schon der Kern des ganzen Streits um das recht gebildete Gewissen. Es genügt nicht, einfach nur ein Gewissen zu haben, es muß ein recht gebildetes sein. Dieses ist dann gegeben, wenn sich das Gewissen tatsächlich am Willen Gottes, an der Schöpfungsordnung und auch an der Lehre der Kirche orientiert, und nicht allein nur an dem, was der Mensch meint."

Als weitere große Fehlentwicklung in den vergangenen Jahrzehnten empfindet Krenn den Verlust der Transzendenz, den Verlust jener Welt, die außerhalb der Grenzen der menschlichen Erfahrung und

außerhalb des menschlichen Gegenstandsbewußtseins liegt: „Der Mensch ist auch mit sich selber zu genügsam geworden. Er ist mit sich zufrieden, kommt mit sich aus, er merkt, daß er unglaublich viel kann, schafft und leistet, und hält sich deswegen selbst für unendlich. Kraß formuliert würde ich sagen: in Form einer Art Selbstvergötterung!"
Bischof Krenn behauptet nicht euphorisch, daß die Menschen wieder verstärkt in die Kirche drängen, auf Gottsuche sind, es sozusagen wieder einen Boom für Gott und Kirche gibt, zumindest deutlicher als in den siebziger Jahren, weil die Zeiten des „alles ist machbar" doch deutlich vorbei sind.
Krenn: „Das kann sein. Nur haben wir derzeit bei all der neuen Begeisterung für das Höhere noch zuviel Konkurrenz durch irriges Gedankengut. Nehmen Sie doch folgendes Beispiel: Heute konkurriert mit dem christlichen Glauben – obwohl es geistig absolut nicht dasselbe Niveau ist – ganz massiv die Mentalität des New Age. Man hat diese Versuchung des Menschen sogar zu einer religiösen Botschaft gemacht. Man versucht, die absolute Harmonie, den Ausgleich, die geistige Ruhe, das seelische Wohlbefinden zu versprechen. Das alles transportiert die New-Age-Strömung als neue Religion. Nur: Es wird nicht durchschaut, daß Religion immer etwas mit Opfer zu tun hat: Der Mensch muß sich immer wieder selber überwinden, das ist schmerzlich, man muß sich von sich selber verabschieden, um sich selber zu finden. Denn Jesus sagt ja: ‚Wer sein Leben verliert, wird es wiedergewinnen.'"
Das von Krenn angesprochene sich „von sich selber verabschieden" bedeute Opfer, Annahme des Kreuzes, des Todes, des Sterbens, der Krankheit, das bedeute oft auch eine gewisse Form des moralischen Gehorsams. Hingegen sei das, was „New Age" vermittle und verspreche, „die absolute Harmonie und dergleichen", rein künstlich und schließlich nicht einlösbar.
Da gebe es ja noch vieles anderes in dieser Richtung. Krenn: „Etwa die Esoterik, die menschliche Torheit fördert. Eine Form von Scharlatanerie findet sich auch in gewissen Arten von Naturdenken, biologischen Fanatismen . . . – ich muß mich oft wundern, welche Ideen man da findet. Zum Beispiel: Ich erkläre sicher manche neue Formen

der Medizin nicht für unnütz, aber es gibt viele, die weder Mediziner noch Ganzheit, sondern nur Stückwerk sind!"
Viele Pseudoreligionen gebe es heute, und sie konkurrierten „mit der wahren Religion. Nämlich mit der Religion, die den Menschen zum wahren Menschen macht und nicht zu irgendeinem Gefühls- oder Umweltkasperl ... Das ist ja die Gefahr, daß der Mensch sich verliert und zudem dann kein Wissen darüber hat, wie schlecht er dasteht, und ihm zuletzt auch jede Würde genommen wird".
Den Einwand, daß es wohl an der Kirche und ihrer Art liegen müsse, wenn es soviel „Konkurrenz" gebe, läßt Bischof Krenn überraschenderweise gelten:
„Es mag schon sein, daß wir uns in der Öffentlichkeit schlecht verkaufen. Dies besser zu machen, bedeutet aber nicht, daß wir es den Leuten leichter machen dürfen, sondern wir müssen oft noch mehr von ihnen verlangen und ihnen die innere Kraft geben, sich wieder zu engagieren. Man muß die Menschen stark machen, vieles auf sich zu nehmen. Denn es ist wirklich nicht kinderleicht, an Gott zu glauben, und es ist auch nicht leicht, seine Gebote zu halten."
Das klingt nach Stahlhelmkirche. Stimmt also der Vorwurf, den viele gegen die seit 1986 herrschende neue Kirchenlinie in Österreich erheben, daß man von der liebenden, geschwisterlichen, verzeihenden Kirche umgekehrt sei zur strafenden, drohenden Kirche?
Dazu Krenn: „Ich würde sie mir gelegentlich wünschen, die Kirche hat heute leider wenig Disziplin. Strafende Kirche, nein, die gibt es wirklich nicht. Der Vorwurf geht an den Tatsachen vorbei. Wo wird denn gestraft? Wenn heute jemand in der Kirche straft, dann sind es jene, die den Vorwurf der strafenden Kirche erheben. Die Täter geben sich als Opfer aus. Das ist ein alter Trick – daß man etwas beklagt und verurteilt, was man selbst gerade tut. Die Kirche erinnert zu allen Zeiten daran, was zu halten ist; jedes Gebot Gottes verdeutlicht sich auch in Verboten. Leider tun wir beides oft zuwenig deutlich."
Aber Exzellenz, viele Menschen haben den Eindruck, daß noch vor zehn oder zwanzig Jahren in der Kirche mehr möglich war, daß man nicht so stur auf Kirchengesetzesparagraphen saß! Sakramente für wiederverheiratete Geschiedene etwa ...

Krenn: „Wir Menschen erfinden dies nicht aus eigener Herrlichkeit. Viele Gesetze sind von Gott bzw. von Christus, und das müssen wir einmahnen! Ich selber habe gar nichts zu erfinden. Der wiederverheiratete Geschiedene z. B. trägt in sich selbst jenen Widerspruch, der ihn vom Empfang des Bußsakramentes und der Kommunion ausschließt. Es ist Christus selbst, der das Gottesgesetz von der Unauflöslichkeit der Ehe erneut einschärfte und damit jede zweite Heirat bei Bestehen einer ersten Ehe untersagte. Wie will ein Christ die Vergebung der Sünden und den Leib Christi empfangen, wenn er durch eine zweite Ehe nach Scheidung im Widerspruch zum Gesetz Christi steht? Wir wissen aber auch um die Not der wiederverheirateten Geschiedenen und bemühen uns, diese in der Gemeinschaft der Kirche zu bergen; kein Priester jedoch kann sich über das Gesetz Christi hinwegsetzen."

Nein, auch vor zehn und zwanzig Jahren hätten die Priester nichts anderes tun und sagen können, als man heute sagt, nichts sei verändert worden, auch nicht „unter dem so viel beschworenen angeblichen konservativen neuen Kurs. Vielleicht nehmen manche jetzt die Dinge etwas genauer, und wenn es so ist, dann ist das gut so".

Bischof Krenn wird einigermaßen heftig, wenn die Rede auf die Konservativen und auf die Progressiven kommt, auf den so stark kritisierten neuen Kurs: „Da spielt sich deutlich der Rollentausch zwischen Opfern und Tätern ab: Jetzt werden wir plötzlich zu den Unmenschen gemacht von jenen, die eigentlich auf Gott nicht hören wollen, die ihn nicht ernst nehmen wollen. Wenn wir die Dinge von der Sicht Christi her lösen wollen – und wir sind auch keine Heiligen –, erfüllen wir unsere Pflicht in Treue gegenüber Christi Willen und wollen die Menschen dort hinführen."

Dieses zu Gott Hinführen erfordere eben Redlichkeit. „Die Sakramente sind nicht soziale Anerkennung, sondern sind eine gnadenvolle Gottesbeziehung, in der der Mensch lebt und für die wir Priester Dienst tun. Auch wenn ich persönlich tausendmal sagte, ‚ja, du kannst zur Kommunion gehen', was nützt es, wenn derjenige innerlich eine widersprüchliche Einstellung zu Gott hat. Ich würde ihn ja nur betrügen. Es wäre so, als würde ich ihm eine Illusion vorgaukeln.

Ich kann einen Menschen, der Probleme hat, nicht durch Illusionen von diesen befreien. Wenn das ein Priester täte, wäre dies unredlich."

Manches sei also in den Jahren nach dem Konzil in der Kirche falsch gelaufen, sagt Krenn. Vor allem, weil etliche Konzilsergebnisse falsch interpretiert oder einfach falsch dargelegt worden seien. Wie aber ist solches möglich in einem so hierarchischen System, wie es die Kirche ist?

Krenn: „Es ist wahrscheinlich der Gottesverlust unserer Zeit und Kultur. Weil der Mensch immer mehr mit sich allein auskommt. Weil er sich selber genügt, während früher der Mangel des Menschen oft auch eine Erziehung zum Glauben war. Ein anderer Grund – ich kann nicht alle vollständig aufzählen – ist sicher der, daß die Bischöfe nicht immer, und in Lehrfragen besonders selten, ihre Autorität ausgeübt haben. Autorität heißt Verantwortung, und wenn ich sie habe, kann und darf ich sie nicht aufgeben. Wer Autorität nicht wahrnimmt, der verliert sie. Das heißt: Man kann nicht Autorität haben und 15 Jahre lang damit ruhen, und dann, nach 15 Jahren, meinen, man habe noch Autorität. Man hat sie nicht mehr. Sie ist weg. Autorität muß ständig ausgeübt werden. Eine Kirche, in der die Amtsinhaber, die Bischöfe, ihre Autorität nicht ausüben, verliert diese. Wir haben sie oft verloren, indem wir nichts sagten. Das gilt in hohem Maß für den Bereich der Lehre, der Doktrin – nicht so sehr für das Hirtenamt."

Krenn unterscheidet als Bischof zwischen drei Ämtern, die man ausübe. Am einfachsten habe man es im Priesteramt, also im sakramentalen Bereich. Schwieriger sei schon das Hirtenamt, womit die Leitung, das Management und die Ordnung der dem Bischof übertragenen Diözese gemeint sei. „Problematisch ist der Lehrbereich, hier haben die Bischöfe zu sehr auf ihre Autorität verzichtet und sie auch zuweilen verloren", konstatiert der St. Pöltner Ordinarius.

Letzteres sei jedoch ein allgemeines Phänomen, beziehe sich nicht nur auf die Kirche Österreichs, sondern auf ganz Mitteleuropa, und, so Krenn, wahrscheinlich auch auf die Weltkirche. Er wolle zwar

„grundsätzlich nicht zuviel Kritik üben", aber einer der Gründe, warum nach dem Konzil manches schiefgegangen sei, „liegt auch in der gewissen Euphorie, die seinerzeit darin bestand, daß alles von selber geht", in der Annahme, daß man den Schlüssel für alles gefunden hätte. Das habe manche Bischöfe dazu verleitet, mehr dem Lauf der Dinge als ihrer eigenen Autorität zu vertrauen. Das habe ihre Amtsausübung erschwert. Überhaupt sei es eine Zeit gewesen, „in der mancher Bischof gezögert hat, seine Entscheidungen, seine Verantwortung wahrzunehmen. Ich meine, die Bischöfe hatten es nicht leicht in diesen Jahren. Objektiv gesehen haben wir es heute leichter ... Dafür werden wir auch ein bißchen mehr angeschossen".
Aus der Sicht Krenns geht es heute darum, die Einheit der Kirche, im Sinne einer Einheit in der Glaubenslehre, wiederherzustellen. Krenn: „Wir sind kein Sympathieverein, in dem wir uns jeden Tag um den Hals fallen und Friedensküsse geben – das bringt nichts, das ist alles nur emotionaler Konfekt. Ich glaube, wir müssen uns im Glauben einig sein. Ich muß mich darüber verständigen können: Wer ist Gott? Wer ist Christus? Was ist die Kirche? Was ist der Wille Gottes? Wenn wir dies alles gemeinsam haben, also den geeinten, gemeinsamen Glauben, dann habe ich überhaupt keine Bedenken, daß es auch die Einheit im Handeln gibt."

Viel hänge auch vom Umgang mit den Medien, mit der Öffentlichkeit ab, betont Krenn. Die Kirche als geheimer, quasi geschlossener Verein? Krenn: „Es geht nicht so sehr um Vertraulichkeit oder Geheimhaltung, sondern es geht darum, daß heute im Grunde alles über und in den Medien gespielt wird. Was dort nicht gespielt wird, gibt es nicht. Damit kam die Kirche oft überhaupt nicht zurecht. Ich hatte das seinerzeit schon beim Konzil gemerkt, als die Journalisten Zutritt erhielten, den sie vorher nicht hatten. Da war plötzlich eine Unsicherheit bei den Bischöfen. Ich bemerkte, daß viele Konzilsväter nicht mehr für die Mitbrüder, sondern für die Presse sprachen. Die Versuchung wurde immer größer. Wir müssen in der Kirche so weit kommen, daß wir nicht das furchtsame Wohlwollen der Medien suchen oder darum betteln. Was wir brauchen, ist die Vernunft der

Medien. Wenn einer sich wie ein Kasperl aufführt, nur damit er gelobt wird, dann wird er von den Medien auch geschlagen und im Grunde nicht ernst genommen. Der Umgang mit der Öffentlichkeit ist der Kirche sehr schwer gefallen. Bis heute ist es noch so, daß man den Medien in einer sehr devoten Art begegnet. Auch Bischöfe sind dazu versucht, obwohl es gar nicht notwendig ist. Umgekehrt darf man natürlich auch nicht auf alles beleidigt reagieren, was die Medien schreiben."

Bischof Kurt Krenn machte vor einiger Zeit Schlagzeilen mit der Forderung nach einem Vatikanum III, sozusagen als „Korrektur" des II. Vatikanischen Konzils.
Krenn: „Das ist ein mir zugeschriebenes Zitat. Ich sagte einfach, das II. Vatikanum ist nicht *das* Konzil gewesen, sondern das 21. ökumenische. Bei Gelegenheit fügte ich hinzu, daß es ja ein Vatikanum III geben könnte, rein als Möglichkeit. Gefordert aber, nein, gefordert habe ich ein solches nie. Ich würde das auch nie tun, weil das einzig Sache des Papstes ist. Ich sage so: Würde es ein Vatikanum III geben, ich wüßte genug Dinge, die dort zu tun und zu besprechen wären – in der Frage der Lehre und der Kirche, in der Frage der Einheit, in der Gottesfrage. Ganz wichtig wäre auf jeden Fall eine Klärung der undeutlich gewordenen Glaubenslehre und einiges andere, ich könnte da noch vieles aufzählen."

Krenns Wünsche für die zukünftige Kirche Österreichs

Es stellen sich alle, die Österreichs Kirche seit dem Einzug der bischöflichen „Viererbande" beobachten, die Frage, wohin die Reise geht und was der Vatikan mit der Kirche Österreichs vorhat.
Diözesanbischof Dr. Kurt Krenn will eine „besondere Mission" dieser vier neuen, romtreuen Bischöfe nicht gelten lassen: „Jeder Bischof wird vom Papst ernannt, das war immer so. Groer, ich, Eder und Küng wurden ebenso vom Papst ernannt wie König oder Berg. Nun zum Ausdruck ‚Viererbande' und zum Vorwurf, daß wir einen

rechts-reaktionären Kurs verfolgten: Mein Gott, diese Spekulationen um Örtlichkeiten zwischen rechts und links sind doch so nicht anwendbar. Ich selber bin in vielen Dingen viel moderner als jene, die sich modern wähnen. Mir geht es im wesentlichen darum, daß wir die Kirche Christi vertreten, wie sie Christus gegründet hat. Natürlich, wenn man die Kirche nur noch als politischen Faktor sieht oder als soziologischen, als sozial-karitativen, dann erkennt man die Kirche nicht mehr genau. Und wenn man nichts anderes in ihr sieht, dann legt man Maßstäbe an, die dem Wesen der Kirche nicht entsprechen."

Krenn spricht von einem Fehler, der heute dauernd gemacht werde: „Daß man die Kirche als politische Größe sieht. Natürlich sind wir nicht der unbedeutendste Faktor in Österreich, ganz klar, aber was man wirklich sehen muß, ist: Die Kirche hat etwas mit dem lieben Gott zu tun. Diese Kirche kann man nicht einfach verändern, wie man will, das ist es, worin man uns heute nicht versteht."

Den Staat, sagt Krenn, könne man durch Plebiszite verändern, auch durch neue Verfassungen. „Wir können das nicht. Wir haben es mit einem Werk Gottes zu tun. Alles, was wir tun, steht im Anspruch, der aus der Offenbarung, aus der Selbstmitteilung Gottes, aus der Wahrheit Gottes kommt. Nur wollen uns dies heute manche nicht abkaufen ... Natürlich werden wir auch dauernd geschändet, wegen des Wortes Wahrheit. Ich nehme es gerne in den Mund und sage aber auch dazu, daß wir das, was wir verkünden sollen und wozu wir stehen sollen, daß dies ja nicht unsere Wahrheit ist, sondern die Wahrheit Gottes, Christi, des Glaubens – fortgesetzt in der Glaubenslehre der Kirche. Und es geht um Wahrheit, um sonst nichts!"

Im Lichte dessen ortet der St. Pöltner Bischof „heute eine ganz besondere Form von Kulturkampf in Österreich. Was nicht funktioniert, das ist das Zusammenspiel zwischen Gesellschaft, Kirche, Glaube, Gefühl, Toleranz und Vernunft. Die Kirche vor allem hat den Menschen zu sagen – im Namen Gottes –, was gut und böse ist".

Früher, Herr Bischof, vor noch nicht gar so vielen Jahren, da war die Kirche nicht von einem Schwarz-Weiß-Schema, also vom Gegensatz Gut und Böse bestimmt, sondern sie stellte sich freundlicher, liebevoller, verzeihender dar. Was ist los?

Krenn: „Ja, ja! Aber es geht doch um die Frage, ob diese damalige pastorale Nettigkeit so glaubwürdig ist, wie sie liebenswürdig ist. Der Mensch hat doch heute letzte Fragen, und die kann ich ihm nicht beim Kaffee beantworten. Der Stil, der heute geprägt werden muß, das muß einer sein, der abrückt von dieser pastoralen Nettigkeit und wieder mehr hingeht auf die letzten Fragen; zu klaren Antworten, zu letzten Antworten führt, die es auf sich nehmen, nicht vorletzte Antworten zu sein. Eine vorrangige Frage ist auch: Wir müssen alles zum Heil der Menschenseelen tun, also müssen wir alles Menschenmögliche einsetzen, um den Menschen für den Glauben zu gewinnen. Das haben wir getan, durch viel Gutes, durch Wohltaten, durch Förderungen. So haben wir um den Glauben geworben. Aber es gibt den Vorrang des Wahren. Diese Frage wird immer neu zu stellen sein. Die Zeichen der Zeit deuten darauf hin, daß die letzten Fragen wieder wichtiger sein werden als die Fragen einer gemütlichen Nachbarschaft. Vielleicht war es früher anders, wie und wo auf diesen Wegen die Menschen Gott gefunden haben. Heute sucht er sie wieder mehr auf den Wegen des Nachdenklichen."

Zurück zum Kulturkampf, den Bischof Kurt Krenn in Österreich sieht. Dieses durch das 19. Jahrhundert eher belastete Wort will Krenn natürlich nicht auf die Relation Kirche – Regierung/Staat/ Länder/Gemeinden angewandt wissen, denn „da herrschen heute hervorragende Beziehungen". Allerdings, sagt der Bischof, sei der Staat „heute zuweilen durch eine gewisse Art von Öffentlichkeit abgelöst worden. Besonders die Lebensanschauungen der Menschen werden heute zunächst von der Öffentlichkeit, von der sogenannten Gesellschaft, bestimmt und verändert. Hier gibt es diesen erbitterten Kulturkampf, der sich auf alles mögliche bezieht: auf die Familie, die Ehe, die Kinder, die normal-natürliche Sexualität, das alles ist Kulturkampf – zumindest aber Widerspruch zu dem, was wir im Auftrage Gottes zu sagen haben".

Falschverstandener Liberalismus. Änderungen tradierter Verhaltensnormen. Ja, das seien auch Weisen dieses Kulturkampfes, die wichtigste aber sei folgende: „Zum Kulturkampf kommt es, wenn

die Lebenssysteme des Menschen für absolut, für ausreichend, für lebensbegründend gehalten werden. Also das ökonomische System, das soziale System, alle Systeme des Menschen eben – sie alle werden heute ohne Ausblick auf den Schöpfer gesehen. Sogar die, die heute vom Schöpfer reden, vergessen, daß die Schöpfung ohne den Schöpfer auch wieder nur ein System ist, sonst nichts."
Bischof Krenn spricht vom Verlust der Transzendenz. Und von Agnostizismus: „Man sagt, man könne die Wahrheit nicht erkennen, ja, man macht sogar das zu einer Wahrheit: nämlich die Wahrheit nicht erkennen zu können." Genau daraus aber komme es zur Gegnerschaft mit jenen, die von Gott reden und im Namen Gottes etwas einfordern – „dadurch gerät die Religion insgesamt unter Beschuß, und da vor allem die katholische Kirche. Jedoch: Wenn man wirklich meint, der Mensch könne die Wahrheit nicht erkennen, oder meint, daß es keine Wahrheit gebe und der Mensch sich nur mit sich selber beschäftigen solle – in dem Moment ist der Mensch auf sich selbst angewiesen. Alle seine Schwächen, Unzulänglichkeiten und Grenzen kommen aus dem, daß der Mernsch in seinem Agnostizismus mit sich allein ist. Dieses Alleinsein sieht am Anfang wie die große Freiheit aus, ist aber am Ende die größte Gefahr, eine Bedrohung."
Krenn belehrt: „Für manchen Menschen ist leider nur wirklich, was er greifen kann. Das erzeugt vieles, den Materialismus, den philosophischen Agnostizismus, sodaß man einfach sagt: Wir können die Wahrheit nicht erkennen, also, Brüder, bleibt der Erde treu! Sicher ist dies auch ein gewisses Wohlstandsphänomen, aber gleichzeitig ein sehr menschliches. Selbst jene, die glauben, müssen dies oft als geistige Prüfung durchstehen . . . jeder geht durch eine solche Phase. Ja, tatsächlich, die Entscheidung, die Wahrheit und die Wirklichkeit zu sehen, die bleibt niemandem erspart. Jene, die sagen, die Wahrheit gibt es und ich nehme sie an, weil sie von Gott kommt, diese haben sicherlich von vornherein ein anderes Verhältnis zur Wahrheit – und sind für Wahrheit dankbar."
Was die Linie von Österreichs Kirche angeht, sagt Krenn, würde er sich „das Drängen zur Wahrheit hin wünschen; je mehr man sich mit ihr auseinandersetzt und darum bemüht, desto besser. Man beschäf-

tigt sich noch zu sehr mit Nebensächlichkeiten, oft auch zu sehr mit sich selbst."

Im Rückblick auf die Jahre bis 1986 und die Veränderungen danach antwortet Bischof Krenn auf die Frage, ob er mit der bisherigen Entwicklung der Kirche Österreichs zufrieden sei, zunächst mit einer respektvollen Anerkennung für Kardinal Franz König: „Wir werden häufig mit den großen Gestalten der Vergangenheit konfrontiert, die Gott sei Dank noch leben. Mit Kardinal König und anderen Bischöfen. Ich bin froh, daß wir sie haben. Vor allem Kardinal König, seine moralische Persönlichkeit, sein Ansehen, seine Intellektualität. Ich bin sehr glücklich, daß wir ihn haben. Auf der anderen Seite haben wir seit dieser Zeit eine veränderte Situation. Man stellt uns manchmal in Gegensatz zu Kardinal König und anderen Bischöfen; ich meine jedoch, daß auch ein Kardinal König und andere Bischöfe in diesen letzten Jahren seit 1986 wahrscheinlich nicht viel anders entschieden hätten als wir. Es hat sich vieles verändert. Wir, die Menschen, sind andere. In der Sache, in den Lösungen der Probleme wäre es genauso gelaufen. Hätten die früheren Bischöfe noch weiter Verantwortung ausgeübt, hätten sie manche Dinge genauso beurteilt wie wir. Sie hätten genauso gerungen um die Menschen, auch bezüglich der Kirchenaustritte und vor allem darum, die Kirche wieder als etwas Notwendiges darzustellen."

Dieses neue Kirchenbild, von dem Krenn spricht, ist jenes: „Man kann die Kirche in guten Zeiten wie einen freundlichen Partner darstellen, in Notzeiten aber, wenn die Menschen nicht mehr wissen, was die Kirche ist, muß man ihnen sagen: Das ist dein Weg zum Heil, das ist der von Christus gesetzte Weg."

Krenn spricht auch davon, daß in Österreich heute die Glaubensinhalte und auch der Religionsunterricht verstärkt in diese Richtung gefördert werden müßten: „vor allem die inhaltliche Aufbereitung des Unterrichts und die Predigten". Insbesondere beim Religionsunterricht strebt Krenn nach einer Verinhaltlichung. Er will „wieder stärker das Transzendente und Übernatürliche" ausgedrückt wissen. Krenn: „Es gibt sicher Religionsbücher, die die Menschen auf der humanen Ebene recht gut ansprechen – aber oft nicht zu dem führen, wohin man sie führen sollte. Heute wird Religion oft zu sehr nach dem Humanen vermittelt, mit zu wenig Mysterium, könnte man sagen. Ja, ich wünsche mir einen religiöseren Religionsunterricht mit neuen Gewichten."

Außerdem ist es ein Anliegen des St. Pöltner Bischofs, die Sakramente „wieder mehr auf das Göttliche hinzuordnen. Beispielsweise kann die Beichte nicht mehr länger ein bloßes Beratungsgespräch oder womöglich ein therapeutisches Gespräch bleiben, sondern muß wieder zur Versöhnung des Menschen mit Gott werden: Zunächst bekennen und Gott bitten, daß er wieder gut ist mit uns – das ist das Ziel. Derzeit wird mit den Sakramenten etwas zu locker umgegangen. Die Gottesbegegnung ist nicht so leicht vermittelbar wie ein schönes Fest. Was wir brauchen, ist ein Glaube, der ein Mysterium, eine Gabe Gottes ist, und weniger Subjektivismus. Denn der Glaube ist ja nicht einfach so locker machbar."

Seit Jahren, und das ist einer der Punkte, warum es in der Diözese St. Pölten so unruhig ist, machen Gerüchte über extreme kirchliche Randgruppen die Runde. Opus Dei, Engelwerk, Petrusbruderschaft. Diese Gruppen würden unter der Regentschaft eines Bischof Krenn im Raum St. Pölten ansässig werden, heißt es.

Krenn reagiert mit einem historischen Rückblick: „Das Opus Dei wurde seinerzeit von Kardinal König nach Wien geholt. Das historische Verdienst, das Opus nach Wien gebracht zu haben, das gehört Kardinal König, der sogar Priester weihte. Was das Engelwerk angeht, ist das eine ganz andere Frage. Das Engelwerk hat eine gewisse theologische Unreife. Ich meine aber, daß die Menschen, die sich in dieser Frömmigkeitsbewegung befinden, Menschen guten Glaubens und Willens sind. Deswegen muß man ihnen mit Geduld begegnen. Außerdem gibt es die neuen römischen Richtlinien. Das Engelwerk soll auf diese Richtlinien eingehen und die Chancen nützen. Diese Bewegung ist relativ jung, ich glaube, an die 40 Jahre. Sie müssen noch flexibel genug sein, den Kurs zu ändern, wenn manches theologisch nicht reif ist."

Er, Krenn, kenne keinen Priester in St. Pölten, der dem Opus Dei angehöre, „aber es gibt ein paar Laienmitglieder".

Was vermutete Niederlassungen des Engelwerkes angeht, etwa in Gaming, wisse er darüber nichts, ebensowenig wie am Sonntagberg nahe St. Pölten. Krenn: „Ich schreite nicht gegen das Engelwerk ein, sondern – wenn es sein müßte – gegen mögliche Fehlentwicklungen. Das tue ich auch anderswo. Ich gehe nicht mit einem besonderen Marschbefehl aufs Engelwerk los. Man muß diese Leute, wenn sie sich im Rahmen der Kirche bewegen, ernst nehmen und fallweise auch schützen. Andererseits will ich nichts tun, was gegen die Disziplin und Lehre der Kirche ist. Das sind meine ganz normalen Amtsaufgaben."

Die Stellung der Frau in der Kirche

Eines der heikelsten und umstrittensten Themen in der Diskussion ist die Stellung der Frau in der Kirche. In der anglikanischen Kirche Großbritanniens gab es Anfang 1993 eine Abstimmung, die ganz knapp zugunsten jener ausging, die für die Weihe von Frauen zu Priesterinnen eingetreten sind.

Für die katholische Kirche ist dies eine Utopie, für Rom unvorstellbar.

Wie geht nun St. Pöltens Bischof Kurt Krenn mit diesem Reizthema um? Er, der schon unmittelbar nach seinem Amtsantritt in der Ministrantinnenfrage in der St. Pöltner Gesellschaft ordentlich aneckte, läßt keinen Zweifel daran, daß er Anhänger jener „christusgemäßen Ordnung" ist, die der Frau eine ganz bestimmte Berufung zuweist.

„Die Kirche ist zunächst keine Karriereinstitution. Wer Karriere machen will, soll sich in die Politik begeben", so seine grundsätzliche Botschaft. „Die Kirche ist eine nach Charismen aufgebaute Gemeinschaft, jeder hat seine Aufgabe. Und wir gehen vom Pauluswort aus, daß die größte aller Gaben die Liebe ist, nicht das Amt."

Im übrigen sei es so: „Der Laie darf nicht tun, was der Priester tut – umgekehrt darf der Priester oft nicht tun, was der Laie tut. Durch entsprechende Bewußtseinsmanipulationen kann es schon passieren, daß es ein Pontifikalamt im Dom gibt, und ich soll dabei ministrieren – ich hätte zwar nichts dagegen, aber das ist einfach nicht unsere Ordnung, oder?", so der kokette Vergleich, den Bischof Krenn anstellt, um auszudrücken, daß jeder in der Kirche seine bestimmte Aufgabe habe, „und so ist es auch mit der Frau!“.

Klar sei, daß Priesterweihe und geistliches Amt keineswegs einen persönlichen Vorteil für den Geweihten darstellen, sondern eine Verpflichtung zum Dienst, eben ein Amt. „Und die Kirche verteilt ihre Ämter so, wie sie das von Christus her ableitet, von seinem Willen!“ erklärt Krenn.

„Die Kirche denkt das Priesteramt den Männern zu und viele andere Aufgaben den Frauen. Sie ist damit in der Gewißheit, den Willen Christi zu tun – das ist nicht nur Praxis, sondern normativ gewordene Tradition. An sich ist doch das Frauenpriestertum eine recht neue Sache und eine von nichtkirchlichen Prinzipien her gesteuerte Bewegung!“

Immer wieder betont Krenn, daß man in der Frauenfrage „nur den Willen Christi wahrnimmt. Alles kommt von Christus. Er hat die Eucharistie den Aposteln aufgetragen. Das ist ein Bereich, in dem wir überhaupt nichts selber erfinden oder uns anmaßen dürfen. Wir müssen uns genau nach dem richten, was Christus tat. Es war immer selbstverständlich, bis herauf in unsere Zeit, daß es die Apostel waren, Männer eben! Christus selber ist ein Mann gewesen – was manche anscheinend auch schon vergessen. Er ist der Sohn Gottes. Vielleicht wirft man dem Sohn Gottes einmal vor, daß er ein Mann ist – es gibt ja allerlei verworrene Gedanken . . . Gott als Vater gilt bei manchem schon als Vorwurf.“

Heute, am Ende des zweiten Jahrtausends, in Zeiten der Gleichberechtigung und Emanzipation, Herr Bischof, ist das so wirklich noch erklärbar? Krenn schmunzelt: „Natürlich, man wird es belächeln, aber den Frauen kann ich sagen: Ihre Berufung ist die Liebe, wie sie im Korintherbrief steht. Große heilige Frauen sagten: ‚Meine Berufung ist die Liebe‘. Es steht dort geschrieben, die Liebe sucht nicht ihren Vorteil, die Liebe betont nicht ihre Rechte . . . man braucht nur nachzulesen. Das ist die beste Art und Weise, auch dem Laien zu erklären, warum er nicht Priester ist. Es fängt alles schon bei der Familie an. Liebe drückt sich auf verschiedene Weise aus. Der Mensch ist Mann und Frau, da fängt schon die Verschiedenheit der Berufung an, die kann man nicht übergehen.“

Also gilt für die Frauen: Zurück zu Kinder, Mann und Herd? Krenn lacht: „Es wäre ja schön, wenn die Frauen dies wiederentdecken würden!“, man denke doch an die Mütter, „sie tun alle Großes. Die Würde liegt nicht in der Arbeit oder im Amt, sondern in der Person. Nicht die Arbeit macht den Menschen aus, es geht um die Würde der Person, die Mutter ist, die Vater ist, die Priester ist. Aber das alles wird heute umgedreht – man will wer sein, indem man etwas hat, statt etwas zu sein. Außerdem: Im Christsein gibt es keine Grenzen. Da kann jede Frau und jeder Mann faktisch die ganze Welt verändern, wenn sie oder er nur will! Nur, man muß es aus Liebe tun und nicht eines Amts wegen. Sehen Sie, ich mußte mein Amt auch aus Liebe annehmen und muß es in Liebe ausüben . . .“
Als Bischof Dr. Kurt Krenn unmittelbar nach seinem Amtsantritt in St. Pölten die bis dahin unter Bischof Dr. Franz Zak als Ministrantinnen agierenden Mädchen der Dompfarre vom bischöflichen Gottesdienst ausschloß, begründete der Ordinarius dies so: „Bei Gottesdiensten, die ich im Dom halte, möchte ich, daß die liturgischen Gesetze voll eingehalten werden . . . Denn der Bischof hat die Verpflichtung und die Verantwortung, die Einhaltung der Kirchengesetze zu gewährleisten. Das mußte ich bei der Amtsübernahme versprechen. Es geht um eine Ordnung der Gesamtkirche.“
Der Bischof bezog sich auf die 1980 von Rom erlassene Verordnung für Gottesdienste, wo es heißt, daß der Dienst am Altar Männern vorbehalten sei. Krenn: „Es steht da nicht Mädchen oder Burschen, sondern Männern ist dieser Dienst vorbehalten. Das ist die Rechtslage. Ich kann mich ihr nicht entziehen. Wären vom Kirchenrecht her Ministrantinnen vorgesehen, würde ich mich nicht dagegen aussprechen, obwohl ich meine, es hat schon seinen Sinn, die Buben in diesem Bereich etwas mehr heranzuziehen. Also: Es geht um die Erfüllung einer kirchlichen Vorschrift. Es ist keine Schande, Vorschriften einzuhalten.“
Ein Sturm der Entrüstung war die Folge in der Diözese. Das Ministrantinnenverbot des Bischofs wird bisher in einzelnen Pfarren der Diözese nicht beachtet – nach wie vor ministrieren Mädchen. Ausdrücklich hat der Bischof erklärt, daß diese Frage nicht auf dem

Rücken der betroffenen Kinder ausgetragen werden soll. Er will mit größter Geduld eine Änderung herbeiführen. Das war einer unter vielen Gründen, warum es Dr. Kurt Krenn in St. Pölten von Anfang an sehr schwer hatte.

Krenns politisches Bekenntnis

Die Geschichte der Beziehungen zwischen Kirche und Politik in Österreich ist historisch gesehen eine aufregende, war in der Zwischenkriegszeit vor allem eine schmerzliche, nach dem Zweiten Weltkrieg eine von Versöhnung getragene und später, in den Folgejahren des II. Vatikanischen Konzils eine hochpolitische – weil es in den frühen siebziger Jahren zu einer spektakulären Annäherung zwischen Kirche und SPÖ kam, die letzterer auch politisch ziemlich half.
In der Zwischenkriegszeit waren die katholische Kirche und die Sozialdemokraten absolute Gegner. Dies hatte seine Gründe: Die Christlichsozialen und die Kirche waren eng miteinander verflochten: Priester waren Politiker, auf Bundes- und Landesebene. Ganz prominent: Dr. Theodor Innitzer, der Sozialminister (1929/1930), der zwei Jahre später Erzbischof von Wien und 1933 Kardinal wurde. Oder Prälat Dr. Johann Hauser, von 1919 bis 1927 Landeshauptmann von Oberösterreich – er erfreute sich der noch relativ größten Anerkennung durch die Sozialdemokraten, begründet durch sein Eintreten für die Republik im Jahre 1918. Und schließlich Prälat Dr. Ignaz Seipel, der zweimal Bundeskanzler der Republik war: von 1922 bis 1924 sowie von 1926 bis 1929, dazu 1930 kurzfristig Außenminister und zudem lange Jahre Parteichef der Christlichsozialen.
Auf der anderen Seite sah die katholische Kirche der Ersten Republik in den Sozialdemokraten schlicht Antichristen – das böse Schlagwort der „Austrobolschewiken" tat seine Wirkung. Tatsächlich gab es politische Aufrufe zum Kirchenaustritt, und Bundeskanzler Seipel wurde vor allem in seiner zweiten Regierungsperiode als der „Prälat ohne Milde" oft an den Pranger gestellt.
Der politische Katholizismus war real. Daher war es eine politische Sensation, als die Österreichische Bischofskonferenz Ende November 1933 ihren Priestern die Ausübung eines politischen Mandats untersagte und die erforderliche bischöfliche Zustimmung dafür

allen Priestern, die auf Nationalratsbänken, in Landtagen oder in Gemeinderäten saßen, entzog. Binnen zweier Wochen mußten die Mandate niedergelegt werden.
Die belastende personelle Verquickung zwischen Politik und Kirche war mit einem Schlag zu Ende. Aber es sollte bis 1952 dauern, ehe es zu einem neuen, formal geregelten Verhältnis zwischen Staat und Kirche kam. 1952 postulierte der Katholikentag im inzwischen historischen „Mariazeller Manifest“ den Grundsatz von „einer freien Kirche in einem freien Staat“.
1959 kam es zum ersten Brückenschlag zwischen Kirche und Arbeiterschaft. Der damals erst drei Jahre als Erzbischof von Wien im Amt befindliche Franz König besuchte erstmals den Bundeskongreß des Österreichischen Gewerkschaftsbundes. Und als der seinerzeitige Staatssekretär im Außenamt, Bruno Kreisky, für die SPÖ meinte, „eine politische Partei solle keine Quasireligion sein“, die SPÖ habe daher keinen Anlaß, mit der christlichen Lehre in Konkurrenz zu treten, und überhaupt sei die katholische Kirche jener Partner im Ringen gegen den Kommunismus, der sich als der zuverlässigste erwiesen habe, stand der positiven Entwicklung zwischen Kirche und Sozialisten nichts mehr im Weg.
Ein gutes Jahrzehnt später kam es allerdings zu einem ordentlichen Krach, wegen der von der SPÖ auf dem Villacher Parteitag 1972 initiierten und im November 1973 von der alleinregierenden SPÖ im Parlament beschlossenen Fristenlösung. Bei diesem Streit wurde aber die Kirche im Kampf dagegen auch von vielen Katholiken im Stich gelassen. Die SPÖ konnte daher nicht als alleinschuldig an dieser sicher bis heute schwärenden Wunde bezeichnet werden.
Damals wurde auch der Begriff der Äquidistanz geprägt – die nunmehr neutrale Haltung der Kirche gegenüber allen demokratischen Parteien –, den Bischof Krenn heute nicht mehr akzeptiert: „Die Äquidistanz wurde von den Bischöfen nie akzeptiert, sie ist keine Selbstbeschreibung der Kirche. Die Kirche ist fast zwei Jahrtausende alt. Staatsformen und Parteien hingegen sind sehr flüchtige Erscheinungen, die sich immer wieder ändern. Die Parteien spielen heute auch nicht mehr jene Rolle wie früher. Nicht wir, die Kirche, haben die Äquidistanz einzuhalten, sondern wir beurteilen, wie sich

die Parteien dem nähern, was wir für die Menschen als notwendig erachten. Wir prüfen, wie sehr diese Gruppen dem nahe kommen, was wir für die Menschen zu vertreten haben."

Es gab – und gibt – viele Katholiken in Österreich, die in den siebzigern vor allem politisch „ein Stück des Weges" mit den Sozialdemokraten gegangen sind. Was da und dort zu schweren Verstimmungen zwischen Funktionären der ÖVP und manchen damaligen Kirchenfürsten führte. Erzbischof Dr. Franz König wurde gelegentlich despektierlich als „roter Kardinal" bezeichnet – und überhaupt schien die Kirche Ende der siebziger und Anfang der achtziger Jahre in manchen ihrer Teilgliederungen nach links abgerutscht zu sein. Diözesanbischof Dr. Kurt Krenn eröffnet eines seiner Lieblingsthemen, jenes über die gesellschaftspolitische Rolle der Kirche, mit einem Blick zurück:

„Beim Mariazeller Manifest lautete die Parole: eine freie Kirche in einem freien Staat. Das wirkte ganz passabel, führte zur Lockerung von Gegensätzen – was sicher gut war und gut ist, daß diese begraben sind, daß sie nicht wiederkehren, auch nicht der politisierende Klerus, wenngleich damals tüchtige und gescheite Leute dabei waren, denn die politisierenden Prälaten waren nicht dumm und haben ihre Verdienste gehabt. Nur meine ich, daß eine Verbindung von Priester und Politiker nicht guttut."

Dennoch meint Krenn, daß in der aktuellen Debatte über ein womöglich wieder größeres Engagement der Kirche in der Politik erneut ein Täter-Opfer-Syndrom festzustellen sei: „Dieselben Leute, die solches verurteilen und mit Hinweis auf die Erste Republik sagen, dies sei schlecht, dieselben Leute hofieren heute gleichzeitig politisierende Priester und laden sie sogar nach Österreich ein. Ich meine da nicht nur den brasilianischen Bischof aus Österreich, Kräutler, sondern vor allem andere: Jene, die in Nicaragua mit den Sandinisten gegangen sind, dort waren einige Priester sogar Minister. Und die waren Dauergäste hier in Österreich, gerade bei einer Partei, die den Politklerus der Ersten Republik so scharf verurteilt. Was also, frage ich, soll das?"

Kräutler selbst, sagt Krenn, würde er nicht mit diesen linken Befreiungstheologen aus Südamerika in eine Reihe stellen, denn „er

schlägt sich nicht auf die Seite einer Partei, er fühlt sich nur mit einer bestimmten Idee verbunden, während die Sandinisten rein parteipolitisch waren, mit deutlich marxistischer Ausrichtung."
Zurück nach Österreich. Soll die Kirche, so wie sie heute dasteht, nach all den Entwicklungen seit 1986, in der Gesellschaftspolitik wieder eine größere Rolle spielen?
Krenn: „Ich bin sehr froh, daß unter Kardinal König die Aussöhnung mit der Arbeiterschaft, mit der SPÖ, gelungen ist. Mir beispielsweise – und ich will mich gar nicht mit König vergleichen – wäre das sicher nicht so leicht gelungen. Weil ich in vielen Dingen zu sehr den Gegensatz suche. Aber: Wenn man heute sagt, daß sich der Kardinal damals gut mit den SPÖ-Spitzen verständigen konnte, dann beinhaltet dies ja auch, daß es eine ganze Reihe von ÖVP-Politikern gegeben hat, die sich dem nicht widersetzt haben. Man hätte ja die Kirche durchaus mehr in die Pflicht nehmen können, und es war schon oft so, daß die ÖVP die Interessen der Kirche wahrnehmen mußte ... Es mußte eine Partei, die sich als Schutzmacht der Kirche versteht, nicht unbedingt von dem begeistert sein, was da passierte. Man sieht zu oft nur die Wechselbeziehung von Kardinal König zum ÖGB. Aber in dieser Betrachtung fehlt ein Element, und das sind die christlichen ÖVP-Politiker, die das ermöglicht haben."
Bischof Krenn wertet aber auch das Mariazeller Manifest differenziert: „Die Formel von einer freien Kirche in einem freien Staat, die ist heute, glaube ich, nicht mehr praktikabel. Die Kirche hat zum Staat, zu den Behörden, zum Parlament ein ausgezeichnetes Verhältnis, nur: Heute ist der Staat ja nicht mehr der einstige Staat, es gibt so eine Art Ersatzform für ihn, eine Ersatzform, die sehr real ist. Und das ist die Öffentlichkeit oder das, was man nobel Gesellschaft nennt ... Dabei hatten wir, die Kirche, noch selten so gute Beziehungen zur Regierung, zu den Institutionen, wie heute – aber der Staat ist nicht mehr das, was er früher war. Gesellschaft und Öffentlichkeit überdecken ihn. Die Mariazeller Formel funktioniert nicht mehr, weil es keine freie Gesellschaft gibt, sondern nur mehr eine freizügige Gesellschaft. Wäre es noch so wie früher, dann würde ein freier Staat eine freie Kirche politisch ganz anders fordern. Das heißt nicht, daß wir zu einer Gesellschaft zurückkehren müßten, die nur

Staat ist. Trotzdem müssen wir heute mehr denn je Position beziehen. Aber nochmals: Mit dem Staat an sich haben wir, die Kirche, kaum Probleme, von ein paar Fragen abgesehen, wie etwa der Fristenlösung. Das ist eine wirklich ungelöste und vor allem keine kompromißfähige Frage!"

Was Österreichs Politik im allgemeinen angeht, meint der St. Pöltner Bischof, werde die politische Landschaft „in fünf Jahren nicht mehr wiederzuerkennen sein". Er präzisiert: „Meine Vision ist: Wir werden etwas ganz anderes haben als die Parteien und ihre aktuellen Stärkeverhältnisse. Wenn man heute sagt, daß die Demokratie alles regelt, so bin ich überzeugt, das wird nicht immer so gehen. Ich sage: Die Demokratie muß bleiben, muß aber eine Art Selbstbeschränkung auf sich nehmen. Etwa in der Umweltfrage. Wenn ich immer von der Meinung ausginge, letztlich ließe sich alles in einer Art Interessensausgleich lösen, wäre ich ein großer Illusionist. Die große Frage ist und wird sein: Durch Demokratie ist nicht alles machbar. Man sieht es in der Tagespolitik heute schon: Man verschiebt so oft notwendige Entscheidungen bis zum letzten Tag, auf einen Zeitpunkt nach den nächsten Wahlen . . . nein, es muß irgendwann die Delegation der demokratischen Autorität hin zu einer sachlichen Autorität geben."

Krenn weist darauf hin, daß die Gesellschaft schleunigst eine Reihe von Grundverträgen zu erneuern habe. In der Altenfrage ebenso wie in der Umweltfrage oder in Fragen des Wirtschaftswachstums: „Es läßt sich einfach nicht alles nur demokratisch regeln. Sicher, es muß sich alles demokratisch legitimieren lassen. Wenn man meint, alles bis ins letzte abstimmen lassen zu müssen, kommt dadurch nichts zustande. Wobei ich damit gar nicht der Abschaffung der Demokratie das Wort rede, sondern: Die Demokratie muß gewisse Dinge legitimieren, die dann zwar nicht antidemokratisch, aber zunächst existenzsichernd durchgezogen werden müssen."

Ganz offensichtlich gelten für Krenn im staatspolitisch-gesellschaftlichen Bereich die gleichen Prinzipien wie in der Kirche, von der er offen sagt, daß diese Hierarchie und nicht Demokratie sei.

Ein Bereich der Gesellschaft, in dem sich Krenn im Sinne des eben Gesagten Entscheidungen wünscht, ist das Altenproblem. Was pas-

siert mit Österreichs älterer Generation, die mit sechzig aus dem Berufsleben auszusteigen hat, deren Lebenserwartung – Gott sei Dank – durch die moderne Medizin enorm steigt und die schon bald nach der Jahrtausendwende im letzten Lebensabschnitt zwanzig oder mehr Jahre beschäftigungslos sein wird?
Krenn: „Es gibt heute 80jährige, die nicht alt sind, die absolut arbeitsfähig sind, geistig und körperlich. Wiederum andere müssen in Frühpension gehen und langweilen sich. Das wird ein psychologisches Problem. Es kann passieren, daß dann eine Generation, die der Alten überdrüssig wird, sich dieser entledigen will. Darum muß es irgendwann sogenannte Tabubereiche geben, die zwar demokratisch eingerichtet werden, aber nicht-demokratisch geführt und entschieden werden. Es denkt kaum jemand grundsätzlich über das Altenproblem nach, man versucht nur dieses und jenes, zum Beispiel das Sozialnetz irgendwie finanziell abzusichern. Aber keiner denkt wirklich über die Frage nach: ‚Wer ist der alte Mensch? Was hat er für eine Aufgabe?‘ Im Altertum hat man die alten Leute wenigstens noch Recht sprechen lassen, sie waren Berater und Autorität. Aber heute läßt man diese armen Menschen allein in ihren Wohnungen, schließlich werden sie nach Jahren tot aufgefunden. Das ist erschütternd. Das zeigt vieles auf. Nicht nur, daß Menschen unbeweint sterben, sondern auch, welches Potential an Gleichgültigkeit in der Gesellschaft herrscht, wieviel Anonymität."
Er sei dafür, daß künftig in Österreich die Arbeitsmöglichkeiten wahlweise auch über die Pensionsgrenze hinaus gegeben wären, und man Formen findet, alte Menschen nicht nur als Pensionskonsumenten in die Wirtschaft einzubinden, sondern auch als kreative Kräfte. Dies sei auch eine humanitäre Aufgabe. Krenn: „Wir sollten die Erfahrungen der Alten nützen, etwa die der alten Politiker – was sind das oft für wunderbare Menschen, die noch viel bewegen!"
Außerdem gehöre die Arbeit zum Wesen des Menschen. Krenn: „Ein Lebensalter von 75 heißt ja nicht, daß der Betreffende nichts mehr kann. Ich bin beispielsweise entschieden gegen die kirchliche Altersgrenze von 75 Jahren, ich finde sie falsch. In der Gesellschaft haben wir die Mentalität, die Leute ab 60 oder 65 spazierengehen zu lassen. Eigentlich ist das nicht im Sinne Gottes, denn Gott hat den Menschen

zur Arbeit, nicht zum Spazierengehen geschaffen." Zu all diesen Problemen käme noch das der Altenpflege hinzu.
Altersheime, sagt Krenn, brauche man schon, aber eigentlich „sind sie widernatürlich. Der Mensch gehört in die Familie, in seine Familie. Das heißt, daß unsere Gesellschaft heute aus dieser gewissen Privatheit, in der sie jetzt lebt, wieder heraus muß. Auch eine Familie, die nur für sich und privat ist, halte ich für nicht gut. Sie muß sich anderen gegenüber öffnen. Denn, wenn uns das nicht gelingt, dann wird es über kurz oder lang keine Nachbarschaft mehr geben, keine lebendigen Dörfer mehr. Übrigens: Nicht die Städte sind wichtig, die Dörfer sind die wichtigsten Zellen im Staate."
Die Solidarität zwischen den Generationen müsse viel ausgeprägter gestaltet werden als heute, es müsse der Generationenvertrag neu geschrieben werden. Krenn spricht davon, daß dabei die Gesellschaft viel bewußter und wahrscheinlich „mit viel mehr Opfern" miteinander umzugehen habe. Tue sie das nicht, dann komme es zu seelischen Instabilitäten. Deswegen sei er auch ein absoluter Befürworter der Familie, der Mehrkindfamilie und auch der Mehrgenerationenfamilie. Krenn: „Großeltern haben heute eine überzeugende Erziehungskompetenz, die oft größer ist als jene der Eltern selbst. Warum können nicht drei Generationen unter einem Dach leben?"
Der Grund dafür liege in der Politik, zum Beispiel in der Wohnbaupolitik: Wenn man zu klein baue oder die Förderungsmaßnahmen nicht bald ändere, dann schaffe man auf Dauer seelische Konflikte und Generationenkonflikte. Krenn zu den neuen politischen Strukturen: „Es wird neue Strukturen geben müssen, die neuen politischen Herausforderungen werden die Lebensräume betreffen. Das wird uns zu beschäftigen haben in allernächster Zeit. Denn sollten wir in den Schlund des großen Europa kommen, dann müssen wir uns unsere Eigenständigkeit bewahren, unseren Lebensraum – das ist das neue, wichtige politische Prinzip! Es geht um dessen Ordnung, regional wie gesellschaftlich!"
Soweit der Exkurs des Bischofs zu einem der vielen gesellschaftspolitischen Probleme, die er sieht.

Gibt es heute ein Zusammenspiel zwischen Kirche und Politik?

Krenn ortet bei der Kirche einen Mangel, „weil wir zuwenig von Politik verstehen. Unsereins muß sich wie ein Autodidakt durchschlagen, der eine versteht mehr, der andere weniger, aber alle zusammen haben wir zuwenig Zeit und zuwenig Wissen. Bei uns, in der Kirche, betrifft das vor allem die Laien. Was wir bräuchten, ist der katholische Laie, der auch wirklich politisch sein will – also ein ganz normal kämpfender Arbeiter etwa, ein Realpolitiker und auch ein Parteipolitiker, der die Ordnung Gottes gewissenhaft in der Politik verwirklicht. Aber das fehlt uns bei den Laien heute. Es gibt zwar ein riesiges Gedränge in der Sakristei, viele wollen in die Sakristei, aber kaum einer will hinaus. Keiner will in die Parlamente, keiner in die Parteien, keiner in die politische Arbeit. Nicht einmal in die Medien wollen die Katholiken, oder in die Universitäten – es herrscht in der Kirche eine Art Stallmentalität: Nur schön warm! Nur nicht zuviel Arbeit! Nur nicht anstrengen . . . Dabei sollten die Leute besser ein Buch oder eine Zeitung lesen, eine Resolution verfassen und nicht in den Pfarrheimen herumsitzen. Es herrscht eine gewisse Gemütlichkeit, es geht uns halt gut. Ich habe nichts gegen das Kaffeetrinken im Pfarrheim, überhaupt nicht, aber wenn der Pfarrkaffee einmal der Inbegriff der Laienarbeit wäre, dann ist das wirklich zuwenig . . .“

Und wenn sich ein Katholik findet, der sich aufmacht, in die Politik zu gehen, was soll er dort tun?

Krenn: „Zunächst einmal das Böse verhindern suchen, die Korruption, die Pornographie und andere Schändlichkeiten, die es so gibt. Das Bildungsziel des wahren Menschen muß auch von der Politik wahrgenommen werden, nicht nur von der Kirche. Politik ist in hohem Maße Pädagogik, das heißt Menschenerziehung. Wenn sie das nicht mehr ist, wenn Politik nur mehr Service ist, vor allem für ein paar Leute, die nicht genug kriegen können, dann ist das Gemeinwesen in Gefahr. Ist die Menschenbildung gegeben, dann kann man sich auf diese Menschen später auch verlassen. Aber was heute gespielt wird, das ist nur mehr ein Locken und ein Verlocken, ein

Versuchen und eine Versuchung. Im Grunde kauft man sich den Wähler, statt ihn zu erziehen. Er muß doch zum Staatsbürger erzogen werden. Es geht wieder einmal auch um die Wahrheit vom Menschen."

Was Österreichs aktuelle Politik und die agierenden Politiker angeht, hat Krenn, könnte er sich den Idealpolitiker wünschen, eine ebenso überraschende wie klare Vorstellung: „Ich hätte gerne einen mit der Integrität von Altbundeskanzler Josef Klaus, der das politische Glück eines Bruno Kreisky dazu hat. Der eine war ein Meister des Realismus, der andere ein integer-gescheiter Mann, nur hat er nicht das Glück des anderen gehabt. Klaus war ein Politiker von bestechender Integrität, ein Mann mit Grundsätzen."

Österreichs aktuelle Regierungspolitik, „nein, das ist kein Pfusch, aber es ist auch nicht immer Glück dabei, dennoch, die Regierung macht es ganz gut".

Und die Kirche wird sich, wenn es nach Krenn geht, in den neunziger Jahren doch wieder mehr in die offizielle Politik einschalten müssen: „Das wird wahrscheinlich notwendig sein. Sicher sind wir in politischen Fragen zunächst einmal zurückhaltend, sicher werden wir uns auch weiterhin nicht jeden Tag in alles einmischen. Aber wenn Ratlosigkeit in der Politik herrscht – und diese gibt es ja, zum Beispiel in der Flüchtlingsfrage . . . ist oft die einzige Orientierung das, was nicht Menschenweisheit, sondern was Gottes Ordnung ist."

Die politischen Parteien – eine Wertung

An der derzeitigen politischen Landschaft in Österreich hat Bischof Kurt Krenn einiges auszusetzen. Er sagt, bei den im Parlament vertretenen Parteien „keine Langzeitperspektive" ausnehmen zu können, „weil die Parteien einander aufgrund des erkennbaren Inhalts in vielen Punkten sehr gleichen, früher war die Differenzierung stärker".

Jeder Partei rate er dringend vom Liberalismus ab: „Denn dieser nicht das Gedankengut *einer* Partei, sondern aller im österreichischen Spektrum auftretenden Gruppen. Dieser Liberalismus ist oft nur ein anderes Wort für den Agnostizismus. Sehen Sie: Man redet vom freien Spiel der Kräfte. Was dieses Spiel politisch, wirtschaftlich, geistig oder sozial ergibt, meint man, wäre dann das, was die Wirklichkeit ausmacht und vor allem, was diese Wirklichkeit rechtfertigt. Es wird immer das freie Spiel der Kräfte geben. Es ist nur die Frage, ob ein Zustand, der aus diesem freien Spiel der Kräfte entsteht, durch dieses Spiel auch schon gerechtfertigt und vor allem wirklich ist. Ich meine, dies ist genauso gefährlich wie ein totalitäres Zwangssystem, das unterdrückt. Je diktatorischer die Menschen sind, desto mehr erzählen sie den Menschen vom Glück, von Freiheit, vom Frieden und allen möglichen hohen Gütern. Was ich bei unseren Parteien vermisse, das ist eine gewisse Festigkeit in Grundsatzfragen. Ja, und die Programme – ausgenommen die Grün-Alternativen –, die unterscheiden sich inhaltlich nicht so sehr, sondern unterscheiden sich eher nur im Modus der Ausführung. Sie sind einander schon so ähnlich, daß die Parteien beginnen, einander gegenseitig auf die Füße zu steigen. Das ist dieser Drang zur Mitte – aber die Wahrheit liegt nicht immer in der Mitte! Das Wort, daß die Wahrheit in der Mitte liegt, ist ein sehr oberflächliches. Die Wahrheit kann nämlich durchaus auch einmal bei einer Gruppe liegen, die, politisch gesehen, klein, verfolgt, mißachtet ist. Die Mehrheit kann manchmal sehr irren – wir haben es ja erlebt!"

Die ÖVP, sagt Krenn, sei sicher jene Partei, die sich für die Kirche in der Zweiten Republik am meisten eingesetzt habe: „Das muß man sehr dankbar vermerken. Heute ist die ÖVP – im ganzen gesehen – zu liberal. Sie ist vermutlich heute enttäuscht, daß sie die erwartete Gegenliebe bei uns nicht immer gefunden hat, obwohl sie oft allein den Standpunkt der Kirche vertreten hat – ich habe oft gemerkt, daß sie sich da von der Kirche oft unbedankt gefühlt hat. Etwa in der Abtreibungsfrage: Da vertrat sie den katholischen Standpunkt und wurde von uns alleingelassen."

Er habe schon betont, sagt Krenn, daß er sehr froh sei, „daß wir heute zur Sozialdemokratie ein gutes, korrektes Verhältnis haben. Aber, was man nicht sieht, ist, daß in der Zeit dieser Versöhnung auch die ÖVP eine entscheidende Rolle gespielt hat – indem sie die Kirche nicht daran gehindert hat. Das war sehr ehrenhaft, daß man damals nicht zu uns sagte: Wir erinnern euch an Dinge aus der Zwischenkriegszeit und aus der Nachkriegszeit . . . die ÖVP war sehr ehrenhaft, daß sie die Kirche nicht vereinnahmt hat".

Was die SPÖ angeht, glaubt Krenn, daß sie „noch schwere Zeiten vor sich haben wird. Weil heute gewisse Faktoren der Profilierung für sie wegfallen. Früher war es ein gewisser politischer Bonus, wenn sich die Sozialdemokraten von den Kommunisten abheben konnten, also von einem System, das irgendwann einmal eine gemeinsame Wurzel darstellte. Das entfällt heute, damals brachte ihr das politisch viel Kredit."

Franz Vranitzky, sagt Krenn, „vermittelt Kompetenz. Die Schwierigkeit wird sein, ob das die persönliche Kompetenz des Kanzlers oder jene der Partei ist. Ich meine, Vranitzky ist ein Mann, der das Problem hat, keine wirkliche Hausmacht zu haben. Er ist in einer sehr späten Phase sehr hoch eingestiegen. Entscheidend wird sein, inwieweit seine persönliche Kompetenz auch effizient ist, vor allem, weil er ja beweisen muß, daß auch die Partei effizient ist. Der Unterschied zwischen Bruno Kreisky und Franz Vranitzky ist folgender: Kreisky hatte Parteiziele, während Vranitzky Staatsziele hat und auch eine größere politische Selbstlosigkeit als Kreisky".

Was die FPÖ betrifft, überrascht Bischof Kurt Krenn, dem vielfach unterstellt wird, der Verbindungsmann der Kirche hin zu Jörg Haider zu sein: „Na ja, ich meine nicht, daß die FPÖ auch nur annähernd so viel Programm hat wie die SPÖ oder die ÖVP, sondern viel weniger. Interessant ist, daß die FPÖ momentan sehr das Gefühl des Nationalen, auch des Österreichischen verkörpert, das ist allerdings stark von der Person Jörg Haiders abhängig."

Und wie wertet Krenn die Haider-FPÖ? „Nun, das (die nationale Komponente, Anm. d. Autors) mag für einen Teil ihrer Wähler schon wichtig sein, aber die FPÖ greift durchaus auch Dinge auf, die man bewahren sollte. Man sollte dieser Partei nicht alles Schlimme und Rechtsextreme anhängen. Das ist unehrenhaft. Man muß auch denen ihren Beitrag lassen. Ich meine, Österreich ist viel stärker, wenn man auch dieser Partei ihre Identität läßt und sie nicht kriminalisiert. Das ist erstens sehr unfair, und schließlich kann jeder Wähler für sich noch entscheiden, wie vorrangig für ihn das Nationale und das

Österreichische ist. Liberal im alten politischen Sinne ist die FPÖ nicht mehr – das war früher sicher so, aber seit Jörg Haider hat sich der nationale Akzent sicher sehr verstärkt. Haider selbst ist ein politisches Naturtalent. Er hat momentan die Last, aber vielleicht auch den politischen Vorteil, daß man gegen ihn Vorurteile hat, die zum Teil wirklich ungerechtfertigt sind, die ihm aber auch helfen."

Schließlich die Grün-Alternativen. Das sei jene politische Kraft, so Dr. Kurt Krenn, „die ich zur Zeit am kritischsten betrachte. Zwar sind sie bis jetzt hinter den Erwartungen zurückgeblieben, aber sie sind politisch zu beachten, weil sie momentan die einzige wirklich ideologische Bewegung sind. Dabei unterliegen sie der Versuchung, alles, was sie irgendwie als wichtig erkennen, sofort zu totalisieren. Sie sagen etwa, daß alles, was in Zukunft zu entscheiden sei, ökologisch zu entscheiden sei. Das ist ja Unsinn. Ideologen unterliegen immer der Versuchung zu totalisieren. Außerdem agieren die Grünen in einer relativ trägen politischen Landschaft. Solange sie nur Frösche oder Algen schützen wollten . . . aber gesellschaftspolitisch sind sie schon sehr zu beachten. Deshalb muß ihnen unter Umständen auch widersprochen werden, und zwar, wenn nötig, sehr hart."

Der Grund dafür, daß der St. Pöltner Bischof bei den Grünen so „anspringt", liegt ganz offensichtlich in der Geistesverwandtschaft der Grünen zu so manchen alternativen Gruppen in der Kirche. Was Krenn prompt bestätigt: „Ja, auch bei uns in der Kirche ist ein gewisser Grüngeist drinnen, nicht überall, aber doch. Das gefällt den Menschen auch; die Natur zu politisieren ist ja gut, zumindest eine gute Idee. Nur, die Ideologisierung einer Idee, dieser Idee, ist gefährlich. Am Schluß ist dies auch nur ein Mittel zur Macht – und die Grünen werden nicht anders sein als die anderen Parteien."

„Die eigentliche politische Auseinandersetzung", der die Kirche am Ende des zweiten Jahrtausends entgegengehe, werde jene mit den Grünen sein, davon ist Bischof Krenn überzeugt: „Und zwar wird diese Auseinandersetzung nicht über Umweltschutz, sondern über das Menschenbild stattfinden, da wird es ganz sicher zu Reibungen kommen!"

Drei Punkte zählt der Bischof auf, die ihn bei den Grünen stören: Er spricht von einer Art Ökokratie, die es geben könnte, unter deren

Räder die Menschen kommen könnten, weil „das politische Programm der Grünen so verengt ist, obwohl sie von der ganzen Natur reden". Was Krenn darüber hinaus stört, ist, „daß die Grünen, obwohl sie soviel Wert auf die Schöpfung legen und sie auch bewahren wollen, dabei den Schöpfer nicht kennen. Sie kennen nur den Markt der Ökologie. Sie betreiben eine stramme Disziplinierung der menschlichen Gefühle. Sicher, ich kenne auch Grüne, die sehr fromm sind; die Alternativen, sie haben auch oft ganz gute Ideen, sind aber gegen keinen Extremismus immun. Wenn sich etwa die Grünen bei uns für Bischof Kräutler einsetzen, dann glaube ich, daß sie die Probleme, die wir in der Kirche haben, etwa jene in Südamerika, daß sie diese Probleme gar nicht verstehen, sie hängen sich in der Diskussion nur an".

Dennoch unterscheidet Bischof Krenn zwischen „überzeugenden Grünen" und eben „den Alternativen". Die einen, meint er, hätten eine gewisse Ehrfurcht vor der Schöpfung, lebten in einer legitimen Romantik. „Gefährlich sind die anderen, die unter dem Vorwand der Ökologie andere Fragen verdrängen. Wenn es etwa Pastoraltagungen gibt, die sich mit Umweltschutz beschäftigen statt mit dem lieben Gott, dann ist das nicht ganz in Ordnung. Oder mit dem Dosensammeln oder mit dem Mülltrennen, das sind doch keine theologischen Themen. Nichts gegen die Ökologie, aber sie hat kein Recht, andere Fragen zu verdrängen!"

Grundsätzlich könne es sein, daß die Grünen sich hinentwickelten in die Richtung einer neuen Form von Postmarxismus, „denn bei den Alternativen gibt es Leute, die sich wirklich etwas denken und sehr konsequent sind. Und der Mensch hat ein gewisses Bedürfnis nach Ideologie, wenn die Gesellschaft keine Identität hat".

Eine solche werde von der Politik heute nicht oder kaum mehr vermittelt. Krenn: „Es ist einfach irrig zu glauben, daß man über irgendwelche Steuersätze oder prozentuelle Lohnerhöhungen oder den Inflationsausgleich einen Staat auf Dauer steuern könne. Das alles ist sicherlich notwendig, aber nicht genug, weil der Mensch von seiner Vernunft her die Sehnsucht nach einem Ganzen hat. Wird ihm diese nicht erfüllt, nimmt er oft Ideologien in Kauf."

Die Bekehrung Mitteleuropas

Der irische Schriftsteller Malachi Martin schrieb 1986 einen vielbeachteten Vatikanroman, „Die Macht und die Herrlichkeit". Der ehemalige Professor am Bibelseminar im Vatikan – Malachi Martin arbeitete dort unter Papst Johannes XXIII. – lebt heute als Journalist in den USA.
In seinem Roman beschreibt er in spannender Verbindung von Fiktion und tatsächlichen historischen Ereignissen das politische Gewicht des Vatikans in der Welt seit den dreißiger Jahren. Besonders eindrucksvoll aber ist seine romanhafte Schilderung der in den frühen achtziger Jahren begonnenen Bemühungen des Vatikans, Europa von der Sowjetunion zu befreien. In diesem vor sechs Jahren erschienenen Roman ist von einer speziellen Rolle Polens, dem polnischen Papst und vor allem dessen unerschütterlichem Kampf gegen die Säkularisierung des alten Kontinents die Rede, mit dem Ziel, Europa wieder stark und zur dritten Kraft in der Welt zu machen.
Es stimmt nachdenklich, wenn man diesen Vatikanroman mit tatsächlichen, aktuellen, nachvollziehbaren Ereignissen und Strömungen gerade unserer Zeit in Zusammenhang bringt: Der Kommunismus in der Sowjetunion ist 1989 zusammengebrochen. Das neue Europa muß sich neu positionieren, um die Herausforderung einer neuen Welt, vor allem zwischen den USA und dem neuen Machtblock China und Fernost, knapp vor Beginn des dritten Jahrtausends annehmen zu können.
Papst Johannes Paul II. hat sein Pontifikat unter ein zentrales Motto gestellt: Er spricht seit seiner Wahl 1978 zum Pontifex von einer dringend notwendigen Re-Evangelisierung Europas und der Welt. Diese Neu-Evangelisierung ist der Kampf der Kirche gegen die Säkularisierung, die besonders in Europa in den vergangenen 30 Jahren in den Augen des Heiligen Stuhls unheilvoll um sich gegriffen hat.

Für Bischof Dr. Kurt Krenn sind die Absichten des Papstes leicht und klar interpretierbar: „Zunächst geht der Papst davon aus, daß Europa in seiner Geschichte, in seiner Kultur, in seiner Gesellschaftsstruktur und auch in seinem ethischen Bewußtsein das Erbe des Christentums ist, auch dort, wo Europa oft gar nicht mehr mit christlichen Zeichen auftritt. Das heißt, Europa lebt von einem christlichen Erbe, auch dort, wo man das Christliche an sich schon vergessen hat. Woher haben wir die humanen Wurzeln, woher haben wir das spirituelle Bewußtsein, woher haben wir die bestimmte Art von Geistigkeit? Es sind dies christliche Wurzeln. Es ist sicher ein Teil der Erneuerung Europas auch dies, daß man weiß, aus welchem Erdreich diese Wurzeln kommen – eben aus dem Christentum."

Für den Papst reiche das neue Europa vom Ural bis Calais. Und richtig sei auch, daß der Heilige Stuhl seinerzeit natürlich von einem Europa der zwei Blöcke ausgegangen sei – diese Situation habe sich durch den Zerfall der UdSSR verändert, „heute ist dies ein anderes Europa, das noch etwas diffus ist, von dem wir noch nicht exakt wissen, was herauskommt", so Krenn. Ganz sicher aber spiele der Gedanke, dieser Kontinent müsse weltweit zu so etwas wie einer dritten Kraft werden, trotzdem seine Rolle, „denn die Gewichte verschieben sich derzeit weltweit. Es wird neben den USA wahrscheinlich China eine ganz neue Rolle spielen, wie auch andere südost-asiatische Staaten, die bis jetzt als potentielle künftige Weltmächte noch nicht wirklich erkannt wurden – Thailand, Kambodscha, Korea, Vietnam. Sie sind derzeit sehr still, aber in gleichem Maße sehr lernfähig. Darüber hinaus – und das ist vermutlich die überhaupt wichtigste Frage –, was wird aus Afrika, was wird aus diesem Erdteil?"

Re-Evangelisierung, das ist „Sanierungs"arbeit, „und die Sanierung der Welt fängt für die Kirche immer in den kleinen Einheiten an. So wie wir in der Kirche die Erneuerung brauchen und begonnen haben durchzuführen, zunächst vorwiegend in den Pfarren und Diözesen, so fängt für die Kirche auch die Erneuerung Europas an", betont Krenn, der unterstreicht, daß „Europa für die Kirche, für den Heiligen Stuhl und für das ganze Christentum im gegenwärtigen Zustand ungleich mehr bedeutet als mancher andere Erdteil. Denn in Europa

wurde hohe Geistigkeit entwickelt und dann weitergetragen – das ist eine Tatsache. Europa hat sicher an der geistigen Kraft des Christentums mehr Anteil als zum Beispiel Nordamerika. Das ist die Gunst der Geschichte und die Gnade Gottes – das muß erneuert werden".
Dies bedeute aber nicht, sagt Kurt Krenn, daß der Vatikan eine ehemals christliche Kultur, „die sicher heute etwas anonym geworden ist", wieder nur und ausschließlich christlich nennen wolle, sondern das heiße, „daß wir uns in dieser Re-Evangelisierung Europas vor allem geistig mit den gegenwärtigen Kräften auseinandersetzen werden und nicht auf irgendwelche günstige Machtkonstellationen setzen oder gar auf Protektoren. Ich glaube, das Christentum ist am besten, wenn es frei ist und wenn es sich aus eigener Kraft mit den Dingen auseinandersetzt und nicht dank irgendwelcher Schutzsysteme oder Protektionismen jeglicher Art agiert. Wir haben aus der Autorität der eigenen Wahrheit zu handeln".
Womit der Bischof wieder bei seinem Schlüsselwort angelangt ist. Die Wahrheit.
Re-Evangelisierung als Gegenbewegung zur Säkularisierung? Krenn: „Säkularisierung, das ist die Verneinung! Sie verneint das Göttliche, das Transzendente, das Religiöse, das Gnadenhafte. Deshalb geht es bei unserer Gegenbewegung darum, das Göttliche wieder zur Geltung zu bringen. Die Säkularisierung hebt sich in sich auf, wenn die Menschen wieder gläubig werden, wenn die Kultur wieder transzendente Maße annimmt – denn Säkularisierung ist im Grunde keine positive Lehre, sondern der Versuch, Religiöses für belanglos, unwirklich, dumm und obsolet zu erklären. Unsere Möglichkeiten und Chancen bestehen darin, daß wir dem säkularisierten Denken schlicht und einfach eine verkündete Wahrheit entgegensetzen, die wirklich ist."
Regional lasse sich die Säkularisierung Europas nicht beschreiben. Nein, bei der Säkularisierung Europas sei es um gewisse theologische und philosophische Strömungen gegangen, die gewirkt hätten: Man habe versucht, den Menschen und die Welt von Gott freizuspielen, zu sagen, der Mensch ist Gott, und Gott gibt es nicht. „. . . während wir sagen, der Mensch ist Gottes Bild und Gleichnis – das heißt, die letzte Verstehbarkeit des Menschen liegt darin, daß er Gottes Bild

ist und nicht irgendein absurdes Geschöpf oder ein verirrter kosmischer Wanderer."

Weil aber säkulares Denken meint, daß die Welt aus sich heraus erklärbar und verstehbar sei, ebenso begründbar wie legitimierbar, ließ man dies auch für den Menschen gelten. Gott hingegen habe man weggestrichen, ihn für überflüssig erklärt. Krenn: „Dann kommt noch der Wohlstand hinzu, der dem Menschen nicht mehr viele Gedanken abringt. Denn wenn es dem Menschen gutgeht, denkt er sehr wenig über seine Daseinsberechtigung nach, auch nicht über die philosophisch-theologische – das beschleunigt die Säkularisierung."

Und zu allem Überfluß habe man Ende der sechziger Jahre versucht, Gott aller Metaphysik zu entkleiden. Krenn: „Damals gab es viele einfältige Mitläufer, als man versuchte, Gott für den Menschen unmittelbarer zu machen. Es entstand dadurch Verwirrung, vor allem, es gab keine theologische Linie mehr. Dies wird sicher einmal besonders zu beurteilen sein, durchaus auch als Schuld jener, die in der Kirche eine denkerische Linie hätten vorgeben müssen. Aber unsere kirchlichen Denker waren damals nicht nur zu lax, sondern schlicht zu geistlos!"

Zu sehr seien Theologen und Philosophen damals fasziniert und angetan gewesen von einem bestimmten Lebensgefühl, das bis Anfang der siebziger Jahre die Gesellschaft durchflutet habe: Es gab die erste Herzverpflanzung, der erste Mensch flog ins Weltall und kurze Zeit später auf den Mond. Krenn: „Es gab die Machbarkeit alles Denkbaren, die die Leute schließlich als neue Wahrheit empfanden. Man hat sich gesagt: Jetzt haben wir den ersten herztransplantierten Patienten, eine Sache, die vorher unmöglich war und erschien. Denn wenn das Herz aufgehört hat zu schlagen, war es halt zu Ende – und auf einmal ging es weiter mit einem neuen, fremden Herzen. Das schuf sicherlich ein ganz neues Bewußtsein. Oder die Raumfahrt! Die hat eine sehr große Rolle gespielt, viel mehr, als sie das heute noch tut. Und schließlich diese verkehrte Denkweise in der Wirtschaft – Wachstum über alles, Produktion, das alles war ja gewünscht, man sprach sogar von den Eckpfeilern einer guten Wirtschaft und des Staates. Heute würden alle ökologisch denkenden

Leute aufheulen über das, was damals groß in Geltung war. Und oft haben auch Leute, die sich heute ökologisch vernünftig zeigen, damals all diesen Unsinn selber verkündet. Na ja, es gibt immer wieder Irrtümer in einer Generation . . . und so kam es, daß es auch in der christlichen Welt plötzlich Überzeugungen gab, die etwa so lauteten: Was wir uns denken können, das können wir auch machen! Das Denkbare bekam eine ganz große Nähe zum Machbaren, zur vermeintlichen Wirklichkeit."

Für Krenn haben jene Verantwortungsträger in der Kirche, die Vordenker und Lenker sein sollten, damals versagt. Mehr noch, diese Leute seien zu falschen Grundsätzen verführt worden, weil sie blind dem Slogan der damaligen Zeit gefolgt wären: Was denkbar ist, ist machbar.

Krenn: „Wenn man bei der Machbarkeit angelangt ist, kommt es doch zur nächsten Frage, die da lautet: Darf man, was man kann?"

Genau das sei aber der Punkt gewesen, an dem die Gesellschaft begonnen habe, auch gegen die Moralität zu revoltieren. Krenn: „Wenn man keinen Gott hat, der die Gebote gibt, wenn man nur mehr ein verschwommenes Gewissensurteil in sich spürt, dann weiß man, wie alles endet."

Diese Verschwommenheit sei immer stärker geworden, niemand habe ihr Einhalt geboten – und dies führte dann zur vielzitierten Säkularisierung, die zu bekämpfen sich der Papst aufgemacht habe. „Es gab damals die absolute Einebnung, indem man formulierte: Was denkbar ist, ist machbar. Was machbar ist, ist denkbar. Man hat Gleichungen geschaffen, eine von ihnen war: Gott ist Welt, Welt ist Gott. Ich meine, das sieht am Anfang ganz fromm aus, nicht? Klingt ganz gut – und am Schluß kommt es dazu, daß man sagt, Gott können wir entfallen lassen, er ist eine zu vernachlässigende Größe", so Krenns bitterer Kommentar.

Die von Krenn angesprochene seinerzeitige „Revolte der Menschen gegen die Moralität" ist bis heute das Spitzenthema in der Auseinandersetzung um den neuen konservativen Kirchenkurs geblieben. Mehr noch: In Sexualfragen zeigt sich der Papst zunehmend stur, trotz Tausender Aids-Toter verbietet er namens der Kirche den Gebrauch von Kondomen. Er wettert gegen künstliche Empfängnisverhütung und vorehelichen Geschlechtsverkehr. Er verbietet die Pille, erlaubt einzig die natürliche Empfängnisverhütung. Er stellt sich kompromißlos gegen die Abtreibung, auch bei besonders tragischen Umständen. Er läßt nicht am Zölibat rütteln, obwohl die Kirche größten Priestermangel hat. Warum ist Johannes Paul II. so unnachgiebig, warum stellt er sich gegen Millionen Menschen in aller Welt, die ihn deswegen härtester Kritik und offenem Hohn aussetzen?

Krenn: „Weil er darin die Ordnung des Schöpfers erkennt und aus eben dieser Ordnung seine Pflicht entnimmt, dies so zu lehren. Für ihn gibt es nicht die Frage, wie kommt das, was ich sage, an, wie wird dies oder jenes aufgenommen. Im übrigen hat das Christliche immer in sich den Stachel der Provokation gegen die Sündigkeit der Menschen. Von Christus sagt man auch, er sei der Stein des Anstoßes. Der Papst sieht in den Gesetzen der Moral und Sexualethik die Ordnung Gottes, des Schöpfers. Diese Ordnung ist von uns, dem Papst, den Bischöfen, nicht veränderbar oder machbar. Wir haben sie als gültig darzustellen und zu gewährleisten. Und das tut der Papst. Deswegen ist es auch ein Zeichen größten Gottvertrauens, wenn einer wie er dies alles gegen eine protestierende Welt aufrechterhält. Ich weiß schon, jeder sogenannte vernünftige Mensch würde sagen: Schweige dazu! Oder mach Kompromisse! Nein, er verläßt sich ganz auf Gott, dessen Ordnung er verkündet. Das ist sein ganz einfaches Konzept."

Natürlich läßt Bischof Krenn den Einwand, daß es doch wider jede Vernunft sei, angesichts von Aids Kondome zu verbieten, nicht gelten: Nicht das Kondomverbot der Kirche sei widersinnig. Sondern: „Ein künstliches Verhütungsmittel, wie auch das Kondom, bedeutet in jedem Fall ein sexuelles Verhalten, das gegen den Schöpfungssinn der Sexualität gerichtet ist, weil Nachkommenschaft eigenmächtig ausgeschlossen wird. Ein solches Verhütungsmittel kann nicht innerhalb der Ehe und auch nicht außerhalb der Ehe moralische Legitimität beanspruchen, wobei zu beachten ist, daß nur die Ehe der legitime Bereich menschenwürdiger Sexualität ist."

Bischof Krenn läßt keinen Millimeter Spielraum. Im Gegenteil, er legt noch zu: „Mir kommt diese ganze Diskussion so vor, als wolle

man den Menschen nicht die Wahrheit sagen. Ich sehe die Maßnahmen unserer Behörden und Ministerien so: Da rast ein Zug ungebremst ins Tal hinab, und einer drinnen meint, wenn er jetzt im Zug bergauf rennt, wird er nicht abstürzen und nicht tot sein. Oder wenn ein Aufzug abstürzt, und einer im Aufzug springt vor dem Aufprall in die Höhe, weil er meint, so den Tod zu vermeiden."
Kein Wunder, daß den St. Pöltner Ordinarius die Aktion von Gesundheitsminister Michael Ausserwinkler, Gratiskondome an Schulen zu verteilen, empört: „Das ist eine auf die Jugend hin gesehen sehr traurige Angelegenheit, die durch den Minister noch trauriger wird. Mir kommt das so unpassend und töricht vor, als wollte jemand behaupten, mit Benzin Feuer löschen zu können. Ich meine, daß die Verwaltung der Unmoral auf diese Weise doch keine Hilfe darstellt, nicht für die Gesundheit, geschweige denn für die Moral. Das ist nur mehr ein Ausdruck der Hilflosigkeit. Mir tut der Gesundheitsminister leid, daß er Probleme hat, die er so lösen will."
In der Sexualethik läßt Bischof Krenn nur eine einzige Frage als wichtig gelten: „Ist das, was man tut vor Gott, gut oder böse? Darf ich das, was ich tue, oder darf ich es nicht?"
Was bedeutet, daß von der Kirche künftig jedes Handeln, „das nicht der Ordnung Gottes, des Schöpfers oder dem Urteil des gebildeten Gewissens entspricht", klar als Sünde angesehen wird.
Bischof Krenn am Beispiel Homosexualität: Diese sei gegen die Ordnung des Schöpfers gerichtet und gegen die Würde des Menschen, ein sexueller Akt, der aus vielen Gründen nicht natürlich sei und die Würde des Menschen zutiefst berühre. Krenn: „Aber ich sage, daß der, der von solchen Neigungen betroffen ist, deswegen noch kein Sünder ist. Sünder ist der, der dieser Neigung nachgibt, der dies ausübt – genauso, wie einer Pyromane ist, aber seiner Neigung nicht nachgibt . . . also: die Neigung ist es nicht, was die Sünde ausmacht, sondern die Tat ist es. Denn der Mensch hat soviel Freiheit, daß er einer Neigung widerstehen kann."
Soweit zur Moralrevolte Europas im Zuge der Säkularisierung, deren Bekämpfung sich der 1978 gewählte Papst zur Hauptaufgabe gemacht hat. Heute, 15 Jahre später, stehe man bei dieser Re-Evangelisierung „eigentlich nach wie vor ziemlich am Anfang", bilanziert

Krenn, „denn wir haben jetzt eine äußerst große Last dazubekommen: den Osten. Wir haben dort mit Menschen zu tun, die sich als Christen wunderbar gehalten haben, besser, als wir je zu hoffen wagten, aber auch mit Millionen von Menschen, die überhaupt nicht mehr mit Gott in Verbindung gekommen sind", spricht der Bischof jene an, die während des kommunistischen Regimes geboren wurden. „Da geht es nicht um Leute, die den Glauben verloren haben wie viele in Westeuropa, sondern um Millionen, die noch nie geglaubt haben."

Daß man im Kampf gegen die Säkularisierung noch nicht sehr weit gekommen sei, liege auch darin, daß es „nie eine total christliche Welt" geben würde, betont Krenn, „es gibt immer wieder Rückschläge, und man fängt von vorne an".

Überhaupt nicht gelten läßt Dr. Kurt Krenn die These, daß es vielleicht schon der erste Re-Evangelisierungserfolg der Kirche gewesen sein könnte, daß der Kommunismus in der UdSSR und im Ostblock zusammengebrochen ist. Immerhin war der Vatikan bis 1989 in diversen geheimen Missionen im ehemaligen Ostblock „unterwegs". Krenn lehnt einen derartigen Zusammenhang kategorisch ab, würde man dies annehmen, überschätze man das Re-Evangelisierungsprogramm doch erheblich. Krenn: „Nein, der Kommunismus ist über seine eigenen Füße gestolpert. Eigentlich beginnt die Aufgabe der Kirche jetzt erst, indem wir den Menschen, die aus dem Kommunismus ausgewandert und heimatlos sind, eine Heimat geben. Daß die Kirche etwas mit dem Zusammenbruch des Kommunismus zu tun hätte, nein, dazu waren wir sicher nicht gut genug. Ich halte uns schlicht und einfach nicht für so gut, daß wir derartiges hätten bewegen können. Viel mehr glaube ich, daß der Niedergang des Kommunismus eine Demonstration der Nichtigkeit falscher Ideologien und Systeme war."

Selbst als in der DDR die „Freitagsgebete" in aller Welt größte Aufmerksamkeit fanden, sei „schon alles gelaufen und reif gewesen". Bei aller Wertschätzung der Kirchen der ehemaligen DDR seien diese Manifestationen, die man sehr zu ehren habe, eher späte Zeichen gewesen, nicht mehr.

„Wenn es einen wesentlichen Faktor gab, warum der Osten wackelig geworden ist, dann war das vor 15 Jahren die Wahl des Polen Karol Woityla zum Papst. Sicherlich hat diese Papstwahl die moralische Aushöhlung des Ostblocks vorangetrieben. Seine Persönlichkeit, seine Ideen, seine Gedanken, seine Botschaften als jener, der das höchste Amt in der Kirche bekleidet, haben sicher manches bewirkt. Aber ob wir, die ganze Kirche, ebenso mitgewirkt haben, nein, das bezweifle ich, weil wir einfach zu schlecht waren. Dieser Papst, er war ein Gottesgeschenk. Daß die Kardinäle am 16. Oktober 1978 den Kardinal von Krakau zum Papst machten, war sicher eine Inspiration des Heiligen Geistes, das wird auch von manchen, die damals beim Konklave dabei waren, durchaus so gesehen."

Österreichs Rolle bei der Re-Evangelisierung Europas durch den Heiligen Stuhl sieht Bischof Kurt Krenn als eine „zentrale, was sowohl geistesgeschichtlich wie kulturell und geografisch" zu verstehen sei. Der Vatikan setze auf Österreich als katholisches und katholisch geprägtes Land, setze auf „unsere Treue, auf ein gewisses menschliches Wohlwollen, auf das Prestige einer gewissen Liebenswürdigkeit, die uns in aller Welt auszeichnet, auf die geistigen Fähigkeiten der Österreicher, was alles enorm wichtig für das Christentum ist. Darüber hinaus haben wir als Österreicher eine enorme Einigungs-Kompetenz, wie in der Geschichte oft bewiesen. Unsere jahrhundertealte Politik und Kultur, das alles ist wertvoll für die Kirche. Deswegen ist das Volk der Österreicher in den Evangelisierungsvorgang einzubinden".

Hinzu komme, daß Österreich vom Papst als ziemlich wesensverwandt angesehen wird. „Es gehört zum Selbstverständnis von Johannes Paul II., ein Altösterreicher aus Krakau zu sein. Wie überhaupt in den vergangenen Jahrzehnten Altösterreicher auf dem Papstthron saßen."

Johannes Paul II. sei als Kardinal von Krakau sehr oft in Österreich gewesen (Wien, Mariazell), kenne das Land sehr gut. Er, Krenn, sei sich auch sicher, daß der zweimalige Pastoralbesuch des Papstes in den achtziger Jahren in Österreich nicht so sehr Ausdruck eines übergroßen Reformbedarfs in Österreichs Kirche gewesen sei, sondern zunächst einmal ein Zeichen des Respekts und der Dankbarkeit gegenüber Österreich: „Was den Reformbedarf angeht – die Kirche hat fast überall die gleichen Probleme in Europa, ich glaube nicht, daß Österreich eine Ausnahme ist. Wir müssen vieles reformieren, heute mehr denn je, eben wegen der Auswirkungen der Säkularisierung", und jeder, der „damals mit normalen Augen einigermaßen sehen konnte, merkte ja, welche Nöte herrschten. Die Schlußfolgerungen für Österreichs Kirche wären sicherlich mit und ohne Papstbesuche die gleichen gewesen".

Trotz dieser eher zurückhaltenden Krenn-Worte wird klar, daß Österreichs Kirche im Papstprogramm der Re-Evangelisierung des Kontinents eine tragende Rolle zukommt. Manche Beobachter gehen davon aus, daß St. Pöltens neuer Bischof dabei einer der wichtigsten „Verbindungsmänner" des Polen auf dem Papstthron ist. Als Begründung werden Krenns vielfältige Möglichkeiten in St. Pölten angeführt: Er verfüge hier über eine Hochschule mit allen Möglichkeiten, die entsprechenden Lehrinhalte, Professoren und Richtungen vorzugeben. Selber sei er Wissenschaftler, sozusagen geistiger Vorarbeiter im Dienste dieses konservativen Papstes.

Spielt St. Pölten eine gewichtige Rolle? Krenn antwortet ebenso ausweichend wie blumig aufschlußreich: „Wenn es zu guten Früchten führt, was ich tue, habe ich gar nichts dagegen. Wenn unsere Diözese eine gute ist, dann danke ich Gott und erstrebe dies auch. Es geht mir nicht um eine Musterschülermentalität, aber wenn wir so bleiben – ich anerkenne das, was ich vorgefunden habe – und vielleicht noch ein bißchen zulegen, hätte ich gar nichts dagegen. Und sollte dann noch einer sagen: ‚Ihr seid Musterschüler', dann sage ich: ‚Gott sei dank!'"

Epilog

Kurt Krenn – ein Selbstporträt

Bislang ist dem St. Pöltner Bischof der „Fall Pater Udo" am meisten unter die Haut gegangen. Seine Replik auf die Ereignisse rund um die von ihm selbst angedrohte Amtsenthebung des Paudorfer Pfarrers macht dies mehr als deutlich: „Die Verantwortung in dieser Sache liegt beim Abt von Göttweig, aber nach wie vor auch bei mir!"
Die Frage, ob seine Drohung, den Pfarrer abzusetzen, nicht äußerst unglücklich, ungeschickt und unbedacht gewesen sei, läßt der Bischof nicht gelten: „Ich würde dies heute viel schneller machen! Aber ich habe auf Interventionen gehört, zeigte Bereitschaft zur Versöhnung. Nie hat jemand gefragt, ob die Vorwürfe, etwa jener der Geldverschwendung bei der Ausgestaltung des Bischofsbüros, gestimmt haben. Ich meine, das ist alles lächerlich. Und ich sage heute auch: Wien wird durchgezogen, die Anmietung des Objekts im Seitenstettnerhof hat ja ihren Sinn. Das wird nie eine Zweitwohnung sein, sondern wird bestimmte Aufgaben zu erfüllen haben. Ich lasse mich da nicht stören, das sind alles Behauptungen – die zudem noch völlig ungeprüft immer sofort der Presse übergeben werden. Ich weiß schon: Das Geld der Gläubigen angeblich zu verjuxen und die Unwahrheit zu sagen – das geht bei den kleinen Leuten rein. Deshalb mußte ich auch so scharf auf die Vorhalte reagieren. Ich mußte öffentlich zeigen, daß ich mit dem Geld der Gläubigen ordentlich umgehe!"
Daher, so Krenn, bleibe es natürlich bei der Forderung, daß sich Pater Udo zu entschuldigen habe, „sonst gibt es die von mir angedrohte Sanktion! Außerdem: Er weiß ganz genau, was er zu widerrufen hat. Ich war draußen bei ihm, in Paudorf, im Juni. Wir haben eine halbe Stunde geredet, dieses Gespräch war recht gut. Aber das verschweigt er alles. Das war am 9. Juni. Wir sind miteinander ganz gut ausgekommen, dann sagte er, der Bischof läßt ihn hängen, und ich sage: ‚Nein, das ist nicht wahr!'. Wir haben sogar zusammen einen Holun-

derschnaps getrunken. Das Tragische ist, es geht um eine Fehlleistung von ihm, die er widerrufen muß. Ist das so schwierig? Aber er ist in diesen Dingen sehr emotional und irrational. . . . Man kann mit ihm nur bis zu einem bestimmten Punkt reden. Eigentlich hoffe ich ja noch immer auf eine gute Lösung. Aber es ist auch ganz klar, daß ich konsequent bleiben muß, daß es zur Amtsenthebung kommt, wenn er nicht reagiert. Pater Udo schuldet dem Bischof Gehorsam und Ehrerbietung – und da fehlt es bei ihm ganz gewaltig! Ich betone: Disziplin und Gehorsam müssen einfach gewahrt bleiben".

Soviel von Bischof Dr. Kurt Krenn zum Fall Paudorf, wie er ihn im Spätherbst 1992 gesehen hat. Aus der Reaktion des Ordinarius erkärt sich recht schlüssig, warum es dann Ende Dezember zur Weigerung kam, die neue Paudorfer Pfarrkirche zu weihen, solange Pater Udo dem Bischof nicht Abbitte geleistet hat.

Kurt Krenn hat in St. Pölten einen unglücklichen Start gehabt. Das sieht er auch selbst so: „Ich hatte bisher in dieser Stadt und Diözese eine sehr interessante Zeit, die aber nicht ganz leicht war. Es gab viele Mißverständnisse – ohne meine Verantwortung – und viele Betriebsunfälle. Ich bin sofort andemonstriert worden, aber damit muß man leben und lernen zu überleben. Vor allem muß man als Bischof eines lernen: Auch wenn andere schlimm und böse sind, darf man selber nicht schlimm werden und vor allem nichts Böses tun. Man muß manches ertragen, ohne zu verbittern."

Im übrigen könne man sich gegen viele Dinge nicht wehren, „vieles ist nicht mehr gutzumachen, daher wehre ich mich auch nicht, wenn es nur um meine Person geht. Allerdings, geht es um Glaubens-, Kirchen- oder Amtsfragen, gibt es keinen Pardon!"

Angst oder Scheu, die kennt der Bischof nicht. Als sich in St. Pölten auf dem Domplatz im März 1992 rund 3.000 Gläubige gegen ihn versammelten, mischte er sich demonstrativ unter die Leute: „Ich agiere aus Liebe und Treue zur Kirche! Und ich pflege die Dinge durchzuziehen! Außerdem – ich habe dafür viel, viel Zeit, da soll sich ja niemand täuschen!"

So kampfeslustig der Bischof wirkt – was durch seine gedrungene, kleine, massige Gestalt noch unterstrichen wird –, so klar ist seine Position, was den Konflikt grundsätzlich betrifft: „Disputation und

Konflikt bringen Mobilität, und beides ist etwas Gesundes – auch für den Geist der Kirche. Etwas tun, diskutieren, die Dinge unter die Glaubenswahrheit stellen, auch wenn es zunächst unangenehm ist, ist doch etwas Segensreiches. Nichts aber darf dabei aus Leichtsinn oder Tollerei passieren. Ich sage: Auseinandersetzungen, auch wenn sie hart sind, machen uns alle miteinander flotter und lebendiger!"
Der 56jährige St. Pöltner Oberhirte, der von sich sagt, keine Freizeit „im üblichen Sinne" zu kennen, sondern nach wie vor zu studieren, viel nachzudenken, philosophische Gedanken zu wälzen, verzichtet auf das, was andere Leute gerne und oft tun: Erholung zu suchen oder Reisen anzutreten: „Das möchte ich nicht, darauf verzichte ich. Ich war zum Beispiel noch nie außerhalb Europas."
Als Priesterseminarist sei er Boxer gewesen („in der Linzer Seminarzeit"), heute sei es mit sportlicher Betätigung vorbei – bis auf gelegentliche Besuche des Fußballfans bei Spielen der ersten Division. In St. Pölten wurde Bischof Kurt Krenn beim Schlagerspiel VSE gegen Austria Wien auch ausgepfiffen, was er wohlwollend dennoch so kommentiert: „Na ja, es gab schon sehr viel Aufmerksamkeit rund um meine Person, das war alles sehr fesch."
Zur „Heimat" im engeren Sinn sei ihm St. Pölten nach etwas mehr als 15 Monaten Amtszeit nicht geworden, obwohl „die Leute hier eigentlich sehr wohlwollend sind und unauffällig agieren", Heimat habe er nur eine – und das sei Oberkappel in Oberösterreich. Die Menschen in St. Pölten, diagnostiziert der Bischof, seien „anders" als die Wiener: ruhiger, zuverlässiger, demütiger, einfacher, bescheidener in ihrer unbeachteten Pflichterfüllung. „Dennoch bin ich aus Wien ungern weggegangen."
Die innerkirchlichen Probleme in seiner Diözese prallen an Bischof Krenn im wesentlichen ab: Mehr noch, er sieht sie faktisch auch als Kampfauftrag im Sinne Gottes, was er so umschreibt: „Die Menschen zimmern sich heute oft ihren eigenen Gott zurecht – da muß man ihnen helfen."
Dabei, sagt Krenn, „riskiere ich durchaus auch manche Flops, nur um in der Öffentlichkeit über den lieben Gott reden zu können". So umschreibt er – eher kokett – seine immer zahlreicher werdenden TV-Auftritte, wie z. B. bei einer Viermillionenzuseherquote in RTL-

Plus auf dem „Heißen Stuhl“ über Homosexualität in der Kirche.
Krenn: „Ich werde nur zu den wirklich heiklen Dingen eingeladen, da komme ich dran. Ich habe erst kürzlich dem Gustl Paterno gesagt: Du hast es ja leicht, du gehst ins TV, setzt dich vor die Kamera, zündest ein paar Kerzen an, redest fromme Sprüche und so, das ist ja leicht. Von mir wollen sie etwas anderes.“
Dieses „andere“ lebt Bischof Krenn seit seinem Amtsantritt in St. Pölten durchaus voll aus. Dabei ist objektiv festzuhalten, daß es dem Bischof vom ersten Tag an nicht leichtgemacht worden ist. Als er zur Stuhlergreifung schritt, prangte gegenüber dem St. Pöltner Dom ein Transparent, worauf in gotischer Schrift der schlichte Satz geschrieben stand: „Gott schütze unsere Diözese!“
Neben allen innerkirchlichen Affären versetzte es Krenn in persönliche Aufregung, als ein Wirtschaftsmagazin vom exorbitant hohen Schuldenstand der Diözese berichtete. Bei einem Jahreshaushalt von etwas mehr als 400 Millionen Schilling sei ein Schuldenberg von 90 Millionen Schilling in St. Pölten angehäuft worden.
Krenn: „Das war wirklich sehr unsauber. Die Schuldensumme an sich könnte in dieser Größenordnung durchaus richtig sein. Aber man muß auch sehen, woher diese Millionen kommen. Nämlich aus der Zeit vor meiner Ära. Mich aber jetzt als den Verschwender hinzustellen, das ist unehrenhaft. Wie könnte ich in den wenigen Monaten, die ich im Amt bin, so viele Millionen verprassen? Man bürdet dem neuen Bischof einfach alles auf.“
Der Neubau eines diözesanen Ausbildungszentrums hatte die finanziellen Kalamitäten ausgelöst. Krenn: „Ich will mich nicht auf frühere Zeiten ausreden, aber ich lehne die Verantwortung für diese Schulden ab, wenngleich ich dafür sorgen werde, daß sie bedient werden. Nein, ein Kreditproblem hat diese Diözese nicht . . .“
Grundsätzlich, zu allen Vorwürfen, die ihn bislang getroffen haben, sagt Krenn: „Mich kann die Unwahrheit nicht so sehr ärgern, nur die Absichten, die dahinterstehen, sind ärgerlich: Nämlich, daß man einen Bischof schlicht und einfach nicht erfolgreich sein lassen möchte. Ich nehme das zwar persönlich mit großer Gelassenheit, aber ärgerlich ist dies schon.“
Nein, er sei kein „Prasser“. Und auch nicht einer, der das Geld der

Diözese in Feinschmeckerlokalen wahllos ausgebe. „Ich war noch jedes Mal in solche Lokale eingeladen, hier hat die Diözese kein Geld, keinen Schilling verloren. Ich suche alle diese Dinge nicht, aber ich bin dort, wo man mich haben will!" entgegnet er dem Vorwurf, ein durchaus lebensfroher Kirchenfürst mit barocken Lebensformen zu sein.
Für ihn seien diese Vorwürfe auch der Beweis einer gewissen „Gartenzwergmentalität", die es gebe. Krenn: „Ein Schelm, der meint, ein Bischof bekomme für seine Arbeit kein Geld. Ich brauche Geld für die Amtsgestaltung, aber nicht für Reisen beispielsweise. Ich sage es nochmals: Ich war noch nie außerhalb Europas, nicht in den USA, nicht in Afrika, ja noch nicht einmal im Heiligen Land."
Einen Kernsatz, der natürlich viele immer wieder aufregt, hat Bischof Kurt Krenn immer parat, wenn es ernst wird:
„Alles hat mit mir, nichts gegen mich zu geschehen!"
Krenn: „Damit meine ich nur, daß ich den Menschen helfen will. Und das meine ich sehr bestimmt. Dies erfordert aber von allen Gehorsam, Loyalität, gemeinsame Einsicht!"
Trotz aller Probleme, die es gebe, „stehe ich niemandem feindlich gegenüber. Nein, ich sehe in den anderen Gottes Bild und Gleichnis, auch, wenn ich mit dem einen oder anderen einmal härter rede, deutlicher rede. Dazu kommt, daß man als Bischof auch ausgebeutet wird, man wird bei allen möglichen Dingen eingespannt, aber ich frage mich immer: Was tue ich? Ich will bei allem persönlich frei bleiben – und ich bin frei! Meine Sicht der Dinge, meine Welt ist eine sehr einfache, eine sehr klare. Nichts Menschliches sei mir fremd, mich interessiert alles. Ja, es ist schon richtig, ich streite gerne. Aber ich bin tolerant in dem Sinne, daß ich nicht auf Wahrheit verzichte, sondern ihr verpflichtet bin. Denn die Toleranz ist ein Ergebnis der Wahrheit. Ich kann mich ärgern, sehr zornig sein. Inzwischen habe ich gelernt, die Pferde meines Zorns vor den Wagen der Kirche zu spannen. Als junger Mensch war ich sehr, sehr zornig. Heute versuche ich den Zorn in Energie umzuwandeln. Nein, ich kann keinem Menschen wirklich böse sein, zudem: Ich kenne keinen Menschen, der nur böse wäre – ich kenne keinen".
Dieser Selbstanalyse des St. Pöltner Bischofs steht die Einschätzung

jener gegenüber, die innerhalb der Diözese, im Klerus oder im Laienstand, mit ihm arbeiten müssen. Dort sieht das Bild Dr. Kurt Krenns einigermaßen anders aus.

Seit seinem Amtsantritt, sagt man, herrsche in der Diözese Angst, weil der neue Bischof persönlich immer im Mittelpunkt stehen wolle, dies mit autoritativen Maßnahmen, weniger mit natürlicher Autorität, zu erreichen suche und er zudem alles in eine starre Ordnung pressen wolle. Die Kirche von St. Pölten verkomme zu einem rein amtlichen Betrieb, wobei vor allem die Laien massiv den Eindruck haben, ihr Stellenwert innerhalb der Kirche sei unter dem neuen Ordinarius nicht mehr sehr hoch. Hinzu komme, daß der neue Bischof eine Aura verbreite, die signalisiere, alles sei irgendwie böse, des Teufels, und von überall her sei die Kirche bedroht.

Das sei das Szenario, das geschaffen worden sei, um Kleriker wie Laien in eine seelische Abhängigkeit von einer einzigen Autorität, nämlich jener des Bischofs, zu bringen. Abhängigkeit aber erzeuge nichts anderes als nackte Macht. Böse Stimmen bringen es auf den Punkt: Das ist die Rückführung der Kirche ins 19. Jahrhundert, als es noch den Index gab. Noch bösere meinen, es gehe noch weiter – bis ins Mittelalter, wo die Inquisition, der Scheiterhaufen regierte. St. Pöltens Kirche sei auf dem Weg „zur Unterdrückungskirche".

Es ist kein leichtes Umfeld, das dieser Bischof in Niederösterreich vorgefunden hat. Den Vorwurf, er sei ein Erzreaktionär, der mit anderen „romtreuen" Bischöfen – gemeint sind Groer, Eder und Küng – Österreichs Kirchenlinie zu verändern habe, beantwortet Dr. Krenn so: „Ich bin nicht reaktionär, sondern modern. In dem Sinne nämlich, daß ich auf die Wirklichkeit eingehe. Ich weiß: Über Gott zu reden ist schwer. Ich muß mich plagen und bemühen – aber wenn man einmal verstanden hat, daß es wirklich um etwas geht, dann ist das modern. Manche rebellieren auch gegen Gott, weil sie unausgeglichene und unerklärte Schicksale haben oder unbedingt eine Rechnung mit Gott offen zu haben glauben. Modern sein, das heißt nicht, in allem und jedem der Mode zu folgen. Nein, ich meine tolerant zu sein und sein zu können, weil ich eben die Wahrheit kenne! So übersteht man auch schlimme Zeiten relativ gut und unbeschädigt. Indem man Spaß an der Auseinandersetzung hat.

Wenn nur die anderen auch Spaß daran hätten! Was mir oft bei den Gegnern fehlt, ist der Humor. Sie haben zuwenig Humor. Ja, ich habe meinen Spaß dabei."

Erneut läßt Krenn durchschimmern, daß er für sich ganz persönlich unerschütterlich zu wissen meint, wo es langgeht. Ohne Wenn und Aber. Vermutlich deswegen ist auch der Streit um und mit ihm innerhalb eines Teils des Klerus so unerbittlich. Der Bischof drückt sich nicht um die Antwort, warum es gerade unter Priestern zu Streitformen kommt, die im normalen bürgerlichen Leben nie und nimmer denkbar wären: „Ja, da ist schon etwas dran, daß wir viel härter miteinander umgehen. Wahrscheinlich, weil man unsere Priester oft schmalspurig erzogen hat. Ich war immer eher ein Liberaler im guten Sinn, aber ein Getreuer der Kirche. Die anderen hingegen waren treu und ein bißchen ängstlich. Ich war nie ein Kolonnenmarschierer. Im Klerus gibt es sehr gewissenhafte Leute, die haben aber oft so eine ängstliche Art, eine übergewissenhafte Art, die häufig Kleinigkeiten so groß macht. Der Blick für das Wesentliche braucht auch eine gewisse Liberalität. Da haben manche unserer so gewissenhaften Priester Probleme. Wenn etwas daherkommt, dann haben sie Probleme mit dem Drüberschauen über den Suppentellerrand."

Dr. Kurt Krenn sagt immer wieder nachdrücklich, daß er persönlich eher nachsichtig sei, wenn es um allgemeine oder menschliche Fragen gehe. Wo agiert er wirklich hart, fast unerbittlich? „Wenn es um die Kirche an sich, ihr Wesen und um den Glauben geht, dann bin ich äußerst konsequent! Dennoch sage ich: Viele Dinge leben ja vom Modus, wie man es macht und von einer gewissen Weiterung der Sicht der Dinge. Beispielsweise: Bei meinen Studenten habe ich oft versucht, aus vielen verschiedenen Meinungen etwas Gutes, etwas Schönes zu machen. Auch wenn die Dinge anfangs sehr ärmlich ausgesehen haben – man kann sie ausbauen, zu Größerem führen. Nun gibt es Priester, die das lernen müßten – miteinander, mit dem Bischof. Aber sie hängen sich statt dessen in etwas rein, halten dieses und jenes für das Allerwichtigste . . . Ich meine, was man mir alles nachsagt, meine Enge und so weiter, das habe ich alles nicht, überhaupt nicht. Nur: Viele hängen sich in die kleinen Dinge rein, und das sind dann die Kleinkriege in der Kirche, die man

überwinden muß. Zusammenfassend sage ich: Es ist meine Aufgabe – wir bleiben auf dem Kurs der Kirche, aber wir wissen auch, was so oder anders geht . . ."
Wenn man dem Bischof zuhört, könnte man ins Zweifeln kommen: Ist er wirklich der Hardliner, der unerbittlich seinen ultrakonservativen Kurs fährt?
Krenn zu seinem Image des despotischen, unerbittlichen Kirchenfürsten: „Ja, ich glaube, da gibt es auch Absichten. Denn viele, die mich inzwischen kennengelernt haben, sagen: ‚Sie sind ja ganz normal!' Nur: Ich kann mich nicht jede Woche einmal ins Diözesanmuseum stellen zum Anfassen, nein, das kann ich nicht. Natürlich werden an meiner Person Vorurteile ganz lässig und fahrlässig gepflegt."
Warum aber dann die Angst in der Diözese, warum die dauernde Disharmonie, der seit Monaten andauernde Streit, immer wieder neue Schlagzeilen in den Medien? Ist es wirklich nur der böse Wille der anderen, die Pflege von Vorurteilen?
Krenn: „Es ist das Gewissen der Leute, das man anspricht und zu einer Entscheidung herausfordert. Manche meinen, daß man von ihnen völlig Unmögliches verlange. Ohne daß ich es will, ich bin vermutlich so eine Art Gewissenskatalysator. Und zwar durch das Bild, das die Leute von mir haben – gar nicht so sehr wegen meiner Aussagen und Äußerungen. Jeder, der sich bei mir meldet, persönlich oder brieflich – ich bekomme Post nicht nur aus Österreich, sondern aus ganz Europa –, jeder überträgt die Gewissens- und Gottesfrage auf meine Person. Weil ich offenbar auch deutlich genug bin in diesen Dingen. Andererseits, in den Zeitungsredaktionen knobelt man sich aus, daß ich der unbeliebteste Bischof Österreichs sei. Gut, soll mir recht sein. Gleichgültigkeit würde mich ohnehin irritieren! Ich meine, ich bin gar nicht so großartig, daß ich alle bekehren könnte. Sicher habe ich Ecken und Kanten. Nur: Ich habe keine Waffen. Was ich aber habe: Ich bin atypisch, auch von meinem Erscheinungsbild her, ganz sicher! Und was die Kirche angeht: Ich bin kein Augenzwinkerer, ich gehe von meinen Vorstellungen nicht herunter!"

Versuch einer Bewertung

Immer dann, wenn sich Bischof Dr. Kurt Krenn in einem Gespräch besonders wohl fühlt, fällt er von seiner gepflegt-getragenen Sprache ins breite Oberösterreichische. Der Kirchenfürst, durch seine kleine, gedrungene, massige Gestalt recht gutmütig wirkend, strahlt in solchen Augenblicken viel Gemütlichkeit aus, eine freundliche Einfachheit, die in ihrer souveränen Klarheit besticht.

Legte Kurt Krenn sein Priestergewand in solchen Momenten ab, man könnte meinen, einem biederen, volkstümlichen und vor allem beliebten Landwirt aus einer der rauhesten Gegenden Österreichs, dem nördlichen Mühlviertel, gegenüberzusitzen. Er spricht dann den Dialekt der einfachen Leute, kokettiert bisweilen mit dessen Schlichtheit, wenngleich auch sehr gepflegt.

In diesen Momenten glaubt man ihm, daß er seinerzeit, als Priesterstudent, und auch später in seinem Heimatdorf Oberkappel, wirklich „der Kurtl“ war, wie ihn noch heute seine vielen oberösterreichischen Freunde rufen. Man nimmt ihm auch ohne jede Einschränkung ab, daß er nach der Sonntagsmesse ins Wirtshaus gegangen ist, um mit den Bauern Spielkarten auf den Tisch zu dreschen. Und man zweifelt auch nicht daran, daß er dem einen oder anderen Maß Bier nicht abgeneigt ist. Ebenso wenig einer guten Flasche Wein.

Kurt Krenn, der gemütliche Typ. Das ist die eine Seite dieses Bischofs.

Kurt Krenn, der ultrakonservative Finsterling in Österreichs Kirche; der Bischof, dessen autoritative Haltung Priestern angst macht und ihnen Hoffnung nimmt; der streng und unerbittlich ist, kleingeistig und rückschrittlich bis hin ins finstere Mittelalter; der neue „Ayatollah Gottes“, wie er schon genannt wurde; der rechtsreaktionäre Fundamentalist, der die offene, liebende, geschwisterliche Kirche Österreichs zurückführen will in eine drohende, strafende und dadurch die Menschen klein und abhängig machende Kirche.

Das ist das andere – in der Öffentlichkeit seit Jahren vorherrschende – Bild des Kurt Krenn.

Wer aber ist Kurt Krenn wirklich?

Man muß bei Kurt Krenn zunächst davon ausgehen, daß er durch sein Elternhaus und wohl auch durch seine Erziehung vor allem in der Zeit des Zweiten Weltkrieges einen ausgeprägt strengen Begriff von Autorität vermittelt bekommen hat. Damals, als Österreich von der Landkarte verschwand, als Hitler seine Heimat heim ins Reich holte, war der Vater von Kurt Krenn, Karl Krenn, Mitglied der Partei und in Rannariedl Ortsstellenleiter der Nazis. In der Pfarrmatrikel ist nachzulesen, was der damalige Pfarrer fein säuberlich notierte: Daß die Pfarre unter den Nazis auch in diesem kleinen oberösterreichischen Dorf litt. Daß auf die Schulkinder durch den Oberlehrer Karl Krenn Druck ausgeübt worden sei, etwa an der Christi-Himmelfahrts-Prozession nicht teilzunehmen. Daß es Hausdurchsuchungen durch die Nazis im Pfarrhof gegeben habe. Und daß Pfarrer Machtlinger letztlich von der Nazi-Schulverwaltung Unterrichtsverbot bekam.

Kurt Krenn – und dies zeichnet ihn aus – steht heute offen und klar zu dieser sicher dunklen Seite des damaligen Lebens seiner Familie. Natürlich, es sei richtig, daß auf Betreiben seines Vaters die Familie 1941 aus der Kirche ausgetreten sei (nach dessen Kriegstod 1944 in Frankreich und der Übersiedlung der Familie 1945 nach Oberkappel trat Leopoldine Krenn mit ihren Kindern wieder in die Kirche ein). Krenn: „Es hat jeder so seine Wunden, sei es durch eigenes oder durch das Verschulden anderer. Man verlangt von uns Bischöfen zu Recht, sozusagen eine absolute Umgebung gehabt zu haben. Nun, ich sage dazu: Ich könnte mir trotz allem, was war, keine bessere Familie vorstellen, als ich sie gehabt habe. Sicherlich, von nicht ganz Wohlgesinnten wird man deshalb auch sippenhaftbar gemacht. Aber es würde mir dennoch nie einfallen, dies alles zu leugnen – das war eben die Zeit damals!"

In diesem Zusammenhang sagt der Bischof immer wieder, man solle mit Verurteilungen über damalige Ereignisse „sehr vorsichtig" sein, denn „von vielen grauslichen Dingen, die da passierten, hörten wir damals wirklich nie. Das war ja auch der eigentliche Grund, warum

1986 viele in der Waldheim-Affäre so heftig reagierten: Weil ihnen eine Schuld angelastet wurde, von der sie seinerzeit wirklich nichts wußten. Ich habe zwar als Fünfjähriger schon Zeitung gelesen und auch Radio gehört – auch Hitlerreden und alles, was man halt so erwischte –, ich wußte zwar auch schon, daß die Juden so einen gelben Stern zu tragen hatten, aber was man sonst mit ihnen trieb, diese unglaublichen Ereignisse, nein, das war für uns nicht zu ahnen".

Vielleicht war es gerade der Kampf der Nazis gegen die Kirche, der den jungen Kurt Krenn nach dem schnellen Ende des Dritten Reiches hin zur Kirche zog. Wenn es stimmt, was er heute sagt, daß er schon als Neunjähriger gesichert gewußt habe, einmal Priester werden zu wollen, lag das Schlüsselerlebnis dafür vermutlich in dieser Zeit.

Klar ist, daß Kurt Krenn ein Bischof mit eindeutiger, von niemandem auch nur ansatzweise in Frage gestellter Autorität sein will. Wer dies nicht zur Kenntnis nehmen kann oder will, wird es mit Bischof Krenn immer schwer haben. Denn er ist der festen Überzeugung, nur durch bedingungslose Autorität seinem Amts- und Lehrauftrag nachkommen zu können.

Ebenso klar ist aber auch, daß Kurt Krenn Konflikte nicht scheut und dabei häufig in autoritatives Verhalten abgleitet. Er selbst charakterisiert sich diesbezüglich so: „Ja, ich bin ein streitbarer Bischof. Das ist gesund, auch für den Geist der Kirche. Auseinandersetzungen machen uns alle flotter."

Zuerst die Autorität der Nazis, die Autorität des Vaters und – besonders wichtig – vor allem die strenge Autorität seiner Mutter, damit mußte der Bub Kurt Krenn aufwachsen. Heute hochbetagt und ein Pflegefall, ist seine Mutter nach wie vor eine seiner wichtigsten Bezugspersonen. Seine Dankbarkeit ihr gegenüber betont er immer wieder, sie brachte ihre fünf Kinder allein durch – vor allem alle durchs Studium, für die damalige Zeit im oberen Mühlviertel eine schier unglaubliche Leistung.

Die Autorität des Bischofs: Das ist der Schlüsselbegriff, will man Bischof Kurt Krenn zu begreifen versuchen. Davon leitet sich auch jenes Wort ab, dessentwegen der Bischof immer wieder ins Kreuzfeuer gerät: die Wahrheit.

Es ist nur logisch, daß Bischof Krenn sich dank seiner bischöflichen Autorität im Besitze eben dieser Wahrheit wähnt. Hinzu kommt, daß es sich bei diesem Kirchenfürsten ganz sicher um einen äußerst wendigen, präzisen und intelligenten Denker handelt, der im intellektuellen Diskurs einem womöglich unterlegenen Partner nicht nur keine Chance läßt, sondern diesen natürlich irgendwann auch zu belehren beginnt.

Die Wahrheit ist es auch, die Kurt Krenn – wie er es selber formuliert – frei macht. Weil es eine Wahrheit ist, die für Bischof Krenn eben jene Gottes ist. Sie ist für ihn nicht diskutierbar, nicht interpretierbar, nicht hinterfragbar. Es ist eine Wahrheit, die ihn, und das betont er immer wieder, unverwundbar macht, und zwar insofern, als sie alle Angriffe seiner zahlreichen Gegner, und seien diese noch so hart, an ihm abgleiten läßt.

Daß er es psychisch aushält, faktisch permanent im Kreuzfeuer und oft auch völlig alleine gegen alle Kritiker zu stehen, mag durch seine körperliche Konstitution und Befindlichkeit erklärbar sein; darüber hinaus in der Gewißheit, in höchsten Kirchenhierarchien doch den einen oder anderen wirklich zuverlässigen Freund zu haben, der, wenn es einmal besonders dick kommt, ihn zudem ermuntern und stützen würde. Seine persönliche Bekanntschaft mit dem Papst scheint dabei eine enorme Rolle zu spielen.

Besonders bemerkenswert ist die Funktion, die Dr. Kurt Krenn seinem Bischofsamt zuordnet. Abgesehen von der absoluten Chefposition, die er als Diözesanbischof für seine Regionalkirche beansprucht, legt er auch großen Wert auf seine bischöfliche Autonomie im kollegialen Kreis der österreichischen Bischofskonferenz. Dies kommt dadurch zum Ausdruck, daß sich Dr. Kurt Krenn nicht scheut, klar und deutlich auszusprechen, daß es zwar mit dem Wiener Erzbischof und Kardinal einen Vorsitzenden der Bischofskonferenz gibt, daß es aber keinen „offiziellen Sprecher" dieser Konferenz gibt, wenn es sich auch eingebürgert hat, den Grazer Bischof Weber als solchen zu sehen. Krenn akzeptiert das nicht: Bischof Weber sei nur von „Fall zu Fall" beauftragt, die Öffentlichkeit zu informieren. Im übrigen aber seien alle Bischöfe Österreichs gleichgestellt und könnten von sich aus das Wort ergreifen.

Dies führte im Fall des St. Pöltner Bischofs während seiner ersten Amtsmonate in Niederösterreich schon mehrmals zu heftigen Reaktionen in der Öffentlichkeit. Den größten Aufruhr gab es, als Kurt Krenn in der Auseinandersetzung um den österreichischen Bischof Erwin Kräutler – dieser amtiert in Brasilien – Politiker des Parlaments scharf kritisierte. Der austro-brasilianische Bischof war vom Salzburger Erzbischof Georg Eder als Vortragender der Salzburger Hochschulwochen ausgeladen worden, mit dem Argument, Kräutler vertrete in Südamerika Positionen einer „linken Kirche" im Rahmen der vom Vatikan verurteilten Befreiungstheologie. Worauf einige österreichische Parlamentarier erzürnt den Salzburger Erzbischof kritisierten, er habe solcherart Bischof Kräutler in Brasilien in Gefahr gebracht. Tatsächlich steht Kräutler in Südamerika auf einigen Todeslisten.

Der St. Pöltner Bischof kam seinem Amtskollegen in Salzburg zu Hilfe und kritisierte seinerseits die Parlamentsabgeordneten: Sie seien „hinterhältiger als die Todesschwadronen", artikulierte Dr. Kurt Krenn, was riesige Aufregung verursachte und sogar in die Drohung mündete, daß unter solchen Umständen die Gesprächsbasis zwischen Kirche und Politik gefährdet sei (damals FPÖ-Abgeordneter Friedhelm Frischenschlager). Von der SPÖ wurde Krenn der Unverantwortlichkeit geziehen (Abg. Dietrich), Severin Renoldner (Grün-Abgeordneter aus Tirol, ein Theologe) meinte in Richtung Krenn, die demokratische Kultur Österreichs müsse gegen solche „perfiden Angriffe" verteidigt werden.

Dr. Kurt Krenn sorgte aber auch mit anderen Themen für helle Aufregung und wohl auch dafür, daß er immer wieder als Vorkämpfer einer neuen, reaktionären, konservativen, vorkonziliaren Kirche angeprangert wird. So sagte zum Beispiel Innsbrucks Diözesanbischof Reinhold Stecher, die Kirche bestehe aus Hirten und Schafen, es bestehe Bedarf an einer verstärkten Demokratisierung, und dazu gehöre auch, daß ein Diözesanbischof das Vertrauen seiner Regionalkirche haben müsse. Diese Worte wollte Krenn aber nicht auf sich gemünzt wissen. Barsch erklärte er im Fernsehen, damit habe Stecher wohl seine eigene Diözese Tirol gemeint.

Erneut österreichweites Aufsehen erregte Dr. Kurt Krenn, als er 1992 bei der Sommerakademie der Katholischen Männerbewegung Österreichs in Bad Leonfelden Kritik an Haltungen in der Kirche übte. Wenn Katholiken klagten, sie würden am Papst, an Bischöfen leiden, dann seien dies Signale einer Entfremdung, die aus einer „verzweifelten Wehleidigkeit oder einer maßlosen Selbstüberschätzung" kämen. Die Kirche müsse als Werk Gottes verstanden werden und nicht als „Rätsel, an dem sich ein kritischer Verstand reibt". Sei dies jedoch der Fall, beginne eben das Klagen und Anklagen. Glaube, so Krenn, sei nicht ein religiöses Gefühl, nicht Meinung unter Meinungen, auch nicht Mitte zwischen gegensätzlichen Ansichten, sondern Glaube sei „Gewißheit von Wahrheit". Heute aber wolle mancher nicht seine eigene Auffassung ändern, sondern Gott und seine Gebote. Krenn: „Viele Menschen zimmern sich ihren eigenen Gott zurecht – das geht einfach nicht! Daher haben wir vom Stil dieser gewissen pastoralen Nettigkeit abzurücken. Mit der Gemütlichkeit, mit der Konfliktfreiheit in der Kirche Österreichs ist es vorbei. Die Kirche hat den Menschen zu sagen, was gut und böse ist."

Über seinen Wirkungsbereich in der Diözese St. Pölten hinaus erregte Dr. Kurt Krenn Aufsehen, als es um den inzwischen erschienenen neuen Weltkatechismus ging und die darin enthaltene Billigung der Todesstrafe. Krenn, dazu befragt, sagte, die Todesstrafe sei ein mögliches Mittel der Notwehr eines Staates. Was ihm von ÖVP-Justizsprecher Michael Graff den Vorwurf eintrug, einer „merkwürdigen" Art von Notwehr das Wort zu reden. Krenn: „Die Kirche lehnt die Todesstrafe nicht von vorneherein ab, sie muß nicht unchristlich sein", das gehe aus der Bibel hervor.

Auf dem Höhepunkt der österreichweiten Zölibatsdebatte im Herbst 1992 war es erneut der St. Pöltner Bischof, der Öl ins Feuer goß. Die Ehelosigkeit der Priester sei von der Kirche schon sehr früh „um des Himmels willen" als jene Lebensform erkannt worden, die zum heiligen Dienst des Priesters gehöre. Obwohl ihn der Priestermangel mit großer Besorgtheit erfülle, setze seine Diözese auf den Zölibat des Priesters, auf die Erneuerung im Glauben und die verbesserte Priesterausbildung.

Kritiker von Bischof Dr. Kurt Krenn in St. Pölten schossen aller-

dings weit übers Ziel und vergriffen sich auch in der Wahl der Mittel, als sie kurz vor Weihnachten 1992 ein Szeneplakat mit religionsverspottenden Texten und Zeichnungen in Umlauf brachten. Es wurde darin zu einer „Weihnachts-Hewi-Mett'n" eingeladen, einem Rock-Pop-Spektakel – auf dem Plakat war ein Schwein mit Bischofsmütze abgebildet sowie der Hinweis, daß man „dem Christkindl zuprosten und sich an der Hostienplatte stärken" könne. In diesem Fall schritt die Staatsanwaltschaft St. Pölten ein, der Tatbestand der Verspottung einer staatlich anerkannten Kirche oder Religionsgemeinschaft schien vielen Bürgern der Landeshauptstadt gegeben.
Zu einer weiteren österreichweiten Erregung über die Vorgänge in der Kirche St. Pöltens kam es, als in der Causa Udo Fischer der Gemeinderat von Paudorf eine Resolution an Bischof Krenn richtete, den Pfarrer nicht abzusetzen. Worin der Bischof einen Konkordatsbruch sehen wollte, weil sich die Politik – auch die Lokalpolitik – nicht in Angelegenheiten der Kirche einzumischen habe. Die Affäre beschäftigte schließlich hochoffiziell die Gemeindeaufsicht der niederösterreichischen Landesregierung ebenso wie die Volksanwaltschaft (Dr. Herbert Kohlmaier). Der Vorwurf des Bischofs wurde zurückgewiesen.
Daß der St. Pöltner Diözesanbischof seine Rolle nicht nur in der Amtsführung seiner Regionalkirche sieht, geht auch aus seinen medialen Bemühungen hervor. Bischof Dr. Kurt Krenn, dessen Diözese juristisch Haupteigentümer des größten Zeitungsverlages Niederösterreichs ist (des NÖ-Pressehauses in St. Pölten), ist neben dem Grazer Bischof Johann Weber jener Kirchenfürst Österreichs, der schon jetzt über eine nicht zu unterschätzende Pressemacht verfügt. Immerhin erreichen die 24 Ausgaben der „Niederösterreichischen Nachrichten" – es handelt sich um regionale Wochenzeitungen –, mehr als 600.000 ständige Leser im bevölkerungsmäßig zweitgrößten Bundesland der Republik. Hinzu kommen weitere rund 300.000 Leser der St. Pöltner Kirchenzeitung „kirche bunt", die im gesamten Diözesanbereich in allen Pfarren vertrieben wird.
Das größte Steckenpferd Dr. Krenns ist momentan die Einrichtung eines eigenen Radiosenders. In der wohl richtigen Annahme, daß das Rundfunkmonopol in Österreich politisch nur mehr kurze Zeit über-

leben dürfte, sind die Pläne über eine eigene Radiostation schon relativ weit gediehen. 60 Millionen Schilling, kolportierte der Bischof höchstpersönlich, würden als Einstiegsinvestition nötig sein. Zudem ist Krenn noch immer von einem Besuch in Spanien begeistert, wo er eine katholische Radiostation – betrieben und finanziert vom Opus Dei – besichtigte. Krenn zu seinen Radioplänen, und, im Zusammenhang damit, zum Opus Dei: „Es geht nie um Geld oder Einfluß, den das Opus Dei in einem solchen Projekt bei uns erhalten soll. Ich sage aber Ja zu einer Mitarbeit, wenn das Opus Dei gute Mitarbeiter hat. Denn es ist bekannt, daß diese Leute in manchem sehr gut sind, sie sprechen mit ihrer Art von Seelsorge Intellektuelle und Manager an. Vor allem ist das Opus Dei im Journalismus sehr erfahren und hat da Spitzenleute." Seitdem die Radiopläne des St. Pöltner Bischofs bekannt sind, wollen Gerüchte nicht verstummen, daß ein Stockwerk im jüngst eröffneten Zubau des St. Pöltner Bildungshauses St. Hippolyt bereits für die Sendestation reserviert wäre.
Wie sehr der als ultrakonservativ geltende Kirchenmann Dr. Kurt Krenn mit den Medien und deren Wirkung auf die Gesellschaft arbeitet, beweisen seine inzwischen recht zahlreichen Auftritte im TV. Keine kontroversielle Kirchendebatte, die ohne Krenn abliefe. Vor allem, weil er für sogenannte „Aufreger und Sager", über die sich viele empören können, immer wieder gut ist.
Im Grunde genommen ist es ein eklatanter Widerspruch, daß ein so konservativer Mann sich so moderner Mittel bedient.

Dr. Kurt Krenn. Ist dieser Bischof das Symbol der Rückbesinnung in der Kirche? Wird die sehr deutliche Ausrichtung von Österreichs Kirche stramm nach rechts, ins konservative Lager, zum Segen oder zum Fluch? Der St. Pöltner Bischof ist sicher einer jener „Hardliner" in Österreichs Kirche, die bereit sind, für die Rückbesinnung der Kirche einen vorerst erheblichen Preis zu bezahlen: Steigende Kirchenaustritte scheinen eine beredte Sprache zu sprechen. Untersucht man die Ziffern etwas genauer, so fällt auf – etwa am Beispiel der Diözese St. Pölten –, daß sie 1991 so hoch waren wie 1989, insgesamt allerdings steigen sie.

Eine Neuorientierung der Kirche liegt ganz offensichtlich auch im gesellschaftspolitischen Trend der Zeit, und dies kommt Bischöfen wie Dr. Krenn sicher zugute. Das gesellschaftspolitische Pendel schlägt nach vielen Jahren der Liberalität und des Freidenkertums nach rechts aus. Man spricht von einem „neuen Biedermeier“: Das traute Heim, die Sehnsucht der Jugend nach fixeren Partnerschaften, der Trend zu neuer Lebensqualität im Sinne von Freizeitgesellschaft – all das sind Indikatoren dafür, daß auch außerhalb der Kirche die Gesellschaft nach neuen Orientierungen sucht.
Im Grunde genommen ist das eine Situation, die einer Religionsgemeinschaft wie der katholischen Kirche nur recht sein müßte. Denn immer, wenn die Gesellschaft in wirtschaftlich schwierigere Zeiten ging, immer, wenn sie nach neuen Lebensufern suchte und immer deutlicher die Sinnfrage des Lebens stellte, wurde auch der Ruf nach Vorbildern – in der Politik waren es die starken Männer – laut.
Dennoch kann die katholische Kirche in ganz Europa diesen Trend für sich nicht wirklich nutzen. Im Gegenteil, sie liegt im internen Streit, der – was Härte, Gehässigkeit und Unversöhnlichkeit anlangt – in normalen bürgerlichen bzw. außerklerikalen Kreisen in dieser Form nie möglich wäre. Dieser innerkirchliche Streit – und St. Pölten ist eines seiner Zentren – hat seine Ursache vor allem darin: Viele Priester, die heute, 27 Jahre nach dem Zweiten Vatikanischen Konzil, um diese Jahre auch älter geworden und ihr Priesterleben faktisch gelebt haben, fühlen sich um dieses Priesterleben „betrogen“. Denn sie lebten die Zeit des kirchlichen Aufbruchs nach dem II. Vatikanum voll aus: Die Pfarrhöfe wurden weit aufgemacht, der Priesterberuf wurde zunehmend abwechslungsreicher, interessanter, vielfältiger – die Kirche hatte sich der Welt geöffnet.
Dieses soll alles falsch gewesen sein?
Heute weht für diese Priester der eiskalte Wind des Rückschritts, die reaktionäre Wende, durch ihre Kirche, durch ihr Leben. Sie müssen mitansehen, wie das Rad der Geschichte hinter das II. Vatikanum zurückgedreht wird. Diese Priester fürchten zu Recht den Verlust ihrer Identität. Sie folgten 27 Jahre lang dem Weg hin zur „Leutekirche“, zur Gemeindekirche, und entfernten sich zunehmend von der obrigkeitsorientierten Amtskirche.

Dorotheergasse 10
(Singerstrasse)
Ludwig Doblinger

515030

einladung zur POOLPARTY mit barbecue

bei koni prantl

wann...: 24. juni '95

wo...? josef-ferschner straße 10
(gegenüber badner bahn)
2514 traiskirchen

gemusik...: B.A.P.

beginn...: 17 uhr

BITTE MITNEHMEN..:
fleisch für barbecue,
badesachen,
viele CDs (bitte beschriften!)

nur geladene gäste

bei schlechtwetter:
freitag, 30. 6. ´95

ADOLF

Deswegen ist bei vielen auch von einem neuen, diesmal vertikalen Schisma die Rede, das bereits eingetreten sei: Die Kirchenführung nable sich heute immer mehr vom Kirchenvolk ab, der Konflikt spiele sich zwischen „denen da oben“ und „jenen da unten“ ab. So etwas gab es in Österreich schon einmal, in der Politik. In den frühen achtziger Jahren, als dic Sozialdemokraten noch immer allein und absolut regierten, erzeugte eine „Wir-da-unten-gegen-die-da-oben-Stimmung“ eine neue politische Bewegung – die Grünen. Sie waren es, die in nur zehn Jahren die politische Landschaft Österreichs und, was noch wichtiger ist, vor allem das politische Bewußtsein doch einigermaßen veränderten.
Natürlich ist die Kirche nicht mit der Politik und deren Mechanismen zu vergleichen. Sie ist, bei aller Offenheit und Zuwendung zur Welt, auch in ihrer modernsten Erscheinungsform immer eine im wesentlichen unantastbare Größe gewesen. Dennoch ist diese Kirche gut beraten, den Widerstand in ihren Reihen ernst zu nehmen.
Bischof Dr. Kurt Krenn sieht dies durchaus auch so.
Ja, viele Priester fühlten sich heute „betrogen“, aber: „Betrogen hat sie nicht die Kirche, sondern betrogen haben sie sich selber.“ Das sei auch bei den Laien so, in viel stärkerem Ausmaß, daher liege dort auch der Kern des innerkirchlichen Konfliktes.
Krenn: „Man hat sich selber betrogen, weil viele heute erkennen müssen, daß das, was wir heute ein bißchen deutlicher erkennbar machen, nichts anderes als die Kirche des Konzils ist! Das Problem, das bei den Sich-betrogen-Fühlenden besteht: Man bereut etwas, was man nie bereuen soll . . . denn was man aus Liebe tut, soll man nie bereuen. Auch wenn die Dinge, die getan wurden, heute vielleicht ein bißchen komisch ausschauen – wenn man sie seinerzeit aus Liebe getan hat und vor allem aus gutem Willen, braucht man es nicht zu bereuen. Aber man hat begonnen, sich des eigenen Eifers zu schämen, weil man sich etwas anderes erwartet hat. Das ist die eigentliche Enttäuschung!
Bei den Enttäuschten handelt es sich oft um sehr gute Leute, die aber die Selbsttäuschung nicht wahrnehmen, an der sie sich beteiligt haben. Nämlich, daß sie seinerzeit beim sogenannten Aufbruch der Kirche die alten Kleider weggeschmissen haben und dabei völlig

übersahen, daß man fast unbekleidet dagestanden ist die ganze Zeit . . . am besten wäre es, jenen, die sich jetzt ein wenig betrogen fühlen, zu sagen: Die Kirche ist Christus und der Heilige Geist, der Rest ist vergänglich. Es hat niemand einen Riesenbetrug veranstaltet! Diese Leute sollen zudem bedenken, daß die Kirche, die sich heute besinnt, jene ist, die das II. Vatikanum überhaupt zustande gebracht hat, auf das sie so viel setzen. Ich meine für diese Leute: Etwas aus Liebe zu tun, das ist keine Anpassung! Nur aber aus Machtstreben etwas zu tun, das wäre Anpassung! Ich möchte denen allen sagen: Alles, was der Wahrheit und dem Frieden dient, ist gut."
Fraglos sind es fast versöhnliche Worte, die der Bischof von St. Pölten hier an die Adresse der kritischen Priester und Laien formuliert. Natürlich weiß der Bischof, daß die angespannte Situation in seiner Diözese und darüber hinaus in der Kirche Österreichs auf Dauer nicht so bleiben kann. Dennoch scheint auch im Großen jener Spruch zu gelten, den er für den kleinen Paudorfer Landpfarrer formulierte: Vergeben ja, nachgeben nein!
Deswegen ist die Kurskorrektur in Österreichs Kirche mit Sicherheit noch nicht zu Ende. Ein langer, dornenvoller Weg wird noch zu gehen sein. Jene, und das sind nicht wenige, die hoffen, daß die romtreuen Bischöfe vorzeitig aufgeben werden, irren. Zumindest im Fall Dr. Kurt Krenn, er scheint eisern in der Verfolgung seiner Ziele und Aufgaben zu sein.
Er ist eine eherne Faust Gottes, wobei ihm viele in der Diözese ausschließlich eigenes Machtstreben unterstellen. Andererseits: Es gibt schon auch Gläubige in der Diözese St. Pölten, die begonnen haben, diesen Bischof zu akzeptieren. Daß er ein „Mordssteher" ist, einer, der hart im Nehmen ist, beeindruckt. Und gar nicht so wenige sind der Meinung, daß eine „harte Hand", einer, der sagt, wo es langgeht, in Zeiten wie diesen so schlecht nicht wäre.
Ob der Vatikan und der Papst mit der weiteren Bestellung sogenannter „romtreuer" Bischöfe in Österreich fortfahren, ist indes zumindest durch die Berufung von Dr. Paul Iby zum neuen Diözesanbischof von Eisenstadt fraglich geworden. Iby war der Wunsch der Ortskirche, dem Rom erstmals seit vielen Jahren Gehör schenkte. Ein Silberstreif am Horizont? Vielleicht.

Es ist denkbar, daß die Eisenstädter Bischofsentscheidung insofern eine „sanfte“ Trendwende in der Personalpolitik des Vatikans darstellt, als dieser – nicht zuletzt durch diverse negative Erfahrungen in den letzten Jahren – gut beraten ist, auch im Sinne eines drohenden Autoritätsverlusts der Kirche bei den Menschen doch auf andere Personalentscheidungswege zu setzen.

Was ist all die Jahre passiert? Heiner Boberski, Journalist in Wien und anerkannter Experte in Kirchenfragen, hat in seinem aufsehenerregenden Buch über die Personalpolitik von Johannes Paul II. („Die Divisonäre des Papstes“) festgestellt, daß der Vatikan manche Teilkirchen seit 1979 ins Visier genommen hat, darunter auch die österreichische („Seit der Erklärung zur Empfängnisregelung hat Rom ein Auge auf Österreich“). Dieser hat er einen Kurswechsel verordnet. So kam es zur Einsetzung von romtreuen Bischöfen ab 1986, die – was auch in den Worten Krenns klar zum Ausdruck kommt – sich dadurch auszeichnen, vor allem den absoluten Gehorsam zu pflegen. Nach oben gegenüber dem Papst, nach unten, indem sie ihn bedingungslos verlangen.

Das führte zu Protesten, innerer Emigration und vor allem dazu, daß sich viele von „dieser“ Kirche abwandten und -wenden – in einem Ausmaß, das vatikanische Kreise enorm beunruhigt. Hand in Hand damit geht der Verlust der sogenannten „natürlichen Autorität“ der Kirchenleitung. Ergebnis: Trotz der eisernen Personalpolitik wird das von Papst Johannes Paul II. anvisierte Ziel schlicht und einfach verfehlt. Möglich, daß die Bestellung von Dr. Paul Iby eine erste – vernünftige – Reaktion auf diesen von Rom längst festgestellten Mechanismus gewesen ist.

In dieser Überlegung steckt vielleicht auch der „Silberstreif am Horizont“ für die Diözese St. Pölten. Bischof Dr. Kurt Krenn (der übrigens mit der Familie von Österreichs Bundeskanzler Franz Vranitzky eng verwandt ist: Eine Cousine des Bischofs, Ursula, heiratete Herbert Kristen, den Bruder von Vranitzkys Frau Christine) ist selbstverständlich zuzutrauen, daß er doch irgendwann weniger forsch und unbeugsam agiert, nämlich dann, wenn er Gefahr läuft – und dies einmal selbst realisiert –, alle seine Ziele wegen zu massiv ausgespielter Autorität zu verfehlen.

Diesem Punkt – vieles, wenn nicht alles zu verspielen – näherte sich der St. Pöltner Bischof Ende Februar 1993 schon in bedenklicher Weise.

Der Wirbel rund um ein neues Priesterausbildungszentrum nahe St. Pölten in dem Dörfchen Klein-Hain uferte gefährlich aus: Nicht nur, daß einige hundert Menschen unter den bischöflichen Fenstern auf dem Domplatz zu St. Pölten erneut gegen Bischof Dr. Kurt Krenn demonstrierten, es gab erneut „unerfreuliche Post" an den Papst und an dessen Nuntius in Wien, Donato Squicciarini: Pater Ambrosius, ein Augustiner Chorherr aus dem Stift Herzogenburg und Pfarrer in Klein-Hain, schrieb einen erbosten Brief, um den Vatikan „auf die Zustände in der Diözese" aufmerksam zu machen. Zählt man alle Eingaben, Unterschriftenlisten und Beschwerdebriefe zusammen, die seit September 1991 diesbezüglich an den Vatikan geschickt worden sind, erkennt man, daß ein doch schon relativ umfangreiches „Dossier" über Dr. Krenn existiert.

Das ist aber noch immer nicht wirklich erheblich für den umstrittenen St. Pöltner Oberhirten. Problematischer ist, daß sich mit dem Herzogenburger Propst Maximilian Fürnsinn erstmals ein Abt offen gegen Bischof Krenn gestellt hat. Der Stiftsherr setzte sich nicht nur an die Spitze des jüngsten Demonstrationszuges gegen den Bischof, er sprach auch beim päpstlichen Nuntius in Wien wegen des Priesterausbildungszentrums in Klein-Hain vor. Fürnsinns Worte haben um so mehr Gewicht, als der Herzogenburger Propst der gesamtdiözesane Sprecher aller im Bistum St. Pölten ansässigen Ordensleute ist. Dieser Umstand kann dem St. Pöltner Bischof durchaus „gefährlich" werden. Zu Redaktionsschluß dieses Buches – Ende Februar – wurden dementsprechend die ersten Gerüchte laut, sehr bald schon würden sich „höhere kirchliche Instanzen" des Vatikans um die Diözese St. Pölten „kümmern".

„Mit jedem Tag, den ich in dieser Diözese überlebe und tätig sein kann, wächst meine Autorität und Macht", argumentiert Dr. Kurt Krenn in der ihm eigenen, offenen und so bestimmten Art. Er ist sich selbstverständlich seiner Gratwanderung bewußt, einer zu sein, der nachdrücklich und ohne Wenn und Aber das vertritt und durchzusetzen sucht, was der Papst in Rom dekretiert. Für ihn gibt es auch nichts und niemanden außer Gott und eben dem Papst, dem er verantwortlich wäre. Daher ist es logisch, daß Krenn über sein Leben, seine Art und seine Handlungen generell sagt: „Ich agiere jeden Tag so, als wäre es mein letzter. Ich bin jederzeit bereit, Rechenschaft abzulegen.“

Es ist nicht mehr ganz auszuschließen, daß auch der Vatikan letzteres von ihm irgendwann verlangt.

„Und ich lebe noch immer . . .“

In den Septembertagen 1994 feierte DDr. Kurt Krenn, der ehemalige Universitätsprofessor in Regensburg sein inzwischen zweijähriges Jubiläum als regierender Bischof der viertgrößten Diözese Österreichs, St. Pölten. Zwei Jahre, in denen diese etwas mehr als 600.000 Gläubige zählende Kirchenprovinz im Herzen Mitteleuropas für mehr Schlagzeilen in den nationalen und internationalen Medien sorgte als irgendeine Diözese Österreichs oder Mitteleuropas.

Bischof Kurt Krenn hatte eines seiner ganz persönlichen Schlagworte sofort in die Tat umgesetzt: „Wichtig ist, wie man in einer neuen Funktion beginnt: Wer am Anfang nicht handelt und sagt, er sei zunächst bloß ein Sehender und ein Hörender, dem vergeht nach einem Jahr Hören und Sehen!“

Nicht dem Bischof, sondern Tausenden, die sich gegen ihn stellten, verging Hören und Sehen. Höhepunkt der Auseinandersetzungen unerbittlicher Gegner von Bischof Kurt Krenn war 1993 eine österreichweite Aktion, die rund 60.000 Unterschriften zu seiner Absetzung erbrachte. In den Tagen seines zweijährigen Amtsjubiläums fuhr eine St. Pöltner Delegation in den Vatikan nach Rom, um Papst Johannes Paul II. diese Unterschriften, verbunden mit dem dringenden Ersuchen um sofortige Absetzung des St. Pöltner Bischofs, zu überreichen.

Die nach wie vor im Raum schwebende Drohung der Amtsenthebung des Paudorfer Pfarrers Pater Udo Fischer und eine mehr als kritische Streitschrift dieses Priesters in Form eines Buches gegen Kurt Krenn („Herr Bischof, es reicht!“) sind die regionalen Aspekte der Auseinandersetzung um diesen Oberhirten.

Aber auch in der offiziellen Amtskirche Österreichs sorgte Bischof Kurt Krenn in den vergangenen 24 Monaten für erhebliches Aufsehen und für teilweise erbitterte Reaktionen: In Moralfragen (Empfängnisverhütung, Sakramentsverbot für wiederverheiratete Geschiedene) stellte sich Bischof Kurt Krenn sogar teilweise gegen seine Bischofsbrüder im

Amte (sowohl in Österreich wie in Deutschland), was mehrmals zu harten Konfrontationen mit Alt-Kardinal Franz König in aller Öffentlichkeit führte. Als Bischof Kurt Krenn zudem Österreichs Theologen aufs Korn nahm und ihnen glattes Versagen vorwarf, war zudem Feuer am Dach. Erneut kam es zu Rücktrittsforderungen an den St. Pöltner Hirten.

Was Bischof Kurt Krenn keine Sekunde beeindruckte. Im Gegenteil: Er, der in Österreich und darüber hinaus für die von Papst Johannes Paul II. nachdrücklich betriebene Re-Evangelisierung Mitteleuropas steht, feierte im Frühjahr 1994 seinen bisher größten Triumpf: Krenn zog höchst erfolgreich die Fäden des neuerlichen Papstbesuchs, für 1996 geplant, in Österreich. Johannes Paul II. wird in seinem nur zweitägigen Aufenthalt in Österreich mit hoher Wahrscheinlichkeit allein die Diözese seines treuen Bischofs in St. Pölten besuchen. Äußerer, offizieller Anlaß: die Milleniums-Feier der Republik Österreich (1000 Jahre „Ostarrichi") sowie die regierungsmäßige Inbetriebnahme der Landeshauptstadt Niederösterreichs, eben St. Pölten.

Für Bischof Kurt Krenn ein Triumph, der nicht zuletzt – allen Angriffen, Protesten und Demonstrationen zum Trotz – seine deutlich stärker gewordene Position in der Kirche Österreichs einmal mehr unterstreicht. So sehr, daß der St. Pöltner Bischof erneut in der personalpolitischen Gerüchteküche der Kirche Österreichs zu einer „heißen Aktie" geworden ist: Etliche, die sich um die katholische Zukunft der Republik sorgen, befürchten, daß DDr. Kurt Krenn 1996 Papst Johannes Paul II. womöglich schon als neuer Erzbischof von Wien und neuer regierender Kardinal von Österreich begrüßten könnte (Kardinal Hans Hermann Groer erreicht im Herbst 1994 sein 75. Lebensjahr und muß in Rom um seine Resignation vom Amt einkommen).

Zu diesen erneuten Spekulationen um seine Person, aber auch zu den heftigen Protesten und Aktionen, zu den 60.000 Unterschriften für seine Absetzung durch den Papst hat Bischof Kurt Krenn viel zu sagen.

In Form eines „Bilanzgesprächs" über die vergangenen zwei Jahre nimmt der St. Pöltner Oberhirte in aktueller Ergänzung der Neuauflage des Buches „Kurt Krenn – Gottes eherne Faust" außerdem Stellung zu für ihn nach wie vor notwendigen Kurskorrekturen in der Kirche Österreichs.

Von Tätern und Opfern

Herr Bischof, als Sie vor nun zwei Jahren zum Bischof von St. Pölten berufen wurden, gab es Proteste, sowohl innerkirchlich in Österreich wie bei den Gläubigen der Diözese St. Pölten. Wie sehen Sie Ihre Situation heute?

„Zunächst gab es Irritationen durch eine Äußerung, die, wie ich glaube, zu Unrecht auf meinen Vorgänger bezogen wurde. (Der inzwischen in Rom studierende Kaplan Reinhard Knittel meinte, vor Krenn hätten in der Diözese St. Pölten viele ‚aufs falsche Pferd' gesetzt; Knittl bezog sich dabei auf allgemeine Fehlentwicklungen nach dem II. Vatikanum, Anm. d. Autors). Ich konnte sie auch richtigstellen. Was meinen Vorgänger betrifft: Feierlicher kann man es nicht mehr machen – bei einer Pilgerfahrt der Diözese St. Pölten sagte ich vor dem Papst in Rom, daß ich das gute Erbe von Bischof Franz Zak fortsetzen werde.

Mehr kann man nicht tun, als vor dem Papst ein Zeugnis für seinen Vorgänger abzulegen. Das muß reichen. Alles andere ließ ich nicht zu, etwa die Entlassung meines Referenten Knittl – und auch keine politischen Interventionen deswegen von Leuten, die vielleicht gar nicht so sehr die Würdigung meines Vorgängers, sondern nur einen allgemeinen Wirbel im Auge hatten. Manches war auch eine selbstgesuchte Erregung.

Es ist überhaupt so und beobachtbar: Es gibt in der Kirche, nicht nur hier in der Diözese St. Pölten, sondern allgemein, immer wieder die Tendenz, die Opferrolle zu suchen – aber gleichzeitig der Täter zu sein und anzugreifen. Man greift an und fühlt sich oder gibt sich zugleich als Opfer aus. Das ist so eine etwas komische, unlogische Art, die in der gegenwärtigen Auseinandersetzung in der Kirche, aber ich sehe sie manchesmal auch in der Politik, üblich ist."

Worauf führen Sie denn diese Art der Umkehrung der Täter- und Opferrolle zurück?

„Ein Motiv ist sicher jenes, daß man eigentlich nicht recht überzeugt ist in vielen Dingen oder hinter dem Berg hält mit dem, was man will, oder vieles nicht wirklich sagen will. Da braucht man auf der Gegenseite eben jemanden, den man angreift, und man sagt dann: Von dem bin ich beleidigt worden.

Ich kann bis heute für mich geltend machen: Ich habe noch nie jemanden angegriffen oder beleidigt.

Ich habe sicher sehr viel Deutliches gesagt, aber noch nie etwas persönlich bewertet. Selbst von meinen Kontrahenden habe ich eigentlich immer nur Gutes gesagt. So ist natürlich die Rolle für meine Gegner sehr schwierig . . . ja, ich habe sie ins Leere laufen lassen . . . es fragt sich heute manch einer: Was ist es denn gewesen, daß es da allerlei Wirbel gab und Demonstrationen. Viele fragen: Was war's denn?

Sehen Sie: Ich bin immer noch da. Ich lebe immer noch. Ich bin immer noch fröhlich und guten Gewissens.

Jetzt muß ich halt versuchen, diese Leute, meine Gegner, mit einer gewissen Anständigkeit und Höflichkeit langsam zu gewinnen."

Worum ging es Ihrer Einschätzung nach denn wirklich? Vom Fall Pater Udo Fischer bis hin zu Domprälat Oppolzer, der wegen Ihrer Person zurücktrat. War es die Lust an der Auseinandersetzung als solcher? War es womöglich die Lust, zu versuchen, Sie fertigzumachen? Oder war es billige Profilierungssucht?

„Es mag manches von dem allen drinnenstecken. Aber ich glaube, wenn ich vom guten Willen meiner Gegnerschaft ausgehe, dann war und ist es einfach die Ratlosigkeit. Ratlosigkeit darüber, was tut man, wenn einer wie ich daherkommt und ganz einfach, ohne irgendwelche Umwege, Katholisches sagt. Das war scheinbar für viele irgendwie überraschend . . .

Diese Überraschung hält seit sieben Jahren an. Denn so lange bin ich ja schon Bischof *(inklusive der Zeit als Wiener Weihbischof, Anm. d. Autors).*"

Über die Nächstenliebe

Sie sprechen von Überraschung darüber, daß Sie Katholisches ohne irgendwelche Umwege verkünden, ohne wenn und aber. Warum glauben Sie denn, daß dieser Umstand viele Menschen so aufregt? Katholisches ist doch die Lehre der Nächstenliebe, also müßte gerade das mit Erleichterung und Freude aufgenommen werden.

„Na ja, die Nächstenliebe ist nicht immer das, was sich die Leute unter Nächstenliebe vorstellen. Sie muß immer irgendwie mit der Wahrheit über den Menschen einhergehen und mit seiner Würde. Das ist scheinbar überraschend. Es heißt ja: Du sollst Gott über alles lieben und den Nächsten. Das ist gar nicht so einfach. Das braucht eine ganz starke Verankerung in der Gottesliebe. Menschenliebe gewinnt nur dann, wenn sie eine Folge der Gottesliebe ist. Diese neuen Zusammenhänge haben die Leute überrascht, glaube ich. Natürlich gibt's dann noch die persönlichen Aversionen, aber das sind Dinge, die lassen sich am allerleichtesten überwinden – indem man nicht, wenn andere schlimm sind, selber böse ist.

Andere unedle Motive will ich nicht ins Spiel bringen, wiewohl sie durchaus da sein können, was weiß ich! Vielleicht gab es auch einige, die in ihren eigenen Karriereträumen enttäuscht wurden. Mir hat solches niemand gesagt. Außerdem, persönliche Enttäuschungen gibt es überall, nicht nur in der Kirche, sondern auch in der Politik und in der Wirtschaft – überall dort, wo es um Führungsfragen geht."

Pater Udo Fischer, Ihr schärfster Kontrahent, sprach von einem innerkirchlichen Tschernobyl, das durch Ihr Wirken entstehen würde. Ein sehr heftiger und ungewöhnlicher Angriff, den Sie bisher ohne Sanktionen hingenommen haben. Sie drohten dem Pfarrer zwar mit Amtsenthebung, aber Pater Udo ist noch immer Pfarrer.

„Ich habe bis heute immer erklärt, daß Problem Udo Fischer ist nach wie vor nicht gelöst. Aber ich habe viel Geduld, und ich brauche für die Lösung ganz sicher die Mithilfe vom Göttweiger Abt Clemens Lashofer. Denn der Abt ist zunächst ja einmal der Vorgesetzte von Pater Udo. Er muß ihm zunächst einmal sagen, was gut und was nicht gut ist in seinem Tun und Reden. Das ist die erste Stufe. Dann wird man weitersehen. Für mich ist die Sache nicht erledigt.

Ich habe trotz allem selbstverständlich die Kirche in Paudorf von Pater Udo Fischer geweiht. Ich sagte, ich könne sie erst weihen, wenn der Pfarrer dort die Gemeinschaft mit dem Bischof hat. Einer, der es nicht über sich bringt, bei den Gottesdiensten den Namen des Bischofs zu nennen, und der sonst auch manche Zeichen setzt – na gut, was soll ich dann tun? Bei der trotzdem stattgefundenen Kirchweihe durch mich hat der Abt von Göttweig eine sehr gute Rolle gespielt, auch der Nuntius in Österreich hat sich sehr bemüht. Allerdings, was sehr bedauerlich ist: Obwohl es so aussah, als könnte dies ein Schritt nach vorne sein, teilten die Leute rund um Pater Udo schon am nächsten Tag Flugzettel aus, um meine Absetzung zu erreichen. Das finde ich nicht ehrlich. Ich sagte ja bei der Kirchweihe, ich wäre froh, wenn der Friedensgruß während des Festgottesdienstes ein endgültiger wäre. Aber ich gab ihn auch hoffnungsvoll hin.

Und hintennach gab es dasselbe Getue wie vorher, denselben Zirkus. Diese Unterschriften in ganz Österreich zu meiner Absetzung."

Gegen die Unwahrheit!

Zu den rund 60.000 Unterschriften, die in ganz Österreich für Ihre Absetzung gesammelt wurden: Im Herbst 1994 wollen Ihre Gegner diese in Rom an den Mann bringen, also dem Papst überreichen. Halten Sie dies für eine Aktion, von der Sie sagen: So, jetzt reicht's eigentlich?

„Zunächst muß man wissen, daß meine Gegner überzeugt waren, bis zu 400.000 Unterschriften zu bekommen. Diese wurden bei weitem nicht erreicht. Dann haben ja auch Leute unterschrieben, von denen ich weiß, daß sie überhaupt nicht zur Kirche gehören und keine Beziehung zu einem Bischof haben, so wie sich's gehörte. Drum frage ich mich, ob irgendwelche Gruppierungen, die ja namentlich aufscheinen, oder angebliche Künstler, ob das überhaupt Gewicht hat.

Das alles spricht nicht gegen mich als Bischof, soviel nehme ich für mich an Bonität in Anspruch. Denn ein Widerspruch, den es immer wieder einmal geben kann, ist ja noch nicht unbedingt Zeichen dafür, daß ich der Dumme wäre oder jener wäre, der den falschen Weg geht.

Allerdings, ich glaube, daß das dann folgende Buch von Pater Udo Fischer (‚Herr Bischof, es reicht!', Anm. d. Autors), etwas ist, das, so glaube ich, einfach zuviel ist. Ich habe es ja nicht gelesen, aber einige haben mir erzählt, was drinnensteht.

Nein, das war zuviel des Schlimmen! Irgendwann einmal ist die Sättigung erreicht. Das muß bereinigt werden.

Dabei: Ich habe Zeit. Mich drängt nichts. Nur bin ich nicht einer, der die Dinge vergißt. Verzeihen immer, vergessen nicht.

Bei diesem Problem geht es um eine Ordnungsfrage der Kirche, und die muß ich lösen. Dabei geht es nicht um meine Ehre – nein, das wäre kein Problem. Aber es geht darum, wieweit kann man in der Kirche mit Unwahrheit Politik machen? Irgendwann muß der Unwahrheit dieser Art Einhalt geboten werden!"

Des Bischofs Trommelfeuer

Als Sie Ihr Amt in St. Pölten angetreten haben, fielen einige Dinge auf: Sie prägen wie keine anderer Ihrer Mitbrüder im Amt die Kirche Österreichs in den Medien. Sie stehen öfter in den Zeitungen, sie treten öfter im TV national und international auf als der Kardinal von Österreich, Hans Hermann Groer. Glauben Sie, hat sich in den letzten zwei Jahren Ihre Position in der Kirche Österreichs gefestigt?

„Meine Medienpräsenz ist von mir angestrebt worden. Sie ist einfach da, durch bestimmte Umstände und auch durch bestimmte Botschaften und – vermutlich – auch durch die Persönlichkeit.

Ich wäre froh, wenn andere Bischöfe auch die Möglichkeiten hätten, sich zu äußern. Ich wäre froh, wenn man manches gemeinsam sagen könnte, wo ich manches Mal ein bißl allein bin – das wäre mir sehr recht. Aber gut, es fällt alles so nach der göttlichen Vorsehung aus. Damit sage ich überhaupt nicht, daß die anderen Bischöfe dies nicht auch könnten und sollten. Es ist halt Faktum, daß die Medienpräsenz meiner Person etwas stärker war, sichtbarer und deutlicher. Ich habe noch nie um Pressegunst gebeten, die kommt von selber.

Übrigens: Gerade Kardinal Hans Hermann Groer hat mir doch einige sehr mutige Hilfen gegeben, wie auch andere. Etwa sagte er zu den Vorfällen hier in St. Pölten sehr deutlich, daß die Straße nicht der Ort ist, wo man über die Kirchendinge redet und diskutiert. Das brachte mir viel Hilfe. Ähnlich agierte der Nuntius und andere Mitbrüder. Mein Gott, oft war das Trommelfeuer so stark, daß diese Stimmen fast untergegangen sind. Es wäre gefährlich, würde man solches nicht aushalten. Aber ich halte es aus."

Was waren für Sie die bisher schwersten Stunden in diesem Protesttrommelfeuer gegen Sie?
„Eigentlich keine. Die schweren Stunden sind nur die, wo einen ein Freund verrät, den man für einen Freund hält. Denn der Gegner ist leicht zu berechnen und auch ertragbar. Ich habe viele Freunde gewonnen, aber ein paar, ganz wenige, haben zwar nicht Verrat geübt, aber sie waren zu feige. Ja, manche haben sogar auch ein bißl mitgespielt bei meinen Gegnern. Manch einer, der mir zu Dank verpflichtet wäre, hat sich auf der anderen Seite herumgetrieben, das ist enttäuschend.

Aber, der Wucht zu widerstehen, die auf normalem Weg auf einen zukommt, das ist nicht schwer. Ich weiß, wie solches zu überstehen ist. Sie ist auch nicht so, wie viele meinen, daß man mich damit zermürben könnte.

Ich habe in den letzten zwei Jahren das Vielfache an Freunden und an Leuten, die mich verstehen, gewonnen. Meine persönliche Verlust- und Gewinnrechnung geht gut auf, dennoch fehlt mir jeder Freund, den man verliert. Ja, damit meine ich durchaus Kleriker, ja, also Mitbrüder, jedoch nicht solche im Bischofsamt, sondern einige andere."

Ein „unbrüderlicher" Bischof

Sie nahmen in den letzten zwei Jahren oft Stellung zur Position der Kirche Österreichs. Sie entfachten Stürme der Entrüstung: Mit Ihren Anmerkungen zur Maria-Troster-Erklärung, wo sie der damaligen Bischofskonferenz faktisch eine falsche Entscheidung vorwarfen.
„Meine Position in der Kirche Österreichs ist generell nicht schlechter geworden, nein. Ich habe nichts an meinen Möglichkeiten und an Stärke eingebüßt.

Zur Maria-Troster-Erklärung der Empfängnisverhütung: Ich war vielleicht der einzige Bischof, der dazu geschrieben hat, das bin und war ich der Sache schuldig. Ich habe ja auch sehr anerkennend über die Mühe der Bischöfe geschrieben, nur – deren Lösungsprinzip damals war ein theologischer Irrtum. Ich kann nicht eine subjektive Not zu einer objektiven Norm umfunktionieren, nein, das geht nicht. Dabei: Die anderen argumentieren ja gar nicht – sie sagen nur, ich sei unbrüderlich in meiner Kritik.

Ich frage diese: Was ist die Lehre der Kirche? Sie ist keine Frage der Brüderlichkeit! Denn brüderlich kann man sehr dumm sein miteinander. Ich habe mich gegen keinen Bischof gewandt, gegen keine Bischofskonferenz gewandt, sondern nur gegen einen theologischen Irrtum.

Folgendes wird außerdem unterschlagen: Der Papst selbst hat ja 1987 beim ad-limina-Besuch sehr deutlich erkennen lassen, was er von der Sache hält und was er von uns erwartet! Das tat ich. 1988 wurde die Maria-Troster-Erklärung ja entsprechend korrigiert. Niemand kann sagen, ich hätte einen Alleingang gemacht. Obwohl, ich wußte ja, was auf mich zukommen würde: Ich wurde sehr geprügelt – aber diese Dinge verlangen eben ein gewisses Opfer. Je mehr sie prügeln, desto mehr wirken die Dinge auch. Dabei wurde eine falsche Taktik in der Emotion angewandt: Je mehr ich geprügelt wurde, desto besser wurde und wird meine Sicht verbreitet."

Alles für die Kurskorrektur

Sie kritisieren auch die Theologen Österreichs und sprachen bei den wiederverheirateten Geschiedenen vom Zustand der „öffentlichen Sünde". Dafür wurden Sie sogar von Alt-Kardinal König scharf kritisiert. Meinen Sie wirklich, eine Kurskorrektur in Österreichs Kirche erzwingen zu können?

„Ob ich eine Kurskorrektur erzwingen oder in die Wege leiten kann, das kann ich nicht sagen. Ich weiß jedenfalls nur, daß es in der Theologie so nicht länger lang gehen kann!

Die Theologie ist drauf und dran, ihren eigenen Gegenstand zu verlieren. Wenn ich nie über das Theologische, sondern über das Soziologische, das Psychologische, das Literarische, das Historische rede – dann brauche ich ja keine Theologie. Da habe ich eh die Humanwissenschaften dafür. Dieser Verlust des eigenen Gegenstands ist ja tödlich, auch tödlich für die Fakultäten! Denn irgendwann wird man fragen, was tun die Leute dort eigentlich? Im besten Fall kann man einmal sagen, machen wir doch aus der Theologie eine Religionswissenschaft. Ich möchte eine gewisse Besinnung.

Daß die österreichischen Theologen irritiert sind, verstehe ich nicht:

Ich habe ja nur gesagt, es gebe keine großen Theologen in Österreich. Das war schmerzvoll für sie, aber ich füge hinzu: Ich finde sie wirklich nicht, die großen. Man möge sie mir zeigen, jene, die an einen Karl Rahner herankommen – ich werde gerne hingehen und sie hören! Wenn ich sage, es gibt keine großen Theologen, dann habe ich damit noch lange nicht gesagt, daß es keine guten gäbe. Nochmals: Man soll mir die oder den großen Theologen heute in Österreich zeigen, bitte schön!

Gleiches gilt übrigens für Deutschland. Die Theologen sind heute nicht so großartig, wie sie schon einmal waren."

Drei Ihrer Mitbrüder im Amt aus Deutschland haben einen Hirtenbrief zur Milderung der Behandlung von wiederverheirateten Geschiedenen geschrieben. Sie kritisierten alle drei sehr scharf, deren Hirtenbrief sei nicht nützlich gewesen, also entbehrlich.

„Ich wurde dazu gefragt, sonst hätte ich mich nicht eingemischt. Aber als ich gefragt wurde, mußte ich schon sagen, daß deren Hirtenbrief weder glücklich noch nützlich war. Ich denke, daß dies inzwischen auch die drei Bischofsmitbrüder wissen. Natürlich gab und gibt es da was zu klären, dieser Hirtenbrief war nicht gut. Und auch ein irgendwo falsch eingeschlagener Weg. Diesen theologischen Einwand müssen sich auch Bischöfe gefallen lassen. Solche Einwände nehme ja auch ich ernst, denn ich kann mich ja auch einmal vergaloppieren. Ich will nur sagen: Leut', denkt doch noch einmal nach. Auch Rom hat etwas an diesem Hirtenbrief gefunden – ich hoffe, daß diese Frage bald erledigt ist."

Der Bischof und die Politik

Sie sind ein sehr politischer Bischof. Sie fanden freundliche Worte für Jörg Haider und die FPÖ. Die anderen Parteien Österreichs protestieren scharf, besonders das Liberale Forum. Warum äußern Sie sich überhaupt politisch? Glauben Sie wirklich, daß sich die Kirche in der Politik mehr engagieren sollte?

„Engagieren ja, aber nicht in der Tagespolitik. Ich möchte andere auf den Zug setzen. Politisches Engagement ist nicht Aufgabe des Bischofs.

Es wird niemand sagen können, daß ich parteipolitische Aussagen gemacht oder Empfehlungen abgegeben hätte. Aber ich glaube, man muß die Christen lehren, daß sich die großen Entscheidungen über den Menschen nicht nur in der Kirche vollziehen, sondern auch in der Politik, in der Gesetzgebung und in den Medien. Gerade zu letzteren habe ich vor, mich noch mehr zu äußern.

Es geht ja um den Menschen. Ich kann nicht nur allein sagen: Kommt in die Kirche, ich sage euch, was des Menschen Wahrheit und Wohl ist. Ganz sicher gibt es zur Zeit bestimmte politische und philosophische Ansätze und einen Boden dafür – etwa der Liberalismus. Der sieht zwar sehr angenehm aus, ist aber in Wirklichkeit völlig trostlos. Weil er den Menschen einkreist, nicht mehr losläßt. Da sind andere Systeme, die zunächst viel weniger freundlich aussehen, viel weniger gefährlich.

Das Versinken im Liberalismus ist auch ein Versinken des Menschen in der Welt und in deren geschlossenen Systemen. Er ist momentan eine sehr starke Option in der Politik, er spielt eine starke Rolle. Er ist eine Wohlstandserscheinung. In dem Augenblick, wo das Verteilen aber schwieriger ist, das Zusammenleben problematischer ist, gibt es ja keinen Liberalismus und dessen Option mehr. Dann gibt es nur mehr Ordnung oder Kampf. Das sollten wir uns ersparen. Wir sollten eher einen ‚Frieden in Ordnung‘ anstreben. Manche wollen nur den ‚Frieden in maßloser Freiheit‘. Nur, den gibt es, solange es etwas zu verteilen gibt. Friede in beliebiger Freiheit ist unmöglich. Dabei, wir gehen auf Zeiten zu, die enger werden. Sozialismus allein löst auch nicht alles, nur hat er eine größere innere Potenz zur Ordnung. Er war, vor allem im 19. Jahrhundert, ein angemessener erster Versuch, um neu zu verteilen, für Gerechtigkeit und so.

Dabei gäbe es, meine ich, ganz neue Prinzipien zu leben: jene des Lebensraumes. Ich meine das nicht ständisch, sondern ökologisch und soziologisch. Das neue Einteilungsprinzip der Politik sollten nicht mehr die Stände sein – also Bauern, Intellektuelle, Arbeiter. Künftig kommt es drauf an, Lebensräume in Zusammenarbeit aller dieser Menschen zu erstellen, eine neue politische Ordnung. Also schauen, daß es wirtschaftlich geht, daß es Arbeitsplätze gibt, daß die Ökologie stimmt, der Verkehr stimmt, daß die Sicherheit stimmt – immer bezogen auf den überschaubaren Lebensraum.

Diese Lebensräume müssen zudem ein neues Verhältnis zueinander finden.

Die Politik der Zukunft ist nicht mehr jene der Parteien im alten Sinn, sondern die der Lebensräume, die sicher auch manche Konkurrenz zueinander haben werden. Politik besteht ganz wesentlich ja auch aus Konkurrenz diverser Kräfte. Wenn das nicht wäre, brauche ich ja eh keine Politik mehr. Diese neuen Lebensräume müssen nach Gerechtigkeit, Ordnung und Frieden zusammenleben und zusammenwirken."

Kirche, eine politische Option?

Europa geht in eine Zeit des Liberalismus. Was sollte die Antwort der Kirche sein, und wie sollte sie diese Antwort geben?

„Die Antwort der Kirche ist immer die Auskunft am Menschen, die Frage: Was dient dem Menschen? Denn jede Politik ist eigentlich eine gelungene oder mißlungene Auskunft darüber, was dem Menschen gut tut. Ich denke, da müssen wir wieder anfangen.

Was kann und sollte die Kirche dazu tun? Ich sage: Es fängt ganz sicher und entscheidend bei der Re-Vitalisierung der Kirche selbst an!

Ich meine, wenn man eine Gemeinschaft ist, die Probleme damit hat, daß sie sich dauernd selbst gegenseitig andemonstriert, dann kann sie keine anderen Probleme wirklich angehen, geschweige denn lösen.

Also: Die Gemeinschaft muß wieder hergestellt werden, nicht, damit eine Ruh' ist bei uns, sondern damit wir uns den wichtigen Fragen zuwenden können.

Dann müssen wir als Kirche gewisse Fragen, die den Menschen betreffen, ins Spiel, in die Diskussion bringen. Also nicht nur seine Bedürfnisse ansprechen, sondern seinen Daseinssinn.

Und schließlich der Einstieg in jene Bereiche, wo die Persönlichkeit des Menschen geformt wird – also Schulen, neue Formen der Erziehung, eine gewisse Freude an der Leistung geben.

Letzteres ist ja in der Kirche nicht da zur Zeit. Wir verstecken uns oft gerne in dieser Frage, indem wir sagen: Hauptsache, der Mensch ist froh. Nein, das ist zu wenig!"

Sekten – wir sind selber schuld!

In Europa ist zu sehen, daß der Zuzug der Menschen zu anderen Religionen oder zu Sekten ganz stark ist. Hat die katholische Kirche versagt? Was ist da los?

„Da ist vor allem in der Kirche was los!

Die Kirche selber trägt oft durch eigene Probleme dazu bei, daß manche sie nicht mehr sehen als das Zeichen des Heils und daher irgendwo hinlaufen, wo sie sich Heil erwarten.

Ich will, kann und darf meine eigene Kirche nicht in allem kritisieren – aber wir bieten ja vieles, was die Leute suchen, gar nicht an!

Etwa das Heil der Seele.

Ja, manche meinen, es genügt, wenn man halt so einigermaßen gemütlich durchs Leben walzt und das war's dann schon. Während die Sekten, die ja versuchen, das Religiöse neu zu definieren und zu beleben, was von den Menschen fordern. Geld und häufig auch mentale Gefolgschaft oft bis zur Aufgabe des eigenen Denkens.

Die fordern das, während wir im Grunde dem Menschen oft nicht einmal das versprechen, was wir müßten: nämlich das Heil der Seele! Wir versprechen ihm höchstens das Wohl des Leibes, daß er sich wohlfühlt. Dieses dumme Wort vom Sich-wohl-Fühlen!

Ich fühle mich auch gerne wohl, weiß aber, daß das nicht Religion ist. Das ist höchstens ein Geschenk Gottes für ein paar gute Jahre. Aber das hat doch nichts mit der Grundwahrheit des Menschen zu tun, ob er sich wohlfühlt oder nicht – es sei allen vergönnt. Bei den Sekten wird oft definiert, ob man sich geborgen fühlt.

Also es geht um Gefühl, das dann oft seine Ratio suchen muß.

Das wird verkauft bei uns, anstatt daß wir den Menschen in seinem ganzen Wesen ansprechen. Das gelingt den anderen.

Dabei hätten wir ja die Botschaft, die das viel besser könnte.

Aber wir sagen diese nicht.

Wir haben ja nur diese Mini-Botschaften, kleine Ausschnitte aus der großen Botschaft Jesu – und damit gehen wir hausieren!"

Wieso verkauft sich die Kirche so billig?
„Weil sie nicht weiß, was sie wert ist. Bitte, das ist nicht zu verallgemeinern, gilt nicht für alles in der Kirche. Aber irgendwann kommt doch die große Frage sicher: Was ist sie denn, die Kirche?

Ist sie eine Verein? Oder so eine Art Körperschaft öffentlichen Rechts?

Oder ist sie das Werk Gottes für den Menschen?

Auf diese Frage gehen wir zu! Da hilft alle Gemeinde-Orientierung, die ja auch gut ist, nicht. Alles sei nur Gemeinde, heißt es oft.

Ist ja nicht wahr!

Das Grundrecht des Menschen ist kein Gemeinde-Recht, sondern ein Personal-Recht! Er hat ein personales Recht, er ist ein Individuum, er ist Person. Das heißt, diese Person wiegt in vielen Dingen mehr als die Gemeinschaft, wiegt sie ganz auf oder ist gleichberechtigt.

Mit diesen Gemeinde-Begriffen heute kommt man der Wahrheit über den Menschen nicht mehr nach.

Der Mensch ist Person, und zwar vor der Gemeinschaft.

Die Kirche ist die Gemeinschaft von Personen."

Gehört das alles zur so oft zitierten Re-Evangelisierung Europas, die der Papst will?
„Ganz sicher. Re-Evangelisierung ist ganz sicher im Letzten die Wiedergewinnung des ganzen Glaubens. Da bedarf es vieler Schritte dahin. Es muß jeder Schritt stimmen. Wir können nicht sagen: Heute erzählen wir Euch was vom lieben Gott, morgen das vierte, übermorgen das sechste Gebot. So geht es nicht!

Wir müssen das Ganze anmelden, obwohl wir in unendlich vielen Schritten dorthin gehen müssen.

Am Ende steht: Zur Bekehrung Europas zu Christus – sicher ein steiles Wort – ist der Weg ganz langsam, aber der Leitfaden dafür ist allein die menschliche Person und ihre Wahrheit.

Wir müssen das Ganze sehen. Nie aus dem Auge verlieren. Wenn ich nur das tägliche Bedürfnis oder nur die Gemeinde allein in den Vordergrund stelle, dann geht es nicht weiter. Die Neu-Evangelisierung ist – vergrößert gesagt – eine *Personalisierung Europas.*

Der Papst hat ja das Wort gesagt: Der Mensch ist der Weg der Kirche. Das heißt aber nicht, daß wir dem Menschen nachlaufen wohin er es uns vorgibt. Sondern wir dem Menschen vorgeben, wohin er gehen soll!

Wir hätten viel Christliches schon erreicht, wenn die Person und ihre Würde schon das Konstitutive aller Gesetzgebungen, aller Kulturen oder auch der Kunst erreicht hätte.

Jeder Mensch für sich ist schon eine Unendlichkeit. Jeder ist, richtig verstanden, schon ein König.

Beim Papstbesuch schon Kardinal?

1996 kommt der Papst zum dritten Mal in 13 Jahren nach Österreich. Ist dieser Besuch, der nach St. Pölten geht, eine Art Belohnung für Sie in Ihrem Kampf um eine erneuerte Kirche? Quasi eine Stärkung für den Bischof an vorderster, umkämpfter Front?

„Geplant ist es so sicher nicht. Aber wenn es so ist, habe ich nix dagegen. Vor allem, wenn der Besuch uns allen hilft, nicht mir. Würde mich der Heilige Vater fragen: Soll ich kommen, um Ihnen zu helfen? Dann würde ich sagen: Nein, Heiliger Vater, das pack ma schon allein.

Ich würde mir den Besuch so wünschen: Wenn er zu einer Konsolidierung führt, wenn er andere Menschen heranführt an die Kirche, nicht so sehr an mich – denn ich habe nicht vor, das Feld zu räumen, also müssen sie mit mir vorlieb nehmen, dann ist es mir nur recht.

Der Papst hat von sich aus mit mir über den Besuch zu reden begonnen. Als einzelner kann man so etwas nicht in die Wege leiten. Ihn einzuladen, das ist Sache der Bischofskonferenz und der Regierung.

Wenn es durch den Papstbesuch zu einer Verlebendigung der Kirche Österreichs kommt, ist es sicher gut. Denn wir sind zwar nicht im schlechtesten Zustand, aber neuer Mut und Schwung ist immer gut."

Sie kennen die jüngsten Gerüchte – Sie würden vermutlich schon neuer Kardinal von Österreich sein, wenn der Papst kommt. Ist da etwas dran?

„Es gibt viele Spekulationen. Ich weiß nichts. Ich kann nur sagen, was ich mir dazu denke: Ich wäre froh, bliebe Kardinal Hans Hermann Groer trotz seiner Altersgrenze und der in diesem Fall üblichen Resignation tatsächlich, solange es seine Gesundheit zuläßt, im Amt. Ich habe ein besonderes Verhältnis zu ihm, er hat mich geweiht, er hat mich als Weihbischof gewollt. Ich wünsche mir, daß er sehr lange noch regiert. Was nachher ist, ich weiß es nicht.

Das ist schwer zu sagen. Da können ganz andere Optiken kommen Von mir aus habe ich ein Prinzip: Ich tue das, was der Papst will. Ich glaube, daß er will, daß ich hier in St. Pölten bin. Zur Zeit weiß ich, daß ich hier sein soll, daher bleibe ich auch.

Ich empfinde es als Auszeichnung für die Diözese, daß der Papst hierherkommt. Ich möchte aus seinem Besuch mit der Hilfe vieler was Gescheites machen: Ein mitteleuropäisches Fest, mit der Hauptstadteröffnung und dem Millenium der Republik, das möchte ich als Gunst der Stunde nützen.

Der Papstbesuch muß ein ganz festes Ereignis sein, das weiterwirkt für die Diözese. Ich möchte dabei ein paar Schwerpunkte setzen: die Überwindung einer gewissen Kirchen-Mutlosigkeit, die da ist, in St. Pölten und überall. Oder unsere Familien, wie läuft denn das wirklich? Wie steht es um die geistlichen Berufungen – wenn wir die nicht haben, sind wir, die Kirche, in zwanzig Jahren ausgestorben.

Aber vor allem eine deutliche Reflexion auf Europa möchte ich 1996 machen, was ist mit dieser Europäischen Union? Österreich wird ja zu einem Grenzland in dieser EU, bisher waren wir ein Brückenland. Das ist eine Situation, die wir sicher noch nicht ganz im Griff haben.

Was das neue Europa überhaupt angeht: Österreich muß sehr drauf achten, seine Souveränität zu behalten, in vielen Bereichen. Besonders in den Bereichen Kultur und Bildung. Und was die Kirche angeht, selbstverständlich beim Konkordat, das muß gesicherter Teil der Souveränität Österreichs sein."

Mein Kampf geht weiter

Herr Bischof, ist Ihr bisheriges Bischofsamt so verlaufen, wie Sie sich's vorgestellt haben. Sie kämpfen um eine erneuerte Kirche, und werden deswegen hart und oft angegriffen. Niemals verzagt darüber?

„Wenn man von einer Professur zum Bischofsamt überwechselt, dann tauscht man, menschlich gesehen, schlecht.

Andererseits, ich würde nie wieder in die Professur zurückkehren.

Als ich ja sagte, hatte ich keine konkreten Vorstellungen vom Bischofsamt. Vor vierzig Jahren war das ein Anlaß, daß die Glocken läuteten, wenn der Bischof kommt; das ist vorbei. Mir ist es lieber, wenn die Menschen zuhören, auch mit Widerspruch. Die Glocken sind schön, und wenn sie wo läuten, freut's mich auch. Das Bischofsamt heute ist anders geworden, nicht im Substantiellen, aber im Alltag. Ohne Schnörkel. Ohne Brimborium. Das brauche ich auch überhaupt nicht, denn:

Zum Kämpfen muß man frei sein, da kann ich mit Hand- oder Fußfesseln nicht arbeiten. Nein, heute muß ein Bischof die Dinge etwas einfacher handhaben, Protokoll und solche Dinge dürfen keine Hindernisse sein.

Ich bin sehr froh und bereue mein Ja zum Bischof überhaupt nicht, keine Sekunde. Bei allem Wissen um Blut und Schweiß.

Ich dachte nie daran, niemals, nicht eine Sekunde lang, zu resignieren. Das macht mich innerlich frei. Das ist auch eine Frage der Disziplin. Die paar Jahre, die ich lebe, will ich nützen für die Aufgabe des Bischofsamts. Für meine Realität kann ich nur sagen: Wichtig war, was man ganz am Anfang machte: Wer am Anfang nicht handelt und sagt, er sei zunächst bloß ein Sehender und ein Hörender, dem vergeht nach einem Jahr Hören und Sehen. Mir ist es nicht vergangen; ich handelte, und ich werde weiter handeln!"

Dokumentation
einer Auseinandersetzung

DER BISCHOF VON ST. PÖLTEN

3100 ST. PÖLTEN, AM 22.5.1992
DOMPLATZ 1
TEL. 02742/32101

Hochwürdiger Herr Pfarrer P.Udo !

Ihren Brief vom 25.4.d.J. habe ich erhalten. Da Sie der Einladung zu einem klärenden Gespräch am 2.4.d.J. nicht Folge geleistet haben und ohne Erklärung oder Entschuldigung fernblieben, erscheint ein neuerlicher Versuch für ein Gespräch mit dem hochwürdigsten Herrn Abtpräses Dr.Lashofer, Generalvikar Dr.Fasching und dem Diözesanbischof als wenig erfolgversprechend.

Wie immer Sie Ihr Verhalten Ihrem Abt erklären werden, muß ich in jedem Fall mein Befremden darüber ausdrücken, daß Sie vereinbarten Gesprächen, ohne jede entschuldigende Erklärung fernblieben. Ich muß Ihre nachträglich gemachten Behauptungen zurückweisen, die den Diözesanbischof als "Wissenden" in einer Sache darstellen, für die Sie jede Information und Entschuldigung unterlassen haben.

Der Schaden, den Sie durch Ihren eigenmächtigen Schritt in die Öffentlichkeit gegenüber der Kirche und der Diözese verursacht haben, ist ohne Zweifel groß. Dies alles hat eine gute Lösung im Sinne des Schreibens des Bischöflichen Ordinariates vom 4.Februar d.J. (Zl.0 133/92), das weiterhin aufrecht ist, zusätzlich erschwert.

Obwohl Ihre Äußerungen mich zweifeln machen, erhoffe ich immer noch die gute Lösung im bestehenden Problem. Da Sie dem letzten vereinbarten Gespräch unentschuldigt ferngeblieben sind und Sie bei verschiedenen Anlässen neue Beschuldigungen vorgetragen haben, möchte ich keine weitere Einladung aussprechen, um Ihnen weitere Fehlleistungen zu ersparen.

Wenn Sie jedoch um ein weiteres klärendes Gespräch ersuchen wollen, werde ich Ihrem Ersuchen gern unter der Voraussetzung zustimmen, daß Sie wirklich bereit sind, die Probleme der Vergangenheit und der Gegenwart und die Fragen für die Zukunft nach den Erfordernissen der kirchlichen Ordnung und nach dem Urteil des Bischofs zufriedenstellend zu klären und dies durch Ihr Verhalten einzulösen. Dabei wird auch auf das Wohl der Pfarre und auf Ihre persönliche Verfassung sicherlich Bedacht zu nehmen sein.

Der Bischof wird gemeinsam mit Ihrem hochwürdigsten Herrn Abt bis spätestens Ende des kommenden Monats eine verbindliche Entscheidung treffen müssen.

Beten Sie oft um jene Großmütigkeit des Herzens, die Sie brauchen, um Ihre Liebe zur Kirche auch in dieser Situation beweisen zu können; ich begleite Sie mit meinem Gedenken.

Mit freundlichen Grüßen

+ Kurt Krenn.

Kopie des Schreibens ergeht an:
- Hochwürdigsten Herrn Abtpräses Dr.Clemens Lashofer
- Hochwürdigsten Herrn Generalvikar Dr.Heinrich Fasching

St. Altmann

Pfarre Paudorf-Göttweig

A-3511 Paudorf, Hellerhof

Paudorf 1992/6/2

Hochwürdigster Herr Erzbischof!
Hochwürdigster Herr Bischof!

Ich wende mich heute an Sie, nicht um Hilfe zu erbitten, sondern um Sie zu informieren, was sich nach dem Ad-limina-Besuch in meiner causa getan hat.
Erstmals seit der Androhung meiner Enthebung als Pfarrer am 3.2.1992 hat Diözesanbischof Dr. Kurt Krenn am 22.5.1992 eines meiner Schreiben erwidert – allerdings, ohne nur im geringsten meine Frage zu beantworten, was an den Äußerungen des Solidaritätskreises "Weg der Hoffnung" falsch ist, die ich mitunterzeichnet habe und deretwegen ich in meine jetzige Situation gekommen bin.

Im Schreiben vom 22.5. behauptet Bischof Krenn dreimal, daß ich dem Gespräch vom 2.4. ohne Erklärung ferngeblieben sei.
Ich stelle fest: Auch wenn man Unrichtiges dreimal sagt, wird es deshalb nicht schon richtig.
Die Wahrheit ist: Ich habe von St. Pölten keinerlei Gesprächseinladung erhalten, so konnte ich dorthin gar nicht reagieren.
Abt Dr.Lashofer, der mir mündlich den Termin mitteilte, erhielt von mir eine schriftliche ERklärung, was ich jederzeit beweisen kann.

Warum erhalte ich vom Bischof keine schriftliche Antwort auf meine Fragen? Mir scheint, er gibt in dieser Sache bewußt nichts Schriftliches aus der Hand, um nicht festgelegt werden zu können. Mündliches, noch dazu über Vermittler ausgesprochen, kann leicht relativiert oder neu interpretiert werden.

Auch der Brief vom 22.5. ist für mich in einem eigenartig verschwommenen Stil abgefaßt. Klar ist nur die Androhung einer Maßnahme gegen mich bis spätestens Ende Juni.
Einerseits soll auf das Wohl der Pfarre und auf meine persönliche Verfassung Bedacht genommen werden, andrerseits möge ich um "jene Großmütigkeit des Herzens beten", die ich dann brauchen werde.

Pfarrhof Paudorf: 02736/340
Pfarrkanzlei Göttweig: 02732/85581/214

Letzter Satz klingt in meinen Ohren zynisch und etwa so:
"Beten Sie oft um jene Großmütigkeit des Herzens, die Sie brauchen, weil ich Ihr Bischof bin und selbst nicht großmütig sein kann..."

Den Vorwurf, daß ich "ohne Zweifel" der Kirche "großen Schaden" zugefügt hätte, weise ich zurück.
Ich behaupte: Bischof Krenn schadet dem Ansehen von Papst und Kirche in Österreich schwer - und das laufend.
Lange Beweise anzuführen hieße wohl, Eulen nach Athen zu tragen.

Die Menschen an der Basis werden verunsichert - in unserer Pfarre auch durch den Krenn-Freund Engelmann, der seit Jänner jede Ausgabe seines obskuren Blattes "Der 13." im gesamten POstbereich Furth (und damit weit über die Pfarrgrenze Paudorf hinaus) jedem Haushalt zustellen läßt.
Wer bezahlt das eigentlich alles ? So fragen viele.

Um zu beweisen, wie schlecht ich als Pfarrer arbeite, hat Krenn-Freund Humer in einem Kiosk der Pfarre Pornoblätter kaufen lassen und dann eine Anzeige erstattet.
Meine Pfarrleute schütteln darüber den Kopf, denn in der Nachbarpfarre (des DEchants) gibt es ein großes Freudenhaus, und dennoch konnte der Pfarrer unter Krenn Bauamtsdirektor werden...

Wenn nicht vieles so traurig wäre, könnte man darüber eigentlich schmunzeln.

Ich wünsche Ihnen ein gesegnetes Pfingstfest.

Prof. Dr. Kurt Krenn
Diözesanbischof

Hochw.Herrn Pfarrer
P.Mag.Udo Fischer OSB und
Mitglieder des PGR
Röm.kath.Pfarramt Paudorf-Göttweig
A - 3511 Furth

St. Pölten, am 17.12.1992

Hochwürdiger Herr Pfarrer,
sehr geehrte Mitglieder des Pfarrgemeinderates !

Ihr Schreiben vom 19.11.d.J. bezüglich der Weihe der Kirche in Paudorf, das an das Bischöfliche Ordinariat gerichtet war, habe ich erhalten.
Ich freue mich, daß die Baufortschritte so weit gediehen sind, daß eine feierliche Weihe der Kirche konkret geplant werden kann. Das Kirchliche Gesetzbuch CIC schreibt auch vor, daß nach ordnungsgemäßer Vollendung des Baues, eine neue Kirche baldmöglichst zu weihen ist (vgl.Can.1217 § 1).
Dasselbe Gesetzbuch legt fest, daß die Segnung von Kirchen dem Diözesanbischof vorbehalten ist (vgl.Can.1207).
Zur Pfarre gehört auch ein Pfarrer; von ihm stellt das Kirchliche Gesetzbuch fest: "Der Pfarrer ist der eigene Hirte der ihm übertragenen Pfarre; er nimmt die Seelsorge für die ihm anvertraute Gemeinschaft unter der Autorität des Diözesanbischofs wahr, zu dessen Teilhabe am Amt Christi er berufen ist...".
Es ist der Pfarrgemeinde Paudorf-Göttweig aus den Ereignissen dieses Jahres bekannt, daß der derzeitige Pfarrer, P.Udo Fischer OSB, nicht in Gemeinschaft mit dem Bischof steht. Obwohl P.Udo als Pfarrer dem Bischof zu treu ergebenem Gehorsam und zur Ehrfurcht verpflichtet ist (vgl.CIC Can.678 § 1), ist er bisher nicht bereit, der Aufforderung des Bischöflichen Ordinariates

A-3100 St. Pölten, Domplatz 1, Telefon 0 27 42 / 52 1 01

zur Schadensgutmachung Folge zu leisten.
P.Udo hat im Gegenteil seine Gehorsamsverweigerung mehrmals öffentlich bekräftigt. Er unterläßt sogar die vorgeschriebene Nennung des Bischofs im Hochgebet der Eucharistiefeier und kündigt damit auch in der Liturgie die Gemeinschaft mit dem Bischof auf.
Eine Weihe Ihrer Kirche setzt notwendig voraus, daß der Pfarrer, der unter der Autorität des Diözesanbischofs als Seelsorger in dieser Kirche wirken soll, auch mit dem Bischof in voller Gemeinschaft steht.
Nichts wünscht sich der Bischof lieber, als eine ehrenhafte Versöhnung und die Erneuerung einer dauerhaften Gemeinschaft. Auch der hochwürdigste Herr Abtpräses Abt Dr.Lashofer hat mir zugesichert, zur Lösung des immer noch bestehenden Problems beizutragen. Gerne bitte ich auch die Pfarrgemeinde um ihre guten Dienste.
Ich habe der Fortsetzung des Baues der Kirche zugestimmt in der Hoffnung, daß dieses Zeichen verstanden wird. Nun verlangt das von Ihnen gestellte Ersuchen zur Weihe der Kirche auch endgültig eine zufriedenstellende Lösung des bestehenden Problems.

Mit den besten Segenswünschen und mit freundlichen Grüßen

+ Kurt Krenn

Kopie ergeht an:
- Hwst.Herrn Apost.Nuntius Erzbischof DDr.Squicciarini
- Hwst.Herrn Abtpräses Dr.Lashofer
- Bischöfliches Ordinariat St.Pölten

P. Udo Fischer
Hellerhof
3511 Paudorf

Hwst.Herrn
Bischof Dr.Kurt Krenn
Dompl.1
3100 St.Pölten

Paudorf, 26.Jänner 1992

Hochwürdigster Herr Bischof!

Allen Unkenrufen zum Trotz bleibt Weihnachten für Christen weiterhin ein Fest des Schenkens. Das empfand ich, als ich zwei Tage vor dem Heiligen Abend Ihr SChreiben vom 17.12.1992 erhielt.

Den Weihnachtsfrieden der Pfarre Paudorf-Göttweig hat Ihr Brief nicht beeinträchtigt, da ich seinen Inhalt vorerst gemäß dem Weihnachtsevangelium im Herzen bewahrte(vgl.Lk2,19), ehe ich ihn heute dem Pfarrgemeinderat vollinhaltlich zur Kenntnis brachte.

Die den Kirchenbau betreffenden Zeilen Ihres Schreibens beantwortet der Pfarrgemeinderat in einem gesonderten SChreiben.
Zu den auch an Apostolischen Nuntius und Abt gesandten Informationen über mich, nehme ich selbst Stellung.

Bereits im Gespräch am 3.2.1992 versuchten Sie, meinen Einsatz als einer der drei Sprecher des diözesanweiten Priester- und Laienkreises "Weg der Hoffnung" mit dem unter Bischof Zak gestarteten Bau der Pfarrkirche Paudorf zu verbinden. Der deutliche HInweis, daß ich, um als Pfarrer die Einweihung unserer Kirche erleben zu dürfen, einen öffentlichen Widerruf zu leisten hätte, empfand ich damals als einen der römisch-katholischen Kirche unwürdigen Erpressungsversuch.

Wäre ich damals erpreßbar gewesen, hätte ich mir einerseits ein Jahr voller Turbulenzen erspart, andrerseits der Kirche als einem Ort der WAhrheit schweren Schaden zugefügt.

Kardinal Ratzinger hat 1989 die "Erziehung zur WAhrheit" als einen wesentlichen Bestandteil der Priesterausbildung bezeichnet und die "Armut an Wahrheit" als "große Krankheit unserer Zeit" eingestuft. Zwei Jahre zuvor mußten Sie, damals noch Weihbischof von Wien, in der causa "Anderl von Rinn" von einem Diözesanbischof öffentlich kritisiert werden,"weil es hier um die Wahrheit, die Wahrhaftigkeit und damit um die Glaubwürdigkeit der Kirche" ging.

Ihre wiederholt an mich herangetragene Forderung nach Schadenswiedergutmachung halte ich in mehrfacher Hinsicht für kirchenschädlich.

Erstens weiß die Öffentlichkeit, daß Sie beinahe ein ganzes Jahr lang sich geweigert haben, mir schriftlich mitzuteilen, was in der Presseaussendung des Kreises "Weg der Hoffnung" unrichtig gewesen sei. Und das,obwohl ich mehrmals darum gebeten habe.

Andrerseits ist es aufgrund Ihrer zahlreichen Medienauftritte der Kirche von Österreich nicht verborgen geblieben, wer der Kirche, ihrer Glaubwürdigkeit sowie dem Papst und seinem Programm der Neuevangelisierung Schaden zufügt.

Zur unterlassenen Nennung Ihres Vornamens im Hochgebet kann ich Ihnen versichern, daß Sie unter "allen Bischöfen" stets mitgemeint sind,und daß wohl kaum eine Pfarre sooft Ihrer im Gebet gedenkt wie unsere, die dies z.B. auch bei der dreitägigen Fußwallfahrt nach Mariazell expressis verbis tut.

Nicht wenige Priester der Diözese St. Pölten scheuen sich, "Kurt" im Hochgebet laut auszusprechen. Meiner Auslassung lag folgende Überlegung zugrunde:
Hin und wieder besuchen "Spione" - denen man ansieht,daß sie nicht aus religiösen Erwägungen den Weg zu einer Meßfeier nach Paudorf gefunden haben - meine Gottesdienste. Diese würden,so dachte ich, eine Nichtnennung von "Kurt" prompt weitermelden, worauf Sie dann - darüber verärgert - mir endlich ein Schreiben zukommen ließen, ausdem Ihre Version der Wahrheit des inkriminierten Solidaritätskreis-Textes eindeutig erfahren werden könnte.
Meine Überlegung war insofern richtig, als die Auslassung mir jetzt endlich ein Schreiben bescherte. Andrerseits falsch, als darin die ersehnte klare Antwort wieder einmal nicht zu finden war.

Am 22.Mai 1992 haben Sie mir mitgeteilt:
"Der Bischof wird gemeinsam mit Ihrem hochwürdigsten Herrn Abt bis spätestens Ende des kommenden Monats eine verbindliche Entscheidung treffen müssen."

Am 1.Juli 1992 hat mich Abt DR.Clemens Lashofer autorisiert, der Pfarre Paudorf-Göttweig folgende Mitteilung zu machen:
" 1.) Bischof Dr.Kurt Krenn hat dem Abt von Göttweig die Entscheidung über den VErbleib von P. Udo Fischer in der Pfarre übertragen.
2.) Die Entscheidung des Abtes von Göttweig lautet: P. Udo bleibt Pfarrer der Pfarre Paudorf-Göttweig."

Pfarrgemeinde und Pfarrer hatten, da sie den Abt des Stiftes Göttweig gut kennen, keinerlei Grund, an dieser Aussage zu zweifeln.

Vor allem auch deswegen nicht, weil sie von Ihnen nichts Gegenteiliges hörten - bis zu dem am 22.12.1992 eingelangten Schreiben. Zwar berichteten Zeitungen angeblich Gegenteiliges, doch wollten selbst Böswillige einem katholischen Bischof nicht unterstellen, daß er Untergebenen nur über Medien Informationen zukommen, sie jedoch offiziell "zappeln" lasse.

Besteht hier nicht dringender Aufklärungsbedarf?

Ich bin der Überzeugung, daß Sie und Ihr - seit Ihrer Berufung zum Bischof von ST. Pölten hier besonders aktiv gewordener - Freundeskreis der Kirche nicht unbeträchtlichen SChaden zufügen.

Im Postbereich meiner Pfarre wurden 1992 geschätzte 15.000 (!) Exemplare Ihres Leibblattes "13." gratis den Haushalten zugestellt.
Der "13." ist zwar voll des LObes über Sie, bringt jedoch - zur Verunsicherung der Gläubigen - laufend antikirchliche Attacken gegen andere Bischöfe.

Liste gefällig?
Im September ging es gegen Bischof Laszlo und Weihbischof Krätzl.
Im Oktober wurde Kardinal König in Verbindung mit dem FReimaurertum gebracht und WEihbischof Schönborn wegen seiner zu geringen Aktivität als Kunst-Bischof gerügt.

Im November publizierte der "13." einen Rundumschlag gegen fast alle österreichischen Bischöfe.
Sie werden als "Fahnenträger der kirchlichen ERneuerung in Österreich" gepriesen. Andere BIschöfe werden - teils heftigst - kritisiert:

Kardinal König
Kardinal Groer
Bischof Zak
Bischof Laszlo
Bischof Weber
Bischof Stecher
Weihbischof Krätzl
Weihbischof KUntner
Weihbischof Schönborn

Damit stehen diese Bischöfe jedoch nicht allein im Kritikhagel des "13."
Im Juni titelte das Blatt über einem Bericht aus den USA:
"Großteil der Bischöfe vernachlässigt Hirtenpflicht!"

Im NOvember hatte der "13." die Frechheit, Altbischof Zak zu verleumden. Neben einem (alten) Foto - der "13." ist auch Meister punkto Fotomontagen -, das Bischof Zak am Steuer eines Autos zeigt, stand zu lesen, daß der Altbischof ein Auto fahre, das die Medien jedoch als Ihr zweites Dienstauto bezeichnen.
Die WAhrheit ist, daß der Altbischof seit Pensionsantritt gar nicht mehr selbst am Steuer sitzt...

Nicht wenige Menschen vermuten, daß Sie der DRahtzieher hinter diesen antikirchlichen Attacken des "13." sind. Diese schreckliche Vermutung ließe sich leicht aus der Welt schaffen, wenn Sie meiner schon mehrmals geäußerten Bitte Folge leisten: Distanzieren Sie sich offiziell von diesem Machwerk und seinem Chefredakteur, Ihrem Freund Engelmann.

Aber nicht nur Ihre Freunde sollten in der nahenden Fastenzeit in sich gehen.

Als einziger österreichischer BIschof haben Sie punkto Ausländer-Volksbegehren der FPÖ einen wahren Eiertanz vollführt.
Und das, obwohl die österreichische Gesellschaft in diesem Punkt ein bemerkenswert hohes humanistisches, christliches Niveau an den Tag gelegt hat.

Als der Paudorfer Gemeinderat einst das Verbleiben des Ortspfarrers erbat, sahen Sie darin eine ungehörige Einmischung politischer Stellen in kirchliche Angelegenheiten, ja sogar eine Verletzung des KOnkordats - was Ihnen der Volksanwalt klar widerlegte.

Sie selbst haben jedoch weit weniger Skrupel,sich in politische Fragen einzumischen. In einer politisch hochsensiblen Zeit - drei Tage vor den Gemeinderatswahlen in Graz (Österreichs zweitgrößte Stadt) und vier Tage vor BEginn des Ausländer-Volksbegehrens - haben Sie in Graz an einer FPÖ-Veranstaltung teilgenommen.
Was würden Sie sagen, wenn drei Tage vor der Bürgermeisterwahl in St.Pölten Bischof Stecher an einer SPÖ-Veranstaltung teilnehmen würde? Oder wenn Kardinal Groer drei Tage vor der Nationalratswahl auf der ÖVP-Schlußkundgebung das WOrt ergriffe?

Gerade von Ihnen hätte ich mir die deutlichsten Worte zum Ausländer-Volksbegehren erwartet. Arbeiten nicht auch in unserer Diözese viele ausländische Priester, vor allem aus POlen?

Warum stellen Sie - oft als d e r Freund des Papstes aus Polen gerühmt - sich so in die Nähe der deutsch-national gesinnten FPÖ?

Seit 2o Jahren beschäftige ich mich regelmäßig mit dem Leben des hl.Maximilian Kolbe, über das ich 1975 erstmals eine Broschüre publizierte. Naturgemäß erfuhr ich dabei auch vieles über das Leiden des polnischen Volkes unter extrem deutsch-national Gesinnten.

Bruder Hieronymus Wierzba, der letzte noch lebende Sekretär P: Kolbes, nahm am 16.6.1992 an der Grundsteinlegung der Paudorfer Pfarrkirche St. Altmann teil - zur WEihe will er wieder kommen.
Unter Beisein desselben Br.Hieronymus wurde 1986 eine von der Gemeinde(!) Paudorf errichtete Dorfkapelle dem hl.Maximilian geweiht.

Das polnische Volk hatte unter extrem deutsch-nationalem Gedankengut viel zu erdulden. Als Freund des Papstes hätten Sie deswegen Fahnenträger und nicht Schlußlicht der kirchlichen Opposition gegen das Ausländer-Volksbegehren der FPÖ sein müssen.

Auch Ihre Predigten sind bisweilen wert, hinterfragt zu werden.
In der Silvesteransprache 1991 sprachen Sie vom "Schicksal Gottes".
Zu Silvester'92 übetrieben Sie maßlos, indem Sie u.a. behaupteten, daß "Autorität,Verantwortung,Vernunft,Gerechtigkeit und SElbstverpflichtung Gott selbst heute abgesprochen werden." Beobachter meinen, daß in manchen Ihrer Predigten "Gott" steht, wo "Kurt Krenn" stehen müßte.

Wer Ihre zahllosen Medienauftritte und die Äußerungen Ihres extremen FReundeskreises verfolgt, wird meine Sorge verstehen, daß die Zeit nicht mehr fern ist, wo das gläubige Volk der Diözese, die Kirche von St. Pölten, den Heiligen Vater um eine Apostolische Visitation wird bitten müssen.

In einem Interview mit der im Besitz Ihrer Diözese stehenden NÖN (3/1993) sagten Sie:
"Man darf ruhig das Gegenteil sagen, wenn man mit jemandem redet. Bei uns wird leider ein überfreundlicher Redestil gepflogen, der vor lauter Süßigkeit nichts bringt oder ein über-emotionaler Ton. Einen normalen Diskussionsstil verlernen die Menschen, und daß man ruhig Widerspruch erheben kann, ohne daß gleich Feuer am Dach ist."
Weiters sagten Sie:"Wo es um Menschen geht,gibt es kein Ultimatum mehr!"

In der Hoffnung, daß nach meinen nicht süßlichen Worten nicht wieder Feuer am Dach ist und daß ich zu jener Spezies zähle,für die es kein Ultimatum mehr gibt, bete ich gerne weiterhin für Sie - und das nicht nur bei jeder hl. Messe.

Udo Fischer

Kopie ergeht an:
Kardinal Bernardin Gantin, Präfekt f.d.Kongregation f.d.Bischöfe,Rom
Kardinal Joseph Ratzinger, Präfekt der Kongr.f.d.Glaubenslehre,Rom
Erzbischof DDr.Donato Squicciarini, Apostolischer Nuntius,Wien
Abtpräses Dr.Clemens Lashofer, Abt von Göttweig
Bischöfliches Ordinariat St. Pölten

Priester der Diözese St. Pölten
p.A.: A-3100 St. Pölten
Josefstr. 96/8/38

An Seine Heiligkeit
Papst Johannes Paul II.
Vatikanstadt

St. Pölten im Mai 1992

H e i l i g e r   V a t e r !

Mit großer Sorge, aber im Vertrauen auf den Beistand des Heiligen Geistes, der unsere Bemühungen und unser Engagement für und um das Wohl des Volkes Gottes unserer Diözese St. Pölten leiten möge, dürfen wir Ihnen diese Zeilen schreiben, die jene Verunsicherung zum Ausdruck bringen sollen, von der viele Gläubige aller Pfarren befallen sind.

Seit dem Amtsantritt unseres Herrn Diözesanbischofs Dr. Kurt Krenn kommt es immer wieder innerhalb der GEmeinschaft der Gläubigen zu Polarisierungen, die die Einheit unserer Diözese gefährden und zu zerstören drohen. Ebendiese Einheit scheint uns nicht nur für die gesamte Weltkirche sondern auch für unsere Ortskirche von größter Bedeutung zu sein, sodaß wir uns, um Rat und Beistand bittend, an Sie wenden.

Die nur kurz und unzureichend erläuterten Tatsachen und Vorkommnisse geben vielen Christen Grund zu Resignation und Distanzierung:

* Verschiedene Aussagen unseres Diözesanbischofs stehen nicht selten im nachweisbaren Widerspruch zu tatsächlichen Gegebenheiten. Die Verbindlichkeit seiner Worte läßt sich nicht mit der seines Vorgängers vergleichen.

* Der schwelende KOnflikt zwischen Bischof Krenn und P. Udo Fischer ist nach wie vor einer für alle befriedigenden Lösung nicht zugeführt werden. Der Bischof hat dem Pfarrer am 3.2.1992 ein 30tägiges Ultimatum mit Androhung der Amtsenthebung gestellt, ihm jedoch bis heute auf all seine schriftlichen Anfragen keine einzige Antwort erteilt, was er eigentlich zu widerrufen habe. Dies erzeugt eine Art von Lähmung, die einer lebendigen KIrche niemals dienlich sein kann.

* Wiederholte Angriffe gegen das "Religionspädagogische Institut"zur Fortbildung der REligionslehrer und seinen Direktor Diakon DR. Franz SChmatz bewirken Ängste bei den Betroffenen und Unmut bei jenen, die auf Hilfestellungen seitens der Kritisierten angewiesen waren und sind.

* Die Rolle und der Aufgabenbereich des von Bischof Krenn bestellten "theologischen REferenten" Mag.REinhard Knittel sind unklar und erzeugen Verunsicherung, wenn dieser z.B. auf anonyme Drohbriefe, in denen REligionslehrer denunziert werden, offiziell reagiert, ernstzunehmende Anfragen nach dem Beispiel seines Vorgesetzten jedoch unbeantwortet läßt.

* Wenn radikale Gruppierungen, die sich als Freunde des Bischofs bezeichnen, engagierte katholische Männer als "braunen Pöbel" und Frauen guten Willens als "verwirrte Emanzen" beschimpfen sowie das Bild unserer Kirche in Pamphleten herabwürdigen, findet es Bischof Krenn nicht der Rede wert, sich davon zu distanzieren.

* Im März hat BIschof Krenn leichtfertig eine Diskussion über das KOnkordat vom Zaun gebrochen, was nicht nur Verwunderung und Unverständnis in der politischen Öffentlichkeit hervorgerufen hat, sondern unter UMständen der Kirche Österreichs beträchtliche Nachteile bescheren könnte.

* Nicht wenige Gläubige, die bereits jahrelang im kirchlichen Dienst nach bestem Wissen und Gewissen ihre Kraft und Energie für das REich Gottes einsetzen, müssen nun gemeinsam mit ihren Familien um ihre Existenz bangen, da ihre Arbeit nun nicht mehr geschätzt werden könnte, weil Bischof Krenn eine Linie vorgibt, die mehr auf Sanktionen denn auf Dialog setzt.
  Diese auch der Öffentlichkeit bekannte Tatsache fördert keineswegs die UMsetzung des Sozialhirtenbriefs der österreichischen Bischöfe, der ja nicht nur für nichtkirchliche Betriebe verfaßt worden ist.

Wir möchten aber auch darauf hinweisen, was in unserer Diözese in dieser Zeit Positives vermerkt werden kann:

* Am 28.März versammelten sich auf dem Domplatz von St. Pölten rund 6.000 Gläubige zum GEbet um die Einheit der Diözese - ein in Österreich erst- und einmaliges EReignis.
* Für die Wiederherstellung des Friedens zwischen Bischof Krenn und P. Fischer unterzeichneten 24.000 Christen binnen drei Wochen eine Petition.
* Mehrere Tausend direkt und indirekt Betroffener unterschrieben einen Brief für Dr. SChmatz und den WEiterbestand des "religionspädagogischen Instituts".
* In den vergangenen Wochen wurden aus aktuellem Anlaß viele Gebetstreffen für die Einheit unserer Diözese organisiert.
* Religionslehrer, Pastoralassistenten und viele andere Berufsgruppen hielten Versammlungen zur aktuellen Situation unserer Diözese ab.

Heiliger Vater, wir wissen um Ihre schwere Last der Verantwortung für die ganze WEltkirche, die Ihre Zeit und Kraft voll in Anspruch nimmt.
Dennoch bitten wir Sie um Verständnis für die Probleme unserer Diözese.
Eine positive REaktion Ihrerseits wäre uns Hilfe und Ermutigung, weiter daran zu arbeiten, in St. Pölten eine Situation vermeiden zu helfen, die mit jener in der SChweizer Diözese Chur vergleichbar wäre.

Namensregister